煤炭高等教育“十四五”规划教材
土地资源管理国家一流专业建设资助
江苏省产教融合型品牌专业建设资助

土地信息系统

主　编　陈龙高　李　龙
副主编　闫庆武　晋　蓓　施晓辉　施利锋　李桂娥

中国矿业大学出版社
·徐州·

内 容 提 要

土地信息系统(land information system,简称 LIS)是集成土地资源管理理论和 GIS 技术的信息系统。利用计算机技术、地理信息系统(GIS)、遥感技术(RS)和全球定位系统(GPS)等现代信息技术手段,土地信息系统能够实现对土地信息的获取、存储、查询、分析及可视化表达,从而为土地资源管理决策和规划过程提供支撑。本书在吸收国内外学者相关研究成果及土地信息系统技术最新发展的基础上,系统总结了土地信息系统的基本原理与应用,主要内容包括土地信息系统相关基本概念与数学基础,土地信息的数据获取、处理、分析与可视化,土地信息系统软件开发以及土地信息系统在相关领域的应用。

本书可作为高等院校土地资源管理、地理信息科学、城乡规划等相关专业学生的教材或参考书,也可供相关领域的研究人员、政府机构工作人员和企业技术人员参考使用。

图书在版编目(CIP)数据

土地信息系统 / 陈龙高,李龙主编. — 徐州 :中国矿业大学出版社,2025. 3. — ISBN 978-7-5646-6715-3

Ⅰ. F301.2

中国国家版本馆 CIP 数据核字第 20259F3A78 号

书　　名 土地信息系统
主　　编 陈龙高　李　龙
责任编辑 褚建萍
出版发行 中国矿业大学出版社有限责任公司
(江苏省徐州市解放南路　邮编 221008)
营销热线 (0516)83885370　83884103
出版服务 (0516)83995789　83884920
网　　址 http://www.cumtp.com　**E-mail**:cumtpvip@cumtp.com
印　　刷 江苏淮阴新华印务有限公司
开　　本 787 mm×1092 mm　1/16　**印张** 11.5　**字数** 295 千字
版次印次 2025 年 3 月第 1 版　2025 年 3 月第 1 次印刷
定　　价 45.00 元
(图书出现印装质量问题,本社负责调换)

前 言

作为地理信息系统的专题化应用领域及重要组成部分，土地信息系统(LIS)在土地资源的精确管理、高效利用和科学决策中扮演着关键角色。随着经济的快速发展和城市化进程的加速，土地资源的合理利用与管理日益成为社会关注的焦点。尽管中国在土地信息系统的建设与应用方面起步较晚，但已取得显著进展，逐渐形成了具有中国特色的土地信息管理体系。为了满足该领域的发展需求，培养高素质的土地信息系统专业人才，我们组织编写了《土地信息系统》这本教材。

本书在吸收国内外土地信息系统研究成果的基础上，全面介绍了土地信息系统的基础理论、核心方法及其在土地资源管理中的应用。从土地信息系统的基本概念与内涵入手，系统阐述了土地信息系统的数据模型、数据获取处理、空间分析与决策支持等关键技术，并结合实际应用案例，讲解了土地信息系统在国土空间规划、土地适宜性评价和土地利用模拟和预测等方面的应用。书中注重理论与实践相结合，力求内容全面、系统、新颖，语言通俗易懂，旨在帮助读者深入理解土地信息系统的工作原理与应用方法，并能灵活地解决土地资源管理中的实际问题。为便于学习，各章末尾进行了主要内容与重点术语总结，并提供了复习题与应用练习，以帮助读者更好地理解相关知识并掌握基础应用能力。与同类教材相比，本书更加突出现实应用，适合作为高等院校相关专业的教材，同时也可供从事土地资源管理的专业人士参考使用。

本书由陈龙高(中国矿业大学)、李龙(中国矿业大学)担任主编，各章具体分工如下：第1章由陈龙高负责编写，研究生刘良辰与林莹协助；第2章由闫庆武(中国矿业大学)负责编写，研究生陈杏闪、移明昊辅助；第3、9章由李龙负责编写，研究生张晓博、吴凯、武誉明协助；第4章由王玉纯(安徽建筑大学)负责编写，研究生卢晓燕、昂宇峰辅助；第5章由李桂娥(中国矿业大学)负责编写，研究生李春莹、钟琪协助；第6章由晋蓓(西北农林科技大学)负责编写，研究生李绘宇、本科生薛嘉阳辅助，研究生张艺美验证应用练习；第7章由施利锋(中国矿业大学)负责编写，研究生李慧珍辅助；第8章由于子棋(内蒙古大学)负责编写，本科生郭以轩、司晨阳辅助；第10章10.1节至10.3节由陈龙高、施晓辉(南京博地源空间信息科技集团有限公司)负责编写，研究生刘良辰与林莹协助；10.4节由施晓辉负责编写，工程师褚朝凯辅助。为了便于使用，我们编写了各章节内容相应的教学课件，并提供实验数据(请与中国矿业大学出版社联系)供教师教学和读者自学参考。

在本书编写过程中，编者参阅了大量国内外专业教材、论文及相关文献，在此，对相关作者表示衷心感谢！当然，因可能的错误及其他原因导致的知识产权等责任问题，由各位作者本人承担。本书的出版得到了中国矿业大学出版社的大力支持以及褚建萍编辑的认真校正，在此一并表示诚挚的谢意！

由于时间及作者水平的限制，书中难免存在疏漏、不足甚至错误之处，恳请广大读者批评指正！

编　者

2025年1月

目　录

第1章　绪　　论

本章主要介绍了土地信息系统的基本概念、土地信息系统的结构与功能、国内外的主流GIS软件以及土地信息系统的发展历史和未来趋势。作为介绍性章节，本章将帮助读者对土地信息系统有一个基本的认识与了解，并为后续的章节学习奠定基础。

1.1　土地信息系统的基本概念和术语

1.1.1　土地与土地信息

(1) 土地

土地是人类赖以生存和发展的物质基础。随着科学技术的进步、生产力的发展、人类利用和控制土地能力的增强，以及土地功能的日益多样化与复杂化，人类对土地的认识不断扩大和深化，但对土地仍然没有一个明确统一的概念。不同的学者根据不同的研究目的和研究视角，对土地有不同的定义。

从经济学的角度看，土地是一种特殊的商品，是人类经济活动的组成部分。它既具有一般商品的使用价值和交换价值，可以进入商品流通，又具有非劳动产品和劳动产品的两重性。土地的价格并非土地价值的货币表现，而是土地可以提供的地租收入的购买价格。从生态学的角度来看，土地是一个由气候、地貌、岩石、土壤、植被、水文和人类活动等自然地理要素组成的生态系统。从法理学的角度来看，土地是经济社会关系的综合体，既包括土地占有、使用、收益、处置等经济关系，也包括在土地调查、开发、利用、修复、保护等活动中发生的各种社会关系。从地质学的角度来看，自20世纪60年代以来，大多数研究人员认为土地是一个自然综合体，1976年，联合国粮食及农业组织(FAO)在《土地评价纲要》(*A Framework for Land Evaluation*)中指出：土地由影响土地利用潜力的自然环境组成，包括气候、地形、土壤、水文和植被等。它还包括人类过去和现在活动的结果，例如围海造田、清除植被，以及消极影响，如土壤盐碱化。然而，纯粹的社会特征并不包括在土地的概念之内，因为这些特征是社会经济状况的组成部分。综上所述，土地的概念一般可以表述为：土地具有一定的空间位置，是地球表面一定区域内气候、地貌、土壤、水文、植被等自然地理要素相互作用、相互制约并综合了人类活动而形成的自然经济社会综合体。

(2) 信息

信息是一个抽象的概念，从不同的角度出发，对信息就有不同的理解。在经济学家看来，信息是与物质、能量相并列的客观世界的三大要素之一，是为管理和决策提供依据的有效数据。在新闻界，信息是对事物运动状态的陈述，是物与物、物与人、人与人之间的特征传输。哲学家认为信息是事物本质、特征及运动规律的反映，人们通过事物发出的信息来认识和区别事物。信息论的创始人之一香农从通信系统理论的角度对信息进行了定义。他认为，信息用来减少随机不确定性的事物，能够有效地消除信息源的不确定性。由于不同的学科对信息有不同的解释，目前还很难对信息做出全面且具有普遍意义性质的定义。从土地信息系统的角度来看，信息就是对客观事实用文字、数字、符号、语言、图像等介质来表示事件、事物、现象等的内容、数量或特征，从而向人们（或系统）提供关于现实世界新的事实和知识，作为生产、建设、经营、管理、分析和决策的依据。对于信息的认知可从以下几个方面来考虑。

首先，信息是对客观事物特征的抽象反映。信息的范围极其广泛，即使是同一信息，由于研究目的不同，得到的结论有时候也不尽相同，但是它们都是对同一事物不同侧面的反映，所以呈现不同的外部特征。例如，不同时段的气温数据属于自然信息，企业年报表则反映了财务信息，而地图上不同的地类符号则代表了地类信息。

其次，信息以不同的媒介作为表现形式。信息是在对数据处理后用于描述客观事物特性的，所以同一信息可以通过不同的表现形式进行描述。例如，一幅土地利用现状图，早期是手工绘制的纸质地图，目前不仅可以用计算机进行数字化，还可以实现三维可视化显示，以更加清晰地反映土地利用现状。数字化手段提高了图形的准确性与可视性。但无论是纸质地图还是数字化地图，都是对土地利用信息的反映，只是利用不同的存储方式、不同的媒质进行表达。

最后，信息是为人类生产生活服务的。人类通过对各类数据的加工处理，提取有用信息，形成连续的、逻辑的相关信息，最终汇总为知识。人类正是通过信息认识事物、区别事物，从而认识世界与改造世界的。

(3) 土地信息

土地信息在地理信息系统（geographic information system，GIS）领域被定义为对土地系统各要素的数量、质量、分布特征、相互联系和变化规律进行数字、文字、图像和图形等形式的综合表征。这些信息涵盖了土地本身的空间属性、自然属性、经济属性、权能属性及其相互关系，以及人类对土地资源利用形成的人地关系和自然经济综合体的各种信息。土地信息的核心特征在于时空动态性、数据海量性和相关性。

首先，土地信息具有时空动态性。土地信息首先与特定的空间位置相关，并在区域上呈现空间分异的分布特征。土地信息还具有明显的时序特征，随时间变化呈现周期性或波动性，因此需要及时更新，并研究其变化规律，为科学决策提供依据。

其次，土地信息具有数据海量性，包含大量空间信息、属性信息和时态信息。在很小的土地单元上，通常承载着大量属性信息。特别是随着全球地球观测技术的发展，人们每天都能获得成千上万条关于地球资源和环境特征的数据和信息。

最后，土地信息之间具有相关性，具有使用价值的土地与周围土地存在联系。即使两块不相邻的土地在信息社会也可能存在联系。土地信息的相关性主要表现为土地属性之间的相互联系，其受到经济、社会发展水平和人口密度等多种因素的综合影响。

1.1.2 土地信息系统

(1) 信息系统

信息系统是人、计算机软件、硬件和数据的组合，旨在收集、存储、处理和检索数据和信息，以实现系统的目标。信息系统用于回答用户查询并支持组织内的各种活动。人在组织和操作整个系统方面发挥着关键作用，人既是信息系统的设计与操作主体，也从信息系统提供的服务中受益。计算机硬件是指系统中使用的所有处理和终端设备。软件包括能够收集、存储、处理、检索和分析数据和信息的计算机程序。数据是信息系统的基础,通过对数据的分析和处理,信息系统能够生产出有意义的知识和见解。

(2) 地理信息系统

地理信息系统(GIS)是用于收集、存储、管理、分析、展示和应用地理空间数据和相关信息的计算机系统。GIS 的主要目的是通过空间数据和属性数据的集成与分析,帮助用户更好地理解、解释和解决实际问题。GIS 的核心是地理空间数据,这些数据包括位置、属性和时间等信息。GIS 能够处理各种形式的空间数据。通过 GIS,用户可以对这些数据进行存储、管理、查询和分析,以支持决策和规划。

GIS 具有多种功能,包括空间数据采集、空间数据管理、空间分析、地图制作和空间数据可视化等。GIS 广泛应用于城市规划、环境管理、交通运输、资源管理、公共安全等领域。例如,在城市规划中,GIS 可以帮助规划师进行土地利用规划、基础设施布局和环境影响评估。

(3) 土地信息系统

土地信息系统(LIS)和 GIS 都属于空间信息系统。LIS 的概念最早在 1981 年瑞士蒙特勒国际测量师联合会第三次会议上被提出,其被认为是一种促进管理、经济决策、规划和发展的工具。通常 LIS 被定义为集成土地资源管理理论和 GIS 技术的信息系统,同样由人、计算机软件、硬件和数据组成,是一种对土地信息的获取、存储、查询、分析并实现可视化表达的计算机系统,旨在支持土地资源管理决策和规划过程。

随着科技的不断进步,特别是人工智能技术的应用,LIS 采用的方法与技术手段也在不断扩展。当前及未来的较长时间内,LIS 可以被视为一种智能化的、以人工智能技术为支持的信息系统,它不仅仅是土地资源管理和 GIS 技术的结合,更是将先进的智能算法和技术应用于土地资源管理和规划领域的产物。它通过收集、存储、处理和分析土地相关的数据和信息,并运用人工智能技术实现数据的智能化分析和决策支持,从而为土地资源管理者提供更加高效、精确的决策依据。

(4) 土地信息系统与地理信息系统的关系

LIS 和 GIS 都基于地理信息技术,利用计算机系统来存储、分析和展示地理空间数据,两者在数据采集、处理、存储、分析及可视化表达等方面采用的技术方法均相同。两者的区别主要体现在:第一,LIS 可以被视为 GIS 的一个子集或特定应用,LIS 聚焦于土地信息的具体应用,通常会集成 GIS 的功能来处理土地数据。第二,LIS 专注于土地资源的管理、规划和决策支持,包括土地所有权、土地使用、土地价值评估、土地登记等;GIS 应用领域更广泛,不仅包括土地管理,还涉及环境科学、农业、交通乃至人文社会科学等多个领域。第三,LIS 主要关注土地相关的数据信息,如土地所有权、土地利用类型、土地质量与土地价值信息等;而 GIS 的数据类型更为多样,包括地形、地貌、水文、植被、人口统计信息等,不仅限于土地信息。第四,LIS 侧重于满足土地管理特定的需求,如土地登记、土地交易记录、土地评估模型等;而 GIS 通用性更强,能够适应不同领域的空间数据分析和决策支持需求。

综合来看,GIS 提供的广泛空间分析功能可以支持 LIS 的土地管理决策,而 LIS 中的土地管理专业知识和数据可以丰富 GIS 的应用。LIS 可以看作是专注于土地资源管理的 GIS 系统,两者在技术上有很多共通之处,但在应用重点和系统设计上有所区别。随着技术的发展,两者之间的联系越来越紧密,很多 GIS 已经提供了专门针对 LIS 的功能。实际上,在土地相关的研究或实践中，严格区分 GIS 和 LIS 是困难且不必要的。GIS 和 LIS 这两个术语在这个领域通常被视为同义词，因此可以互换使用。

1.2　土地信息系统的结构与功能

1.2.1　土地信息系统的结构

系统结构是指为实现系统的目标和功能而使系统要素及其相关关系在一定层次结构中所组成的特定的结合方式。一个实用的 LIS 支持对空间数据的采集、管理、处理、分析、建模与显示，从应用的角度，LIS 由硬件、软件、数据、应用模型和人员五部分组成(图 1-1)。硬件和软件为 LIS 建设提供环境；数据是 LIS 的重要内容；应用模型为 LIS 建设提供解决方案；人员是系统建设中的关键和能动性因素，直接影响和协调其他几个组成部分。

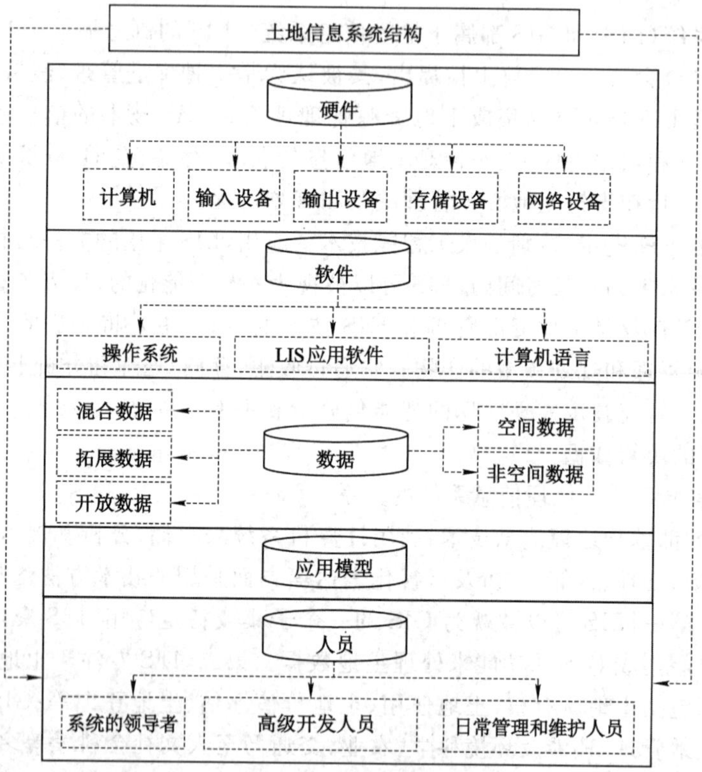

图 1-1　LIS 的构成部分

(1) 硬件

在 LIS 中，硬件是支撑系统正常运行的基础设施。硬件包括计算机、输入设备、输出设备、存储设备、网络设备等，其选择应当考虑系统规模、性能要求和数据处理能力。合理配置硬件设备能够提高系统的响应速度和稳定性，确保数据快速准确处理和存储。LIS 作为技术系统必须具备数据的采集、管理、分析、表达和显示等功能，一定的功能必须由一定的硬件实现。主要包括以下几种：

① 计算机：主机以及中央处理器。

② 输入设备：包括手写笔、光笔、键盘、通信端口、数字化仪、扫描仪、解析测图仪、遥感处理设备、GPS接收设备等。

③ 输出设备：包括矢量绘图仪、栅格输出设备、图形显示终端等。

④ 存储设备：包括光盘塔、磁盘阵列、硬盘与驱动设备、磁带及其驱动设备、光盘与刻录设备等。

⑤ 网络设备：包括主机与外部设备、服务器、网络适配器、传输介质、调制解调器等网络设备。

(2) 软件

LIS的软件环境包括操作系统、LIS应用软件、计算机语言等。这些软件工具对系统的功能实现、数据处理和分析能力起着关键作用。选用适合的软件工具并熟练运用，能够提高系统的效率和灵活性，满足不同应用场景的需求。对于LIS而言，通常包括以下内容：

① 操作系统：操作系统是一种用于计算机的系统软件，可简化计算机的使用。它通常包括操作系统本身、汇编和编译程序、诊断程序、各种维护手册、程序指令和库程序。这些组件对确保LIS的顺利和高效运行至关重要。

② LIS应用软件：LIS应用软件由多个关键组成部分组成，包括数据输入子系统、数据存储与管理子系统、数据分析与处理子系统、数据输出与表示子系统以及用户接口子系统。这些部分共同构成了一个完整的LIS，能够有效地收集、存储、管理、分析和展示土地相关数据。数据输入子系统用于将实地收集的土地数据输入系统中进行记录和处理；数据存储与管理子系统则负责长期存储和维护这些数据；数据分析与处理子系统可帮助用户对土地数据进行深入的分析和处理，从而发现潜在的关联和趋势；数据输出与表示子系统能够将分析结果以图表、报告等形式输出，帮助用户理解数据和做出决策；用户接口子系统则提供与系统交互的界面，让用户能够方便地操作和利用LIS的功能。

③ 计算机语言：计算机语言是系统以及应用模型的开发工具。目前流行的开发语言有C++、Power Builder、Visual Basic、Delphi、Java、Python等。另外，大部分GIS软件都有自己的开发语言，如ArcView的Avenue语言、MapInfo的MapX语言等。

(3) 数据

在LIS中的数据类型包括空间数据与非空间数据，即与土地有关的各种形式的数据，例如，土地调查数据、土地利用变更数据、土壤普查资料、土地估价资料、农业区划资料中的相关统计表格与文档等为非空间数据，遥感航片、土地利用现状图等资料则为空间数据。

① 空间数据：空间数据是LIS的图形数据。各类矢量和栅格图件以及遥感航片是主要的空间数据。空间数据是LIS主要的操作对象。

② 非空间数据：非空间数据即属性数据，是与地理实体相联系的地理变量或地理意义。属性数据是说明非空间数据的数据，它对地理实体的内容进行广泛、深刻的描述，是对非空间数据的补充。属性数据又分为定性与定量两种数据类型，如人口数据、土地面积、降雨量、土壤有机质含量等属于定量数据；行政区域名称、地类图斑的含义、土地利用类型等属于定性描述。

(4) 应用模型

LIS 的应用模型是系统的重要扩展和延伸，其设计的定制化应用模型能够灵活应对各种应用场景和专题需求。通过定制化应用模型的开发和应用，能够提高 LIS 的适用性和价值，使得系统可以更加灵活地应用于不同领域和任务之中，并实现高效运行。应用模型的设计可以根据特定需求定制功能和工作流程，从而满足不同用户群体的需求，进而提升系统的实用性和用户满意度。通过应用模型的不断拓展和优化，LIS 能够更好地适应不断变化的应用需求和专题研究，从而更好地发挥其在土地管理和规划领域的作用。

(5) 人员

LIS 建设需要具备专业的技术人员和管理人员，他们将直接影响系统的设计、开发、运行和维护。培训人员并提升他们的技术水平和应用能力，是保障系统正常运行的重要环节。按照其承担的任务不同，人员可以分为系统的领导者、高级开发人员以及日常管理和维护人员。

1.2.2 土地信息系统的主要功能

(1) 数据采集功能

数据采集是 LIS 功能的基础功能，该功能确保了系统对土地资源的动态监测与实时更新。数据采集主要包括土地利用数据采集、土地权属数据采集、环境状况数据采集等。数据采集功能通过多源数据集成，保障了 LIS 数据的时效性和准确性。

① 土地利用数据采集：利用遥感技术、无人机测绘和地面实勘等手段实时更新土地利用状况。

② 土地权属数据采集：通过土地登记、测绘和 GIS 技术的融合实现土地权属的精确记录。

③ 环境状况数据采集：收集关于土壤质量、水文状况、生态环境等数据，对土地利用的可持续性进行评估。

(2) 数据存储与管理功能

LIS 必须具备强大的数据存储与管理功能，以支撑大量土地数据的存储、检索与备份。这些数据包括但不限于土地登记信息、土地利用信息、地籍图、属性数据、历史数据、统计数据等。高效的数据库管理系统(DBMS)和地理数据库是数据存储与管理功能实现的核心。

(3) 数据处理与分析功能

系统需要对采集的数据进行处理与分析，以支持土地管理决策的制定。这包括数据的清洗、校验、转换，以及更复杂的空间数据分析、模式识别、趋势预测和评估。通过空间分析功能，如叠置分析、缓冲区分析、网络分析等，能够对土地资源进行更深入的研究与利用。

(4) 数据表达与可视化功能

为了让决策者和公众更好地理解土地信息，LIS 需要提供直观的数据表达与可视化功能。通过地图输出、图表制作和三维景观模拟等手段，系统可以将复杂的土地信息以简洁明了的形式展现出来。这不仅有助于政策传播和公共参与，还能够提高决策的效率与质量。

(5) 决策支持功能

LIS 的目的是为土地管理和规划提供科学依据，帮助决策者进行合理决策。LIS 提供的预测模型、情景分析、多方案比较等决策支持工具，都是为了提升土地资源配置的合理性、科学性和可持续性。

（6）信息共享与服务功能

数字化时代，LIS应具备良好的信息共享机制，通过网络平台为政府、企业和公众提供信息服务。通过这些服务，用户可以远程访问、检索和下载土地资源数据，同时也能促进土地资源信息的透明化和公众参与度的加深。土地信息共享与服务是LIS对外提供的重要功能，能够提高管理效率和透明度。

通过以上功能的综合应用，LIS在促进土地资源的合理开发与高效管理方面发挥着至关重要的作用。随着技术的进步，未来的LIS将更加智能化、集成化，能够提供更为精细化的服务，并成为土地资源管理不可或缺的工具。

1.3　国内外主流的GIS软件介绍

1.3.1　国外GIS软件

GIS作为处理、管理、分析和可视化地理空间数据的重要工具，在土地资源管理领域扮演着核心角色。技术的发展以及各种GIS软件的出现，极大地促进了GIS技术的应用和发展。以下是几个应用较为广泛的国外GIS软件，它们在土地资源管理和规划中发挥着重要作用。

（1）ArcGIS

ArcGIS由美国环境系统研究所（ESRI）开发，是全球最广泛使用的GIS之一。它提供了一个全面的解决方案，覆盖地图创建、空间分析、数据管理及GIS应用开发等各个方面。ArcGIS软件包括ArcGIS Pro、ArcGIS Online、ArcGIS Enterprise等多个组件，支持从单机到网络、从桌面到移动的广泛应用。这个平台不仅支持丰富的空间数据类型和格式，还提供了先进的空间分析和可视化工具，使得用户可以轻松地创建复杂的地理空间分析和高质量的地图。

近年来，ArcGIS的发展集中在整合最新的技术趋势，包括人工智能（AI）、机器学习（ML）、大数据分析和实时数据处理等。特别是在地理空间人工智能（GeoAI）方面，ArcGIS正在引入新的工具和功能，使用户能够利用AI和ML技术对空间数据进行更深入的分析和理解。通过GeoAI，ArcGIS用户可以自动化地理空间数据分析流程，提高分析效率，同时发现复杂数据集中隐藏的模式和关系，这在城市规划、环境监测、灾害响应等领域尤为重要。

ArcGIS的最新技术优势还体现在其对云计算和移动GIS的深度整合上。ArcGIS Online和ArcGIS Enterprise提供了强大的云服务和API，支持高效的数据共享、协作和GIS应用部署。此外，通过ArcGIS for Developers，ESRI为开发者提供了强大的工具和丰富的API，使他们能够构建跨平台的定制GIS应用。这些技术进步不仅加强了ArcGIS作为行业领先GIS软件的地位，也为解决复杂的地理空间问题提供了更多可能性。

ArcGIS的核心功能为空间分析功能，ArcGIS提供了全面的空间分析工具，包括地统计分析、网络分析、地形分析等，以此帮助用户从空间数据中发现模式、趋势和关系。地图制作和可视化功能是ArcGIS的另一大基本功能，用户可以利用ArcGIS制作高质量的地图和

3D 场景，支持多种数据源和地图样式，满足专业展示的需要。ArcGIS 还具有强大的数据管理能力，支持广泛的空间数据格式，提供数据编辑、转换和更新的工具，确保数据质量和准确性。

ArcGIS 可被广泛应用于政府规划、环境管理、灾害响应、土地资源管理等领域。例如，在土地资源管理中，ArcGIS 可以帮助规划师分析土地利用状况、评估土地资源的分配和可持续性、制定有效的土地利用规划策略。

(2) QGIS

QGIS(quantum GIS)是一个开源的地理信息系统(GIS)，为用户提供了一个广泛的地图制作、空间数据管理、分析和可视化平台。它支持多种矢量、栅格和数据库格式，并且允许用户通过其丰富的插件库来扩展软件的功能。QGIS 的开源特性意味着它是可以免费使用的，并且有一个活跃的全球社区对其进行支持，该社区不断地改进软件，添加新功能，并修复错误。随着 GIS 技术的普及和开源软件的流行，QGIS 已经成为全球数百万专业和非专业用户首选的 GIS 软件之一。

技术上，QGIS 持续集成了最新的开源 GIS 技术和标准，使其能够处理复杂的空间数据分析和高级地理空间数据处理任务。随着人工智能(AI)和机器学习(ML)在地理空间数据分析中的应用日益增多，QGIS 社区也开发了插件和工具来利用这些技术，例如通过集成 Python 机器学习库进行空间数据挖掘和预测分析。此外，QGIS 的 3D 可视化功能和对时间序列数据的支持，使用户能够以更直观的方式探索和分析地理信息。

QGIS 的未来发展方向聚焦于进一步提升用户体验、增强数据处理能力和扩大其在 GIS 社区中的应用。持续的界面改进、性能优化以及新功能的添加都是 QGIS 开发路线图的一部分。同时，社区驱动的发展模式确保了 QGIS 能够迅速适应新技术和用户需求的变化，保持其作为一个前沿、灵活且可靠的 GIS 软件的地位。随着越来越多的插件被开发，QGIS 正成为一个越来越强大的工具，不仅适用于专业的地理信息系统专家，也越来越受到 GIS 教育者和业余爱好者的青睐。

QGIS 的核心功能包括支持广泛的矢量、栅格和数据库格式，强大的空间数据分析工具(如缓冲区分析、叠置分析和空间连接等)以及高级地图制作和布局设计功能。用户可以通过其直观的图形用户界面进行地图创建、编辑和发布，而且还能通过 Python 控制台和脚本来自动化 GIS 任务。QGIS 的另一个显著特点是其插件系统，通过这个系统，用户可以轻松地添加新工具和功能，大幅扩展 QGIS 的核心能力。此外，QGIS 支持 3D 地图视图和时间序列数据的可视化，增加了分析和呈现空间数据的灵活性。

(3) GRASS GIS

GRASS GIS(geographic resources analysis support system)是一款功能强大的开源地理信息系统，用于空间数据管理、地表分析、地图制作和空间建模。自 1984 年首次发布以来，它已经发展成为一个多平台系统，支持 Linux、Windows 和 Mac OS X。GRASS GIS 以其丰富的自然资源管理工具而著称，包括地形分析、水文建模、景观分析和光谱影像处理。它提供了超过 500 种模块来处理 GIS 数据，支持包括矢量、栅格、3D 栅格、影像和时间序列数据在内的多种数据类型。由于其强大的分析功能和灵活的数据处理能力，GRASS GIS 在科研、教育和商业领域得到了广泛应用。

近年来，GRASS GIS 持续整合最新的技术进展，特别是在地理空间数据的自动化处理和分析方面。通过支持 Python 脚本编程，用户可以编写自定义的分析流程，自动化复杂的 GIS 任务，从而提高工作效率。此外，GRASS GIS 正在加强其对大数据和云计算的支持，使用户能够处理更大规模的地理空间数据集，并利用云资源进行高性能计算。这些技术优势使 GRASS GIS 能够应对当前地理信息科学领域面临的挑战，如数据量急剧增加和计算需求不断提高。

GRASS GIS 的未来发展着重于提升用户体验、加强与其他开源 GIS 软件的集成以及扩展其在新兴领域如地理空间大数据分析和机器学习中的应用。为了吸引更广泛的用户群体，GRASS GIS 社区正在努力简化软件的安装过程和用户界面，使新手用户也能轻松上手。同时，通过与 QGIS 等流行 GIS 软件的紧密集成，GRASS GIS 提供了一种无缝的工作流，允许用户利用两者的优势进行复杂的地理空间分析。随着开源 GIS 软件的持续发展，GRASS GIS 正不断扩展其功能和应用范围，为全球用户提供一个可靠、高效和先进的地理信息分析工具。

核心功能：GRASS GIS 涵盖了广泛的空间数据处理能力，包括但不限于地形分析、水文模型构建、遥感图像分析、时间序列处理以及 3D 可视化等。GRASS GIS 特别擅长处理大规模的空间数据，支持包括矢量、栅格和 3D 栅格数据的高级分析。此外，它的模块化设计使得用户可以根据需要执行特定的 GIS 任务，同时支持 Python 和 Shell 脚本编程，进一步增强了其自动化处理和自定义分析的能力。

1.3.2 常用的国产 GIS 软件

随着 GIS 技术的快速发展和广泛应用，GIS 已经成为中国各行各业不可或缺的技术支持工具。在城市规划、土地资源管理、环境保护、交通管理、灾害预警与响应等多个领域，GIS 技术的应用带来了决策制定的高效性和精确性，显著提升了工作效率和管理水平。为了适应这一需求的增长，国内 GIS 软件经历了快速的发展和创新，形成了一系列具有自主知识产权和核心竞争力的 GIS 产品和解决方案。以下介绍几个广泛使用的国产 GIS 软件。

(1) SuperMap GIS

SuperMap GIS 是由北京超图软件股份有限公司开发的一款综合 GIS 软件，它在中国 GIS 市场上占有重要地位，并且在全球范围内也拥有广泛的用户基础。作为一个全面的 GIS 解决方案，SuperMap GIS 提供了丰富的 GIS 功能，包括但不限于空间数据管理、空间分析、地图制作、三维 GIS 建模以及大数据 GIS 处理。特别是在三维 GIS 和大数据 GIS 领域，SuperMap 展现了其技术的领先优势，提供了高效的三维城市建模工具和大数据空间分析能力，支持各种规模的 GIS 项目需求。

近年来，SuperMap GIS 不断地在技术创新上进行投入，特别关注云计算、人工智能(AI)、大数据以及物联网(IoT)等前沿技术的融合与应用。通过引入云 GIS 解决方案，SuperMap 使用户能够更加灵活地部署和管理 GIS 应用，享受到云端资源的便利和高效。同时，SuperMap GIS 集成了 AI 技术，尤其是在图像识别、空间数据分析和预测模型构建方面，帮助用户从海量的地理空间数据中提取有价值的信息，支持智能化的决策制定。

SuperMap GIS 核心功能体现在其在大数据 GIS、三维 GIS、云计算 GIS 等领域的技术优势，为用户提供了丰富的 GIS 功能和应用解决方案。SuperMap GIS 不仅提供了传统的空间数据管理和分析工具，还引入了先进的三维城市建模、虚拟现实和增强现实技术，使用户可以在三维空间中进行更为直观的规划和分析。此外，其在处理大规模空间数据方面的高效性，使得它在地理信息的存储、查询和分析过程中，能够快速处理和分析大量数据。同时，SuperMap 的云 GIS 服务为用户提供了灵活的数据共享和协作平台，大幅提高了 GIS 数据的可访问性和应用的灵活性。

（2）GeoStar

GeoStar 是由武汉大学公共安全应急地理信息系统研究中心和中国电子科技集团有限公司联合开发的综合地理信息系统平台。作为国内较早的 GIS 软件之一，GeoStar 主要面向政府、企业及科研机构，提供包括空间数据采集、管理、分析、可视化以及决策支持等全方位 GIS 解决方案。其强大的空间数据库支持和高级空间分析功能使其在国土、城市规划、环境保护、水利工程等领域有着广泛的应用基础。

在技术上，GeoStar 持续融合最新的 GIS 技术发展趋势，如云 GIS 服务、大数据技术以及人工智能(AI)的应用。特别是在云 GIS 方面，GeoStar 提供了灵活的云服务解决方案，允许用户在云端进行 GIS 数据的存储、处理和分析，极大提高了 GIS 项目的协作效率和数据处理能力。结合大数据技术，GeoStar 能够处理海量的地理空间数据，支持复杂的空间分析和建模任务。此外，通过引入 AI 技术，如机器学习和深度学习，GeoStar 能够提供更加智能的图像识别、模式分析和预测建模服务，为用户解决更复杂的地理信息问题提供了新的可能。GeoStar 主要面向政府、企业提供专业的 GIS 解决方案，特别在土地资源管理、环境监测等领域展现出其专业优势。

GeoStar 软件的核心功能集中在其强大的空间数据管理、深入的空间分析工具以及高效的地图制作和三维可视化能力。它提供了全面的支持，包括对各种矢量和栅格数据格式的兼容、空间数据库的高效管理以及复杂的地理空间分析功能，如地形处理、网络分析和空间统计等。此外，GeoStar 通过其先进的三维 GIS 功能，使用户能够创建详细的三维城市模型和景观，为城市规划、环境监测、灾害管理等应用提供了强大的支持和直观的可视化方案。

（3）MapGIS

MapGIS 是由中国地质大学开发的一款综合 GIS 软件，它自 20 世纪 90 年代初就开始服务于中国的 GIS 领域。作为国内较早的 GIS 软件之一，MapGIS 以其强大的数据处理能力、丰富的功能模块和良好的用户体验著称。该平台提供了全面的 GIS 功能，包括空间数据采集、编辑、管理、分析、可视化以及 3D 建模等，满足从基础地理信息的处理到复杂空间分析的各种需求。MapGIS 特别注重于提升数据处理的效率和分析的准确性，支持多种数据格式和大数据环境下的空间信息处理。

近年来，MapGIS 积极拥抱最新的技术发展趋势，特别是在云计算、大数据、人工智能(AI)和移动 GIS 等方面展现出显著的技术优势。通过深度集成云计算技术，MapGIS 提供了强大的云 GIS 服务，使空间数据和 GIS 应用可以在云平台上高效运行，极大提高了 GIS 项目的可扩展性和协作效率。此外，结合大数据技术和 AI 算法，MapGIS 能够处理海量的空间数据集，支持智能的空间数据分析和决策，为用户提供更加深入和精准的地理空间洞察。

MapGIS 的核心功能包括强大的空间数据管理、高级空间分析工具、丰富的地图制作与可视化选项以及三维地形与景观建模能力。软件支持多种空间数据格式，提供了包括地形分析、水文分析、网络分析、遥感影像处理和时间序列分析在内的广泛空间分析功能，同时，

MapGIS 还具备构建复杂的三维城市模型和自然景观的能力,使用户能够在多维空间中进行直观规划、分析和展示,满足从城市规划到环境保护等多个领域的专业需求。

1.4 土地信息系统的发展历史和未来趋势

1.4.1 土地信息系统的发展历史

在讨论 LIS/GIS 的发展之前,我们必须首先了解计算机技术的起源,因为没有计算机技术的发展,GIS 就无从谈起。第一台电子计算机 ENIAC(electronic numerical integrator and computer)于 1945 年在美国宾夕法尼亚大学完成。ENIAC 的诞生不仅标志着现代计算时代的开始,也为后来 GIS 的数据处理能力奠定了基础。随后的几十年里,随着计算技术的快速进步,GIS 的概念逐渐成形。

(1) 国外的土地信息系统发展历史

20 世纪 60 年代,加拿大地理学家 Roger Tomlinson 开发了世界上第一个 GIS 系统——加拿大地理信息系统(CGIS),用于管理和分析土地资源信息,这标志着 GIS 技术的诞生。CGIS 项目不仅是 GIS 历史上的重要里程碑,也代表了土地信息系统从纸质地图和卡片索引向电子化管理的转变。CGIS 主要用于编制加拿大的土地利用地图,为政府提供土地管理和规划的决策支持。这一时期 GIS 的主要特点是数据收集和存储,以及基本的空间分析功能。

进入 20 世纪 70 年代,GIS 开始在全球范围内得到更广泛的认识和应用。在美国,地理信息系统开始被用于城市规划、环境管理和自然资源监测。这一时期,GIS 技术的发展重点是提高数据处理能力和分析工具的开发。美国地质调查局(USGS)在这一时期对 GIS 数据的标准化作出了重大贡献,为 GIS 数据的交换和共享奠定了基础。

到了 20 世纪 80 年代,随着个人计算机(PC)的普及和计算能力的提高,GIS 软件开始进入商业市场,使得 GIS 技术更加普及。这一时期,ESRI 公司推出了 Arc/Info 系统,成为 GIS 领域的领军产品。GIS 软件的商业化促进了 GIS 技术在各行各业中的应用,包括土地规划、环境保护、公共卫生等领域。

进入 90 年代至 21 世纪初,GIS 技术经历了快速的发展和成熟。互联网的普及使得 GIS 数据和服务可以通过网络共享,标志着网络 GIS 时代的到来。网络 GIS 的兴起极大地扩展了 GIS 的应用范围和影响力,允许用户通过互联网访问、分析和共享地理信息。这一时期,开源 GIS 软件和服务也开始发展,提供了更多样化的 GIS 工具和平台选项,进一步推动了 GIS 技术的普及和应用。

21 世纪初至今,GIS 技术继续与新兴技术如大数据、云计算、物联网(IoT)、人工智能(AI)和机器学习(ML)等融合,形成了更为复杂和强大的地理信息系统。这些技术的集成不仅提高了 GIS 的数据处理和分析能力,也为 GIS 应用提供了新的视角和方法。例如,通过利用大数据和 AI 技术,GIS 可以实现更精确的预测分析和模式识别,支持智慧城市、环境监测、灾害管理等领域的决策制定。

此外,随着移动设备和位置服务的普及,移动 GIS 和位置智能成为 GIS 领域新的热点。移动 GIS 允许用户在移动设备上收集、分析和共享地理空间数据,提供了灵活的现场数据采集和实时分析能力。位置智能的应用使得个性化推荐、位置营销、物流优化等成为可能，进一步拓宽了 GIS 的应用领域。

(2) 国内的土地信息系统发展历史

中国地理信息系统(GIS)的发展可追溯到 20 世纪 80 年代初。1982 年，中国科学院地理科学与资源研究所和中国科学院计算技术研究所合作，在国家自然科学基金的支持下，开始了国内第一个 GIS 系统——“中国资源环境数据库系统”项目的研发工作，这标志着中国 GIS 技术研究的起始点。此项目的成功实施，不仅为中国的资源和环境管理提供了有力的技术支持，也为中国 GIS 的发展奠定了基础。

20 世纪 80 年代，随着中国改革开放的深入，国外先进的 GIS 技术和理念开始引入中国。这一时期，中国科学院、武汉测绘科技大学(现武汉大学测绘学院)等科研院所和高等学府在 GIS 领域开展了大量的研究工作。同时，针对国土资源管理、城市规划和环境保护等领域的 GIS 应用研究也逐渐展开。尽管这一时期中国 GIS 技术和应用还处于起步阶段，但已经开始显示出其在国家经济建设和社会发展中的巨大潜力。

进入 20 世纪 90 年代，随着计算机技术的飞速发展和国家对信息化建设重视程度的提高，中国的 GIS 技术迎来了快速发展期。这一时期，中国开始自主研发 GIS 软件系统，如“超图”(SuperMap)等，并在水利、林业、地质、城市规划等多个领域推广应用 GIS 技术。此外，中国政府启动了多个大型 GIS 项目，如“中国数字地形图工程”“国家基础地理信息系统”等，大力推动了 GIS 技术在国家管理和决策中的应用。

21 世纪初至今，随着互联网、大数据和云计算等新兴技术的发展，中国 GIS 技术和应用进入了新的发展阶段。GIS 技术与互联网深度融合，形成了在线 GIS 服务和移动 GIS 应用，极大地扩展了 GIS 的应用范围和影响力。同时，大数据、云计算技术以及人工智能模型的应用，也使得 GIS 数据处理和分析能力得到了极大的提升。在这一时期，GIS 技术在智慧城市建设、环境监测、灾害预警和应对等方面发挥了重要作用。

1.4.2 土地信息系统的未来趋势

近 60 年的发展历程中，GIS 的理论和技术都取得了长足的进步，应用领域扩大到社会的方方面面，社会影响力越来越大，体系结构、开发模式和服务模式等都发生了深刻的变化。随着技术的快速进步和社会需求的不断变化，土地信息系统(LIS)和地理信息系统(GIS)正处于持续发展和革新之中，LIS/GIS 发展的未来趋势主要体现在以下几个方面：

(1) 云计算和 GIS 的集成：随着云计算技术的成熟和普及，GIS 的运行模式和数据处理能力将发生根本变化。云计算为处理大规模地理数据集提供了强大的计算能力和灵活的存储解决方案，使得 GIS 服务更加高效和可扩展。这种集成将使得地理信息的存取和共享更加便捷，支持复杂的空间分析任务，进而促进土地资源管理的决策制定。

(2) 大数据在土地信息系统中的应用：大数据技术的发展将极大地增强土地信息系统在数据收集、处理和分析方面的能力，大数据技术的应用使得处理和分析海量地理空间数据成为可能。结合机器学习和人工智能技术，GIS 能够提供更深入的数据分析和洞察，支持复杂的预测模型和决策分析。大数据不仅提供了更多的数据来源，也推动了新算法和分析方法的开发，以处理和解析大规模空间数据集。

(3) 人工智能与机器学习的融合：人工智能(AI)和机器学习(ML)技术的集成将进一步

增强土地信息系统的分析和预测能力。通过 AI 和 ML，可以自动识别模式和趋势，提高空间数据分析的准确性和效率。在土地规划、资源管理和环境保护等领域，这些技术将支持更为智能化的决策支持系统，为政策制定和管理提供科学依据。

(4) 物联网(IoT)技术的集成：物联网(IoT)技术的应用将极大地改变土地信息系统收集和监测地理空间数据的方式。通过部署大量的传感器，可以实时监控土地使用状况、环境变化和自然资源，实现对土地资源管理的实时和动态监控。IoT 技术为土地信息系统提供了大量实时数据，支持更加精细和高效的管理。

未来的 GIS 将更加依赖于云计算、大数据、物联网和人工智能等技术，同时其应用也将进一步扩展到智慧城市、精准农业、环境保护等领域，并将继续在促进可持续发展和改善人类生活质量中发挥着关键作用。

1.5　章节总结

1.5.1　重点术语

土地　信息　土地信息系统(LIS)　地理信息系统(GIS)　空间数据　非空间数据

1.5.2　复习题

(1) 简述土地信息系统(LIS)的基本概念和主要功能。

(2) 土地信息系统的结构包括哪些主要组成部分？

(3) 解释土地信息系统与地理信息系统(GIS)之间的关系。

(4) 列举三个国际上常用的 GIS 软件，并简要介绍其特点。

(5) 分析未来土地信息系统发展的几个关键趋势。

1.5.3　应用练习

实验 2.1　ArcGIS Pro 基础操作与应用

· 实验目的

熟悉 ArcGIS Pro 的基本操作，包括项目创建、数据添加和图层管理；学习如何利用 ArcGIS Pro 制作和编辑专业的地图；掌握使用 ArcGIS Pro 进行基本空间分析的技能，包括测量工具的使用、数据查询等；了解如何根据个人偏好自定义 ArcGIS Pro 界面和设置，提高工作效率。

· 数据说明

徐州市土地利用数据，其中各类用地编码如下：① 耕地；② 林地；③ 草地；④ 水域；⑤ 城乡、工矿、居民用地；⑥ 未利用土地。

· 操作步骤

1. 启动 ArcGIS Pro 并新建项目

(1) 启动 ArcGIS Pro 并登录 ArcGIS 账户：如果是首次使用，系统会弹出登录窗口。输入您的 ArcGIS 账号和密码，然后点击“登录”按钮。

(2) 新建项目:点击起始页面的【新建项目】按钮→选择【地图】模板→填写项目名称“Xuzhou_Land_Use_Project”→指定项目保存位置→点击【创建】。

2. 数据添加和图层管理

(1) 添加数据到项目→点击【地图】选项卡→点击【添加数据】按钮→浏览文件系统选择徐州土地利用数据 2020.tif 文件→点击【添加】。

(2) 管理图层属性→在【内容】窗格中右键点击图层名称→选择【属性】→修改图层设置(如符号系统、透明度)。

3. 浏览地图

(1) 地图视图操作

使用鼠标滚轮放大或缩小地图视图:将鼠标光标放在地图视图上,向前滚动鼠标滚轮放大地图,向后滚动鼠标滚轮缩小地图;点击并拖动鼠标以平移地图视角:按住鼠标左键,在地图上拖动鼠标,可以平移地图视角到不同区域;使用视图选项卡中的工具重置视图:在软件窗口上方,点击【视图】选项卡,可以看到多个视图工具,比如【固定缩放】和【旋转视图】。点击这些工具可以对视图进行重置或特定操作。

(2) 创建和使用书签

浏览徐州市土地利用数据:使用鼠标滚轮放大地图视图,观察徐州市的细节。按住鼠标左键拖动,平移视图至徐州市中心;在【项目】选项卡中点击【创建书签】→输入书签名“Xuzhou Center”→保存→使用【管理书签】功能访问书签。

4. 图层操作

(1) 图层属性调整:在【内容】窗格中找到“徐州土地利用数据 2020”图层→右键点击图层名称→选择【属性】→打开图层属性对话框;选择【显示】选项卡→调整透明度滑块,设置图层的可视透明度为 50%→点击【应用】按钮保存更改。

(2) 符号化和视觉调整:在【内容】窗格中右键点击“徐州土地利用数据 2020”图层名称→选择【符号化】→打开符号化设置;在符号化设置中,选择“唯一值符号”→为不同的土地利用类型选择不同的颜色→调整符号大小为适中;完成符号选择和调整后→点击【确定】关闭符号化窗口→自动更新地图视图显示新的符号化效果。

(3) 图层顺序和组织:在【内容】窗格中,通过拖拽“徐州土地利用数据 2020”图层名称来重新排序图层→确定该图层在其他数据图层之上可见;右键点击【内容】窗格中的任意图层→选择【新建图层组】→将“徐州土地利用数据 2020”拖入该组内→为图层组命名为“徐州分析”。

(4) 图层筛选与查询:右键点击“徐州土地利用数据 2020”图层→选择【属性表】→点击【选择】选项卡下的【查询】按钮→输入筛选条件,例如:“土地利用类型=‘建设用地’”;点击【应用】执行查询→图层视图更新以仅显示建设用地类型的土地利用。

(5) 图层输出与共享:右键点击“徐州土地利用数据 2020”图层名称→选择【数据】→选择【导出数据】→设置导出格式为 Shapefile 并指定路径→点击【导出】保存图层数据为外部文件;右键点击“徐州土地利用数据 2020”图层→选择【共享】→选择【作为 Web 图层发布】→设置服务属性和访问权限→点击【发布】共享图层至 ArcGIS Online 或企业服务器。

5. 自定义设置

(1) 调整 ArcGIS Pro 界面布局:拖动内容窗格、目录窗格等面板,将它们放置在适合的位置，以便于操作和查看。

（2）修改偏好设置：点击【项目】选项卡中的【选项】按钮→打开偏好设置菜单→将默认地图单位修改为“米”→选择深色主题→点击【确定】保存设置。

第2章 土地信息系统的空间参考系统

2.1 空间参考系统

2.1.1 地球椭球体

(1) 地球体的量度

人类对地球大小和形状的认知经历了漫长的过程。公元前6世纪,古希腊数学家毕达哥拉斯认为地球是个球体。在埃及居住的古希腊人埃拉托色尼(Eratosthenes)注意到,位于埃及南部的塞伊尼(今阿斯旺)在夏季中午时分,太阳可以直射到井底,而同一时刻在亚历山大,太阳却不是垂直的,垂线与地心之间夹角为7°12′(这个角度为圆周的1/50)。接着埃拉托色尼测量了亚历山大与塞伊尼之间的距离约为925 km(5 000古希腊里),再乘以50,即得出地球周长为46 250 km(250 000古希腊里)。

但由于埃拉托色尼的估算未注意到塞伊尼的地理纬度并不是23°30′,而是24°05′3″;夏至时分的太阳入射角小于90°;也未注意到亚历山大与塞伊尼并不在同一条子午线上,因此测量结果难免有一定误差,但这是人类应用弧度测量概念对地球大小的第一次估算。

最早一次对地球大小的实测是我国唐朝的张遂指导进行的。他选择河南滑州大致在同一子午线的白马、浚仪、扶沟和上蔡四地作为台站,用"复距"测量北极高度,用圭表测定日影长度,用测绳丈量四地距离。经计算得到这段子午线上的纬度1的地面距离约为132 km,比现代测量值约长21 km。但只有到了17世纪以后,天文学和物理学的发展和大地测量学的实践,才逐渐认识到地球并不是一个圆球。

牛顿(I. Newton,1643—1727年)假设地球是均质流体,论证了地球是一个椭球体。在清康熙年间,为编制《皇舆全览图》进行的天文-大地测量中,发现在北纬47°~41°之间,子午线每度弧长由南向北递增,为地球不是正圆球而是椭球提供了实证。最后,法国于1735年组织两支测量队,分别测定北纬66°的拉普兰地区子午线1的弧长为111.92 km,而赤道附近的秘鲁戈丁地区子午线1的弧长为110.60 km,从而论证了地球是椭球的学说。现代天文大地测量、地球重力测量、卫星大地测量等精密测度,都证明了一个事实:地球是一个极半径略短、赤道半径略长,北极略突出、南极略扁平,近于梨形的椭球体。这种所谓的"近于梨形"其实是一种形象化的夸张,因为地球南北半球的半径之差仅在几十米范围之内,这与地表的起伏相比,是十分微小的。

(2) 地球体的物理表面

由于地球的自然表面凸凹不平,形态复杂,它显然不能作为测量与制图的基准面。因此,应该寻求一种与地球自然表面非常接近的规则曲面,来代替这种不规则球体面。

和重力方向线相垂直的方向形成了无数曲面,每一个曲面上重力位相等,我们把重力位相等的面称为重力等位面,即通常所说的水准面。地球表层质量的不均匀导致水准面的形状很复杂，两个极邻近的水准面既不相交、也不平行。大地测量学研究的是在整体上非常接近地球表面的水准面，这种理想的水准面是一个无波浪、无潮汐、无水流、无大气压变化的静止海平面，处于流体平衡状态。它没有棱角、没有褶皱，以这个水准面作为基准面向大陆延伸，穿过陆地、岛屿，最终形成一个封闭曲面，这就是大地水准面。它实际上是一个起伏不平的重力等位面，是逼近于地球本身形状的一种形体，称大地体，即地球物理表面。

大地水准面的形状（几何性质）及重力场（物理性质）都是不规则的，不能用一个简单的形状和数学公式表述。为此学者建议用一个似大地水准面代替它并给定严密公式。似大地水准面与大地水准面在海洋上完全重合，陆地上只在山区有 2～4 m 的差异。各国也往往选择一个平均海水面代替大地水准面，作为统一的高程基准面。大地水准面如图 2-1 所示。

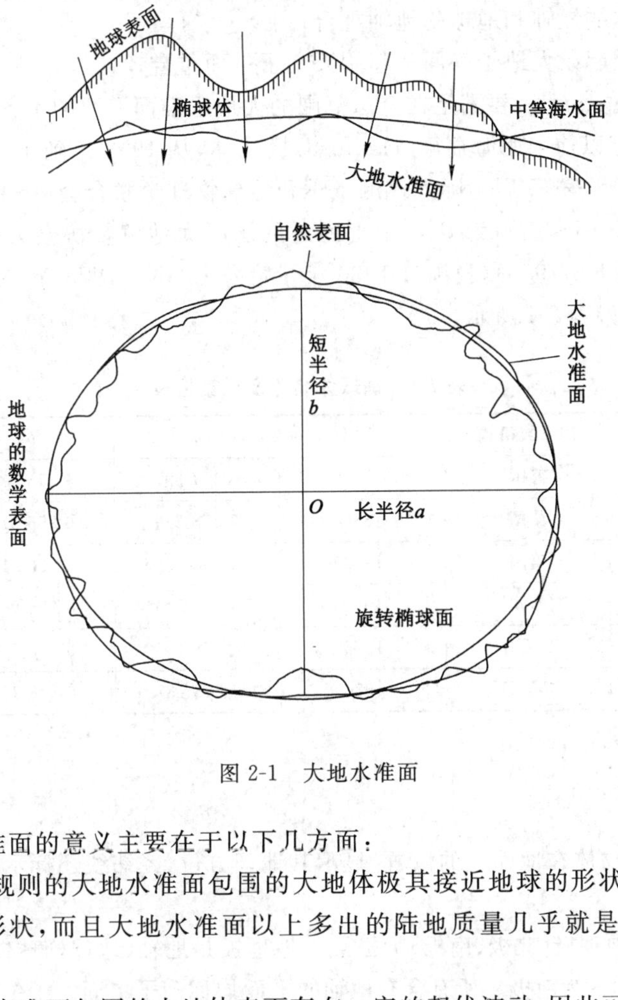

图 2-1　大地水准面

研究大地水准面的意义主要在于以下几方面：

① 由略微不规则的大地水准面包围的大地体极其接近地球的形状。它不仅表达了大部分自然表面的形状，而且大地水准面以上多出的陆地质量几乎就是水准面以下缺少的质量。

② 由于大地水准面包围的大地体表面存在一定的起伏波动，因此可应用重力场理论对大地测量学或地球物理学进行研究。

③ 由于大地水准面是实际重力等位面，因此人们才有可能通过测量仪器获得相对于似大地水准面的高程。

（3）地球体的数学表面

大地水准面形状虽然十分复杂,但从整体来看,起伏是微小的。它是一个很接近于绕自转轴(短轴)旋转的椭球体。所以在测量和制图中就用旋转椭球来代替大地球体,这个旋转球体通常称地球椭球体,简称椭球体。

地球椭球体表面是一个规则的数学表面,它是测量与制图的基础。其大小、形状取决于长半轴[即赤道半径(a)]、短半轴[即极半径(b)]、扁率(f)。a、b、f 也称为地球椭球体的元素值。其中:

$$f=\frac{a-b}{a}$$

地球椭球体需要有 4 个条件才能达到和大地体最密合:

① 地球椭球体中心和地球的质心重合;

② 地球椭球体的短轴和地球的地轴重合;

③ 地球椭球体起始大地子午面和起始天文子午面重合;

④ 在确定参数 a、f 时,要满足在全球范围的大地水准面差距的平方和为最小。

我国在 1952 年以前采用海福德(Hayford)椭球体,从 1953 年到 1980 年采用克拉索夫斯基椭球体。1975 年第 16 届国际大地测量学和地球物理学联合会(International Union of Geodesy and Geophysics 缩写为 IUGG)上通过的国际大地测量协会第一号决议中公布的地球椭球体,称为 GRS(1975),我国自 1980 年开始采用 GRS(1975)新参考椭球体系。椭球体名称及元素值表如表 2-1 所示。

表 2-1 椭球体名称及元素值表

椭球体名称	国家或机构	推算年代	a	b	f
贝塞尔	德国	1841	6 377 397	6 356 079	1:299.150
克拉克	英国	1880	6 378 249	6 356 515	1:293.470
海福德	美国	1909	6 378 388	6 356 912	1:297.000
克拉索夫斯基	苏联	1940	6 378 245	6 356 863	1:298.300
GRS	IUGG	1975	6 378 140	6 356 755	1:298.257
GRS	IUGG	1980	6 378 137	6 356 752	1:298.257

2.1.2 地理坐标系

地理坐标表示物体在地面上的位置,显示其地理方位,经纬线还标示许多地理现象所处的地理带。

地理坐标系以地理极(北极、南极)为极点。地理极是地轴(地球椭球体的旋转轴)与椭球面的交点,N 为北极,S 为南极。所有含有地轴的平面均称为子午面。子午面与地球椭球体面的交线称为子午线或经线。所有垂直于地轴的平面与椭球面的交线称为纬线。纬线是不同半径的圆。其中半径最大的纬线,是通过地轴中心垂直于地轴的平面所截的大圆,称为赤道。

在大地测量学中,对于地理坐标系中的经纬度有三种提法:天文经纬度、大地经纬度和地心经纬度。在大地测量中常以天文经纬度定义地理坐标,它是以铅垂线为依据建立起来的。天文纬度 Φ 即赤纬,为观测点的铅垂线方向与赤道平面间的夹角。地心经纬度是随地球一起转动的非惯性坐标系，根据其原点位置不同，分地心坐标系和参心坐标系。前者的原点与地球的中心重合，后者的原点与参考椭球中心重合。在地图学中，认为以大地经纬度来定义地理坐标更好，因为大地经纬度定义的地理坐标是在规整的椭球面上构建的，每条经纬线投影到平面上皆呈直线或平滑曲线，便于地图投影的研究与应用。下面将详细介绍大地经纬度。

设椭球面上有一点 P(图 2-2)，通过 P 点做椭球面的垂线，称之为过 P 点的法线。法线与赤道面的交角，叫作 P 点的纬度，通常以字母 Φ 表示。纬度从赤道起算，在赤道上纬度为 0°。纬线离赤道越远，纬度越大，至极点纬度为 90°。赤道以北的叫北纬，赤道以南的叫南纬。过 P 点的子午面与通过英国格林尼治天文台的子午面所夹的二面角，叫作 P 点的经度，通常以字母 λ 表示。国际规定通过英国格林尼治天文台的子午线为本初子午线(或叫首子午线)，作为计算经度的起点。该线的经度为 0°。向东 0°～180°叫东经，向西 0°～180°叫西经。

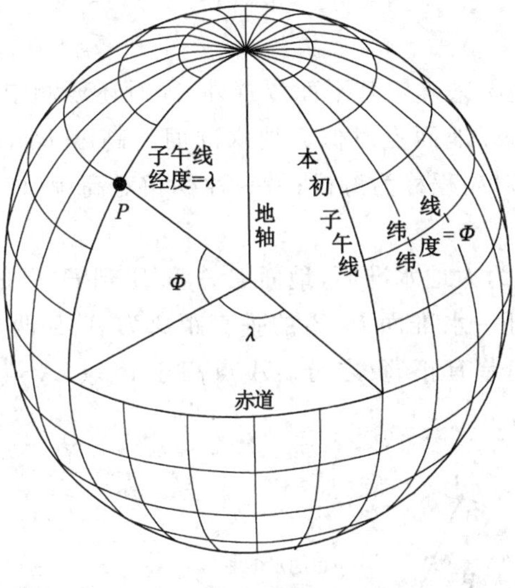

图 2-2　地球的经线和纬线

根据地理坐标系，地面上任一点的位置可由该点的纬度和经度来确定。例如北京在地球上的位置可由北纬 39°56′和东经 116°20′来确定。

2.1.3　常用大地坐标系统

中华人民共和国成立初期，由于受当时条件所限，一直沿用克拉索夫斯基椭球体的参考椭球参数。经过 20 多年的实践，使用克拉索夫斯基椭球体已不能满足我国大地测量工作的要求。存在的问题表现在以下几方面：

① 克拉索夫斯基椭球体与 1975 年国际大地测量学和地球物理学联合会推荐的参考椭球体(1975-IUGG)相比，其长轴 a 约长 105 m。必然会给理论研究和实际工作带来不便。

② 克拉索夫斯基椭球面相对于大地水准面，自西向东有较大的系统性倾斜。与大地水准面差距最大可达 68 m，并且出现在我国经济发达的东部沿海地区。必然给大地测量数据的计算工作带来麻烦。

③ 在处理重力测量数据中常用的计算公式也与克拉索夫斯基椭球体不匹配。

为适应我国大地测量工作深入开展的需要，我国于1980年大地坐标系选用了1975年国际大地测量协会推荐的参考椭球体，使几何大地测量与物理大地测量所使用的椭球体一致起来。

1980年大地坐标的大地原点设在我国中部西安市附近的泾阳县境内。由于大地原点位于我国的中心位置，因此可以减少坐标传递误差的积累。

参考椭球体和大地原点确定之后，便可进行椭球体定位和精确测定大地原点坐标，进而再以大地原点坐标为基准，推算其他大地点坐标。

应该注意的是：各国由于采用的参考椭球体及定位方法不同，因此同一地面点在不同坐标系中大地坐标值也不相同。我国在20世纪80年代以前，进行了大量的航空测量和制图工作，此期间的地形图编制都是以北京坐标系成图的，这些地形图沿用至今。因此在资料使用上必须区分不同坐标系成图的精度。

2.1.4 高程参考系

地面点除了用地理坐标来确定其平面位置外，同时还要测定其高程位置。说明地面点的高程，一种称绝对高程，即地面点对似大地水准面的高度 H_0，由于似大地水准面即平均海平面，因此通常也将绝对高程称为海拔；另一种称相对高程，即地面点对任一水准面的高度 H_i。

如图2-3所示，P_0P_0为大地水准面，地面点 A 和 B 到 P_0P_0的垂直距离为 A、B 两点的绝对高程。A、B 两点至任一水准面 P_1P_1的垂直距离为 A、B 两点的相对高程。A、B 两点的高程差，叫高差(h)。高差有正、负之分。A 点高于 B 点，A 点对 B 点的高差为正，反之为负。

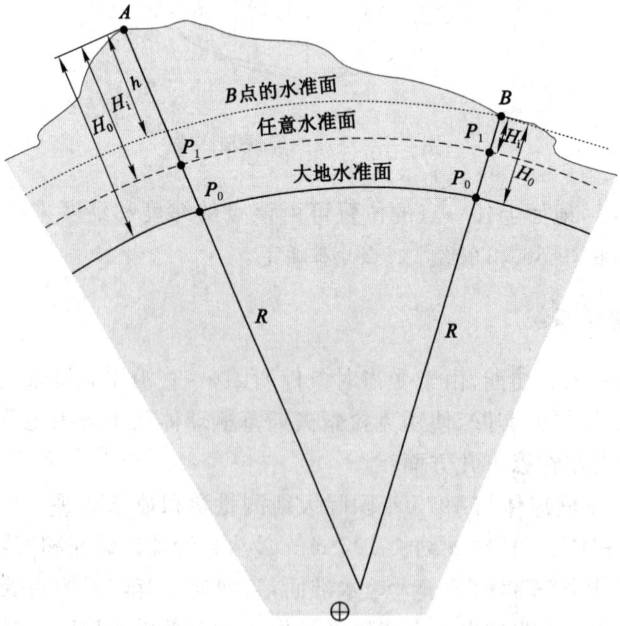

图2-3 绝对高程与相对高程

为使一个国家的高程测量工作在广阔的国土内能够统一起来，世界各国均有各自的高程起算基准面。20世纪上半叶，我国各地军阀割据，各省有自己的高程起算基准面，造成了测量结果互不衔接。中华人民共和国成立后，我国利用青岛验潮站1950—1956年观测记录，确定以黄海平均海平面作为全国统一的高程起算基准面，并且在青岛观象山埋设了永久性的水准原点，其高程是以青岛验潮站平均海平面为零点，经过精密水准测量进行连测而得的。以黄海平均海平面建立起来的高程控制系统，称为“1956国家高程基准”。1988年1月1日国家正式启用“1985国家高程基准”，推算的平均海平面比1956年国家高程基准的平均海平面高出0.029 m，水准原点高程为72.260 4 m。

AB两点间高差$h=H_B-H_A$。

设H_A为已知点A的高程，则待求点B的高程

$$H_B=H_A+h$$

测量工作是在地球曲面、重力影响、大气环境之下进行的，它因受到多种因素的制约而需要改正各项误差，例如仪器误差、地球曲率与大气折光差等。大地测量和工程测量需要许多地球空间科学的理论、方法和技术的支持。

2.2　地图投影

2.2.1　地图投影的概念和变形

2.2.1.1　地图投影的概念

地球椭球体表面是曲面，地图是平面（通常绘制在平面图纸上）。曲面是一个不可展的面，不可能用物理的方法将其展成平面，因为那样会使曲面产生褶皱、拉伸或断裂等无规律的变形，进而影响到地图表达的科学性。地图制图中采用的方法是地图投影。所谓地图投影是指利用数学方法建立地球球面上的点与地图平面上相对应点间数学函数关系的过程，其实质是将球面上点的坐标，按照一定的数学法则表达到地图平面上。

设球面上某点的地理坐标为$(\Phi、\lambda)$，地图上相对应点的平面直角坐标$(x、y)$或极坐标$(\rho、\delta)$，则地图投影可表述为下列函数：

$$x=f_1(\Phi,\lambda)$$

$$y=f_2(\Phi,\lambda)$$

因为球面上任一点的位置决定于它的经纬度，所以实际投影时是先将一些经纬线交点展绘在平面上，再将相同经度的点连成经线，相同纬度的点连成纬线，构成经纬线网。有了经纬线网以后，就可以将球面上的点，按其经纬度画在平面上相应位置处。

地图投影的概念，对将地图作为研究工具和成果表达手段的科技人员是重要的，只有具备一定的地图投影知识，比如了解各种常见地图投影变形性质、变形分布规律及具体应用范围等，才能正确选择和使用地图。

2.2.1.2　地图投影的变形

（1）地图投影变形

人们在使用地图过程中都会发现，同是地球表面上的经纬网，但在不同的投影变形的性质上却表现为不同形式。同是一个大陆或一个区域，在不同地图上则往往表现出明显的形

状差异。这就是地图投影所引起变形的具体表现。

地图投影的方法很多。用不同的投影方法得到的经纬线网形式不同。图 2-4 是几种不同投影的经纬线网形状。从图上可以看出,用地图投影的方法将球面展为平面,虽然可以保持图形的完整和连续,但它们与球面上的经纬线网形状并不完全相似。这表明投影之后,地图上的经纬线网发生了变形,根据地理坐标展绘在地图上的各种地面事物,也必然随之发生变形。这种变形使地面事物的几何特性受到破坏。

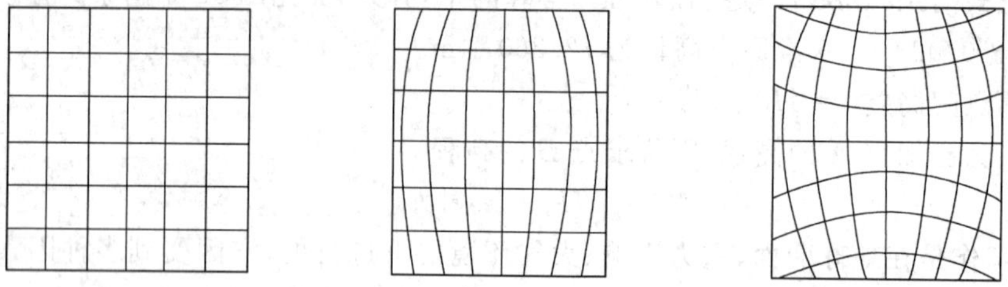

(a)　　　(b)　　　(c)

图 2-4　地图投影变形

地图投影的变形表现在三个方面,即长度变形、面积变形和角度变形。

在图 2-4(a)上,各条纬线长度均相等,而实际中纬线长度从赤道向两极是递减的。在图 2-4(b)、(c)上,各条经线长度不等,而实际中所有经线均相等。这说明同一地图上各地点的缩小比例并非一样,表明地图上具有长度变形。不同投影变形情况不一样,同一投影上,长度变形不仅随地点而改变,在同一点上还因方向不同而不同。

图上的面积也会因长度变形而发生改变,从图 2-4(a)上可直观地看到图上所有经纬栅格面积均相等,在图 2-4(c)中,同一经度带内各经纬栅格面积又不相等,这些显然与实际情况是不一致的。表明图中有面积变形。不同的投影面积变形情况不一样,同一投影上,面积变形因地点的不同而不同。

角度变形是指地图上两条线所夹的角度不等于球面上相应的角度。图 2-4(b)上,只有中央经线和各纬线相交成直角,其余的经线和纬线均不呈直角相交,表明地图上发生了角度变形。角度变形的情况因投影而异,同一投影图上,角度变形因地点而变。

(2) 变形椭圆

地图投影的变形,随地点的改变而改变,因此在一幅地图上,就很难笼统地说它有什么变形,变形有多大。为了定量地分析和研究投影变形,法国数学家底索(Tissot)在 1881 年提出了变形椭圆理论,他通过实验和数学推导表明,球面上的微小圆投影后将变成椭圆(特殊情况下为圆),并据此说明地图投影变形的性质和大小,这种椭圆也被称为变形椭圆(图 2-5)。

(3) 长度比和长度变形

长度比就是投影面上一微小线段和球面上相对应微小线段之比。设 ds' 为投影在平面上的微小线段,ds 表示球面上微小线段,μ 表示长度比,则

$$\mu=\frac{ds'}{ds}$$

长度比与 1 的差值称为长度变形。长度比等于 1 时,长度变形为 0,即投影后没有变

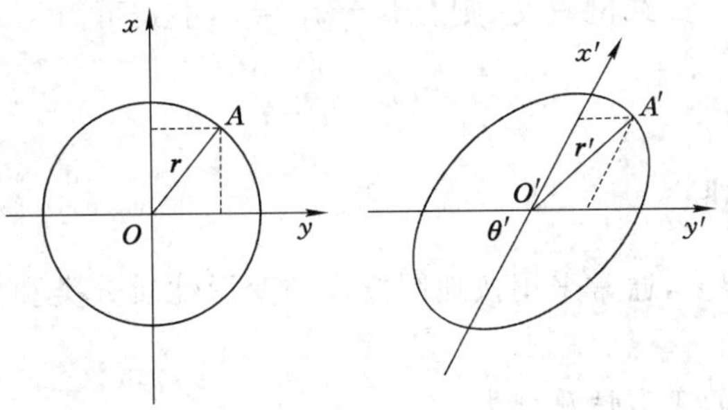

图 2-5　变形椭圆

形；长度比大于 1 时，长度变形为正，表示投影后长度变大；反之，长度变形为负，表示投影后长度缩短。

长度比是一个用以描述长度变形的量，与长度比例尺的概念不同。长度比例尺指地图上的长度与地球球面上相应的长度之比。长度比的变化会引起长度比例尺的变化。当长度比等于 1 时所维持的比例尺称为主比例尺，即地图上所注明的比例尺。反之，长度比不等于 1 时所维持的比例尺称为局部比例尺。由于投影变形的存在，主比例尺仅能被保持在图上某些特殊的点或线。

由于长度比会随方向变化，通常在研究长度比时，不一一研究各个方向的长度比，而只研究其中一些特定方向的长度比，即研究最大长度比(a)和最小长度比(b)，经线长度比(m)和纬线长度比(n)。当经纬线投影后呈直交时，经、纬线方向长度比就是最大和最小长度比。如果投影后经纬线不直交，夹角为 θ，则经纬线长度比 m、n 和最大、最小长度比 a、b 之间具有下列关系：

$$m^2+n^2=a^2+b^2$$
$$mn\sin\theta=ab$$

(4) 面积比和面积变形

面积比就是投影平面上微小面积(变形椭圆面积)$\mathrm{d}F'$ 与球面上相应的微小面积(微小圆面积)$\mathrm{d}F$ 之比。设球面上微小圆面积 $\mathrm{d}F=\pi 1^2$，则投影平面上变形椭圆面积 $\mathrm{d}F'=\pi ab$，以 P 表示面积比，则

$$P=\frac{\mathrm{d}F'}{\mathrm{d}F}=\frac{\pi ab}{\pi 1^2}=ab$$

面积比是个变量，它随着点的位置不同而变化。

面积比与 1 之差值称为面积变形。面积变形为正，表示投影后面积增大；面积变形为负，表示投影后面积缩小。

(5) 角度变形

投影面上任意两方向线所夹之角与球面上相应的两方向线夹角之差，称为角度变形。过一点，可以做许多方向线，不同方向线所组成的角度产生的变形一般也是不一样的。通常在研究角度变形时，不一一研究每一个角度的变形数量，而只研究其角度的最大变形(ω)。

设经线长度比 m，纬线长度比 n，投影后经纬线夹角为 θ，则最大角度变形可表示为：

$$\sin\frac{\omega}{2}=\sqrt{\frac{m^2+n^2-2mn\sin\theta}{m^2+n^2+2mn\sin\theta}}$$

当 $\theta=90°$，即投影后经纬网直交，则有 $m=a$，$n=b$，上式可简化为：

$$\sin\frac{\omega}{2}=\frac{a-b}{a+b}$$

2.2.2 地图投影的分类

地图投影的种类很多，通常采用按地图投影的变形性质分类和按地图投影的构成分类两种分类方法。

2.2.2.1 按地图投影的变形性质分类

按变形性质地图投影可以分为等角投影、等积投影和任意投影(图 2-6)。

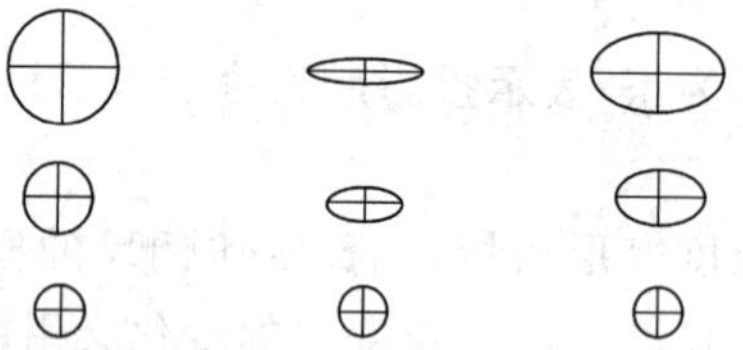

图 2-6 不同投影的变形椭圆形状

(1) 等角投影

投影平面上任意方向线上的夹角与球面上相应夹角相等，即最大角度变形 $\omega=0$。等角投影中，经纬线呈直角，且最大长度比 a 等于最小长度比 b，球面上的微分圆投影后仍为圆，在小区域内，该投影能保持投影图形与实地相似，故又称正形投影，但在不同地点的长度比是不同的，即不同地点上的变形椭圆大小不同，因此从大范围来讲，投影后的图形与实地并不相似。

(2) 等积投影

投影平面上任意一块面积与椭球面上相应的面积相等，即面积变形等于零。亦即为了保持等积条件，必须使 $P=1$。由于等积投影中要保持面积不变形，在等积投影的不同点上，变形椭圆的长轴不断伸长，短轴不断缩短，形状变化较大，角度变形亦比较大。

(3) 任意投影

任意投影指投影后既有长度变形，也有角度与面积变形，但角度变形小于等积投影，面积变形小于等角投影。等距投影是任意投影的一种，在这种投影中并不是不存在长度变形，只是在特定方向上没有长度变形，一般沿经线方向保持不变形。

2.2.2.2 按地图投影的构成分类

地图投影最初建立在透视的几何原理上，它是把椭球面直接透视到平面上，或透视到可展开的几何面上，如圆柱面和圆锥面。这样就得到具有几何意义的方位、圆柱和圆锥投影。随着科学的发展，为了使地图的变形尽量减小，或者为了使地图满足某些特定要求，地图投影就逐渐跳出了原来借助于几何面构成投影的框子，而产生了一系列按照数学条件构成的投影。据此，把地图投影分为几何投影和非几何投影。

(1) 几何投影

几何投影是把椭球面上的经纬线网投影到几何面上，再将几何面展为平面而得到的(图 2-7)。根据几何面的形状，可以进一步分为下述几类：

① 方位投影:以平面作为投影面,使平面与球面相切或相割,将球面上的经纬线投影到平面上而成。

② 圆柱投影:以圆柱面作为投影面,使圆柱面与球面相切或相割,将球面上的经纬线投影到圆柱面上,然后将圆柱面展为平面而成。

③ 圆锥投影:以圆锥面作为投影面,使圆锥面与球面相切或相割,将球面上的经纬线投影到圆锥面上,然后将圆锥面展为平面而成。

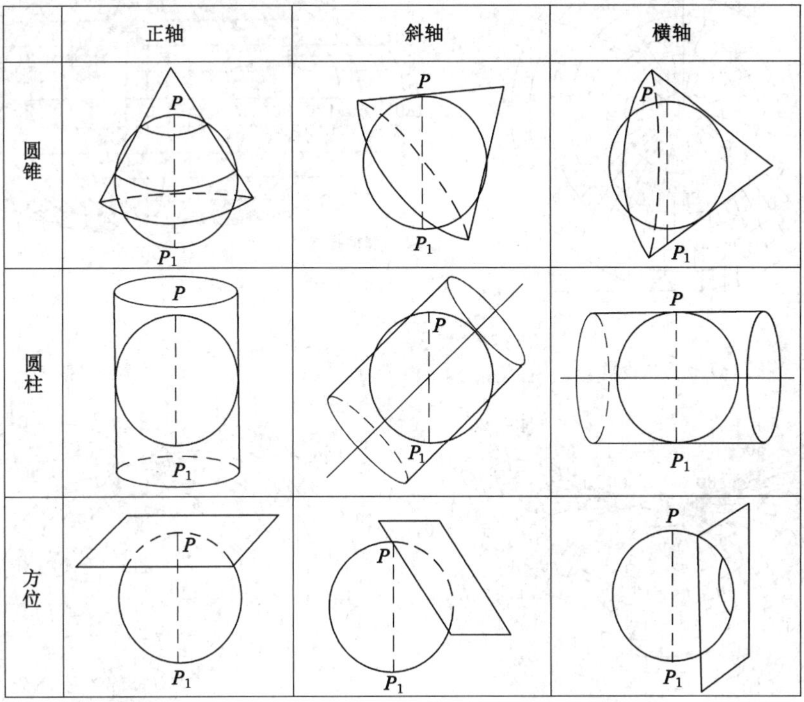

图 2-7　几何投影示意图

在上述投影中,由于几何面与球面的关系位置不同,又分为正轴、横轴和斜轴投影。投影面的中心轴线与地轴一致,称为正轴投影;投影面的中心轴线与地轴垂直,称为横轴投影;投影面的中心轴线与地轴斜交,称为斜轴投影。

(2) 非几何投影

非几何投影是指不借助于几何面,而是根据某些条件用数学解析法确定球面与平面之间点与点的函数关系。非几何投影类型有伪方位投影、伪圆柱投影、伪圆锥投影和多圆锥投影(图 2-8)。

① 伪方位投影:在正轴投影下,伪方位投影的纬线仍投影为同心圆;除中央经线投影成直线外,其余经线均投影成对称于中央经线的曲线,且交于纬线的共同圆心。

② 伪圆柱投影:在正轴圆柱投影基础上,规定纬线仍为平行直线,中央经线投影成直线,其余经线均投影成对称于中央经线的曲线。

③ 伪圆锥投影:在正轴圆锥投影基础上,规定纬线仍为同心圆弧,除中央经线仍为直线外,其余经线则投影成对称于中央经线的曲线。

④ 多圆锥投影:是借助多个上下相接的圆锥表面作为辅助投影面设计而成的投影。这

些圆锥的轴与中央经线的子午面共面,并垂直于中央经线。因此在这种投影下,纬线为同轴圆弧,其圆心位于中央经线(或中央经线的延长线)上,中央经线为直线,其余经线则投影成对称于中央经线的曲线。

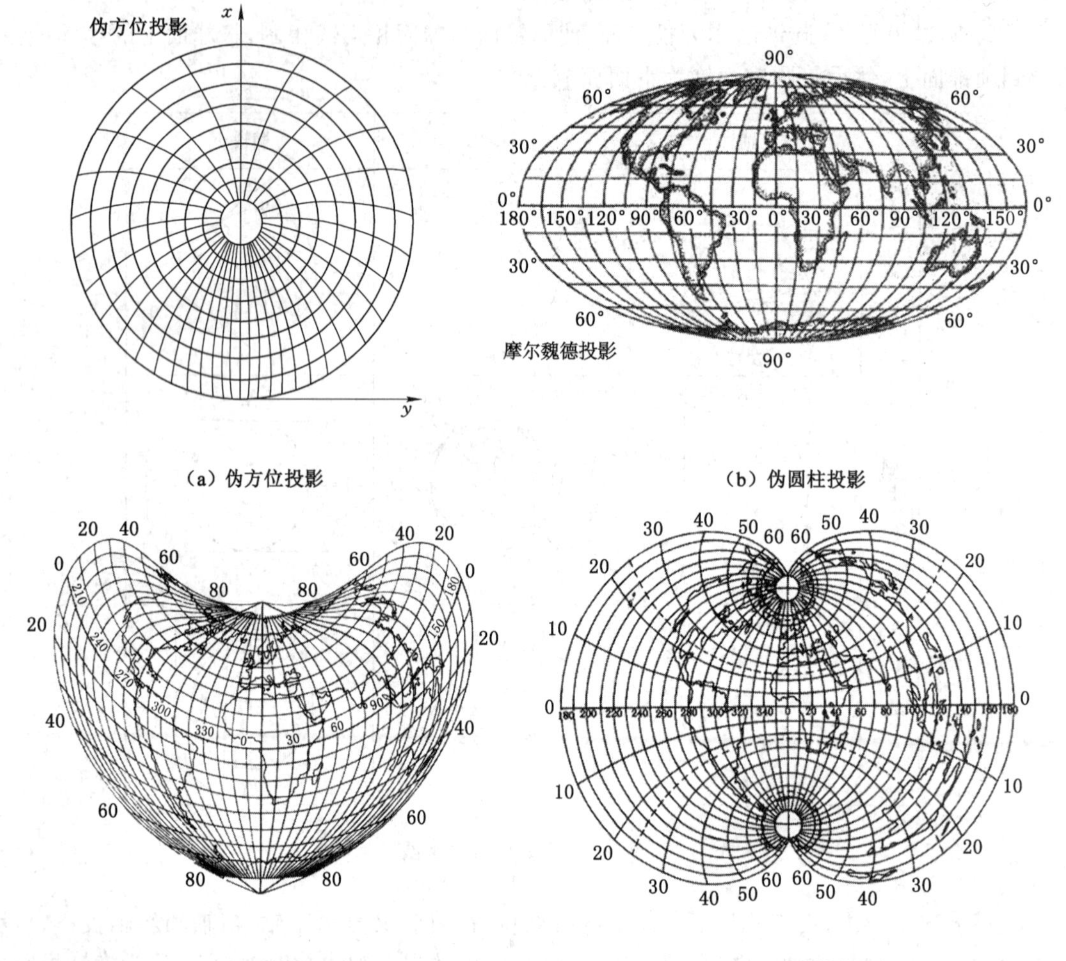

(a) 伪方位投影　(b) 伪圆柱投影

(c) 伪圆锥投影　(d) 多圆锥投影

图 2-8　非几何投影

2.2.3　地图投影的选择

地图投影是地图的数学基础,对于投影的选择使用是否适当,会直接影响成图的精度和实用价值。因此在编制地图之前,应根据前面各节中所讨论的一些常用投影的变形性质、经纬网形状以及其他的特点,针对即将编绘地图的具体条件和要求,选择最合适的地图投影。

这里所谈的地图投影的选择,不包括国家基本比例尺地形图的投影选择。因为国家地形图的投影和分幅等由国家测绘主管部门研究制定,并作为国家的基本测绘法颁布实行。例如 1∶50 万及其以上更大比例尺的地形图系列,规定都使用高斯-克吕格投影;1∶100 万分幅地形图,规定使用双标准纬线等角圆锥投影。这是不容许任意改变的。除此之外,编制全国或任何地区的中、小比例尺的各种地图或地图集，一般都需要另行选择适当的地图投影。

在选择地图投影时，往往要考虑许多因素的影响和互相的制约。这些因素主要有：地图的内容和用途，制图区域的范围、形状和地理位置，地图的出版方式以及其他特殊要求等。

2.2.3.1　地图的内容和用途

地图主要表达什么内容、用于哪一方面、解决什么样的问题，这对于选择什么投影，是必须首先考虑的问题。例如航海图、航空图、天气图、洋流图、军用地图等，都要求方位正确。因此，这类地图以选用等角投影为宜。如行政区划图、自然区划图、某些经济地图等，一般要求面积正确，能在地图上反映出面积信息量的对比关系，因此应选择等面积投影。又如等距离方位投影具有从中心点至各方向任意点保持方位角和距离都正确的特点，对于编制以某点为中心向四周不同半径范围内有密切联系的地图，如城市防空图、雷达站图、地震监测站图等，具有很重要的意义。

其次，在考虑地图用途时，还应顾及用图对象的感受能力。对于中、小学生用的地图，其投影的栅格要有球形感和直观性；对于大专以上的学生和一般科技人员用的地图，则要求投影变形小，能满足一定的量测精度要求。对于没有特殊要求的普通地图，可以提出图上量算的精度要求，作为选择投影的参考。例如对高精度量测，希望长度与面积变形在±0.5%和角度变形在±0.5°以内；中等测量精度希望长度与面积变形在±(1%～2%)和角度变形在±12°以内；近似量测，一般长度和面积变形在±(3%～4%)、角度变形在±(3°～5°)以内已足够。

2.2.3.2　制图区城的范围

制图区域的范围也影响地图投影的选择。选择地图投影主要对大区域、小比例尺地图而言，因为在不太大的区域内，无论使用什么性质的地图投影，其变形都比较小而且差别不显著。以我国最大的省区新疆维吾尔自治区的面积大小来说，用等角、等面积和等距离三种正轴圆锥投影，计算不同纬度的长度变形值进行比较，其结果差别甚微(0.000 1～0.000 3)。当然在我国其他省区，一般面积更小，则其变形的差别更加微小。

关于制图区域范围的划分，并没有绝对界限，不过一般可按照世界地图、半球地图、大洲大洋以及大国地图进行区分。

对于世界地图来说，可用的投影很多，主要有四个系统：正轴圆柱、伪圆柱、多圆锥和某些派生的地图投影。国外有的学者主张，世界地图最好采用圆柱投影和伪圆柱投影，因其栅格的纬线为平行于赤道的直线，这对于研究现象的纬向地带性是很重要的。因为世界上的许多自然地理现象的分布，与纬度带有密切关系。另外在圆柱投影中，重复出现的地区在图形上能保持一致。但缺点是在高纬度地区变形太大，虽然可以用割圆柱(一般割于±30°或±45°纬线上)投影的方法加以改善，但仍然不令人满意。在世界地图集中，常用墨卡托投影绘制世界航线(航空与航海)图与时区图。在透视圆柱投影中的高尔投影属于任意投影，此投影尚能适当地、较完整地表示世界海陆的分布及对比关系。等面积圆柱投影一般只适用于沿赤道一圈低纬度地区的地理现象地图。例如热带年降水量分布图等。伪圆柱投影中的爱凯特投影和摩尔威德投影常用以绘制书刊中的世界专题地图。但这种投影在高纬度地区角度变形很大，因此重复出现的地区其形状改变很大。由于摩尔威德投影具有一定的椭球形感，国外许多地理书刊，特别是中小学教科书和通俗读物，常用它绘制世界地图。我国编制的世界挂图和地图集中的世界地图多用等差分纬线多圆锥投影和正切差分纬线多圆锥投影(中国地图出版社设计)。这类投影对安排中国版图形状以及与四邻国家对比关系较好,但重复出现的地区,其形状变化太大。近年西方国家出版的地图集中,有的使用派生投影制作世界性专题地图。如英国2000年版《泰晤士世界地图集》(压缩版)的序图中的世界气候、人口等图幅,采用了温克尔投影。从经纬网形状及水陆轮廓图形来看,这一投影优于广义多圆锥投影,而投影的计算和经纬网的构成也比较简单。

对于半球地图,一般都属于一览性地图,常分为东、西半球,南、北半球和水、陆半球的地图。东西半球图常采用横轴等面积或等距离方位投影,投影中心:东半球为 $\varphi_0=0°$,$\lambda_0=70°$;西半球为 $\varphi_0=0°$,$\lambda_0=170°$。水陆半球图一般采用斜轴等距离或等面积方位投影,其投影中心:水半球为 $\varphi_0=45°S$,$\lambda_0=180°$;陆半球为 $\varphi_0=45°N$,$\lambda_0=0°$。南北半球图一般都采用正轴等角或等距离方位投影。

除了世界地图和半球地图以外,论区域的大小,首先是七大洲,其次是几个面积大的国家,如俄罗斯、中国、美国、加拿大、巴西、澳大利亚等。其余国家和地区,都算作中等或小的区域。

各大洲除了非洲可采用横轴等面积方位投影、横轴等角圆柱投影或桑逊投影外,其他洲基本上都可以使用斜轴等面积方位投影,所不同的仅是投影中心 φ_0,λ_0 不同而已。

世界上几个大的国家多数在南、北半球的中纬度地区沿纬线延伸,故都可以选用不同变形性质的正轴圆锥投影。对于中国,若编制全图地图(即南海诸岛不作插图形式),一般多采用斜轴等面积或等距离的方位投影,中心点设在 $\varphi_0=30°N$,$\lambda_0=105°E$。

2.2.3.3 制图区域的形状和地理位置

根据制图区城的轮廓形状选择投影,有一条大家公认的原则,即投影的等变形线与制图区域的轮廓线的形状基本上一致的投影,就是这一区域最合适的地图投影。根据这一原则,并结合制图区域的地理位置,使选择的投影近于合理。如制图区城近于圆形,宜采用方位投影;中心点在两极附近,用正轴方位投影;中心点近于赤道,宜使用横轴方位投影。当制图区域是沿纬线延伸而又在中纬度地区,如中国、美国、俄罗斯等,宜选用正轴圆锥投影;当制图区域是沿经线方向延伸时,如南美的智利、阿根廷等,可选用横轴圆柱投影或多圆锥投影;对沿任一方向延伸的地区,可以考虑使用斜轴圆柱投影,或者采用正轴圆锥投影而在地图配置时加以调整,使图幅的中央经线不与东西图廓线平行,如中国东北各省的图幅。

2.2.3.4 地图的出版方式

地图在出版方式上,有单幅地图、系列地图和地图集之分。

对于单幅地图,选择投影比较单纯,只要考虑前面讲到的一些主要因素就可以,如地图的内容和用途、区域大小范围、轮廓形状和地理位置等。有时同一个制图区域,由于编制地图主旨和范围略有不同,常需要采用不同的投影。例如前面已提到的中国地图,南海诸岛作插图和不作插图的全图形式,就使用不同的投影,前者使用正轴圆锥投影,后者使用斜轴方位投影。

对于系列地图来说,虽然表现内容较多,但由于性质接近,通常需要选择同一种类型和变形性质的投影,以利于对相关图幅进行对比分析。

但是,对于一部地图集而言,情况就复杂得多,特别是世界地图集。因为地图集是一批(或几组)地图的系统汇编,它是一个统一协调的整体,但各图组或各图幅又有自己的主题、内容和地区等的区别,因此对投影的要求也不可能相同。例如经济地图组一般要求面积正确，但其中的交通运输图，则又要求方向距离正确；自然地图组又有其他的要求；等等。但是在一本地图集中不容许采用五花八门的多种投影。一般的处理原则是，投影的选择应该自成体系，尽量采用同一系统的投影。对于大多数没有特殊要求的图幅，选用面积和角度变形都不太大的任意投影或等距离投影；而对于面积、方向有要求的图幅，可采用等面积和等角投影；但在投影系统上尽可能一致（如采用圆锥系统中的各变形性质的投影）。

当然在针对某一制图任务而选择投影时，要选出两种以上的投影方案，并经过计算，展绘经纬网略图和等变形线分布略图等，进行仔细地比较，最后选定一种。

2.3　地图比例尺

2.3.1　地图比例尺概述

地图是地球空间的缩小。我们把地图上所表示的空间尺度称作比例尺。下面分几种情况讨论地图比例尺的概念。

（1）当制图区域比较小时，由于地图投影的变形较小，地图上各方向长度缩小的比例近似相等。在这种情况下，地图比例尺指图上长度与相应地面之间的长度比例，即

$$d/D=1/M$$

式中，d 代表图上距离；D 代表相对应的地面距离。d 与 D 均化为同一长度单位。通常将分式中的分子作为 1，分母 M 即地面距离对应图上距离的倍数。

例如，在 1∶10 000 地图上，量得两点间距离 d 为 15 cm，则实地距离 D 为 1.5 km。因此，在大比例尺地图上，用图者可以用地图上注明的比例尺进行图上各种量算。

（2）当制图区域相当大，采用的地图投影又比较复杂时，地图上的长度因所在位置和方向不同而有所变化。在这种地图上所注明的比例尺含义，是指进行地图投影时对地球半径缩小的比率，通常称为地图主比例尺。地图经过投影后，只有在这些没有变形的点或线上，才可以用地图上注明的主比例尺进行量算。

因此在小比例尺地图上，用图者切不可随意用地图提供的主比例尺进行周边的长度和各种图上量算；制图者为避免用图误解，不宜在图上单独绘制直线比例尺。

由于世界各国面积大小不同，使用的长度单位也不统一，各国地图有各自的比例尺分级系统。

2.3.2　地图比例尺的大小与类型

大中小比例尺是按照比例尺大小的不同进行划分的，具体的划分标准如下：

大比例尺：1∶10 万或更大；

中比例尺：1∶10 万至 1∶100 万；

小比例尺：1∶100 万或更小

比例尺是地图上用来表示地域比例关系的一种工具，可以用来衡量地图上各个地区的大小。根据比例尺的不同，可以将其分为三类：直接比例尺、图形比例尺和简化比例尺。

（1）直接比例尺

直接比例尺是最直接简单的一种比例尺类型，通过数字或比值直接表示地图上实际距

离与地球上实际距离之间的关系。它通常以一个比例或比值的形式表示，比如 1∶10 000 或 1/10 000。这意味着地图上的 1 cm 等于实际地面上的 10 000 cm，或者说地图上的 1 mm 等于实际地面上的 10 m。直接比例尺常用于地理教学或简单的导航地图中，因为它们易于理解和应用。

(2) 图形比例尺

图形比例尺通过在地图上绘制一个线段或一组线段的方式来表示地图上距离的相对大小。这个线段通常被称为比例线，它的长度与实际地面距离成正比。图形比例尺通常在地图上的角落或边缘绘制出来，以便读者可以根据比例线来测量地图上的实际距离。图形比例尺相对于直接比例尺来说更加具体和直观，因为它们可以提供更多细节的距离测量。

(3) 简化比例尺

简化比例尺是一种通过将地图的特定部分缩放来表示不同范围的地理区域的比例尺。这种类型的比例尺常常用于大比例尺的地图，例如城市地图或建筑平面图。简化比例尺会将地图的不同区域进行不同程度的放大或缩小，以便揭示更多细节和特定的地理信息。然而，这也意味着在不同区域之间的距离比例将不一致。

总结起来，直接比例尺通过数字或比值表示地图上的实际距离与地球上的实际距离之间的关系；图形比例尺通过绘制比例线的方式表示地图上的距离；简化比例尺通过缩放地图的特定部分来表示不同范围的区域。不同类型的比例尺有着不同的应用场景和适用范围，根据地图的具体需求和目标，选择合适的比例尺对地理信息的传达和理解至关重要。

2.3.3 地图比例尺的形式

传统地图上的比例尺通常有以下几种表现形式：数字比例尺、文字比例尺（又称说明比尺）、图解比例尺。

(1) 数字比例尺

可以写成比的形式，如：1∶10 000、1∶25 000、1∶50 000 等；亦可以写成分式形式，如 1/10 000、1/25 000、1/50 000 等。

(2) 文字比例尺

分两种：一种是写成“比例尺一万分之一”“比例尺五万分之一”“比例尺百万分之一”等；另一种是写成“图上 1 cm 等于实地 1 km”“图上 1 cm 等于实地 10 km”等。

(3) 图解比例尺

可分为直线比例尺、斜分比例尺和复式比例尺。

① 直线比例尺是以直线线段形式标明图上线段长度所对应的地面距离（图 2-9）。

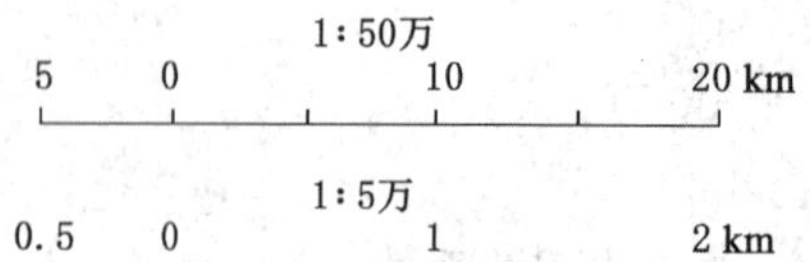

图 2-9 直线比例尺

② 斜分比例尺又称微分比例，是一种根据相似三角形原理制成的图解比例尺(图 2-10)。利用这种斜分比例尺，可以量取比例尺基本长度单位的 1%。

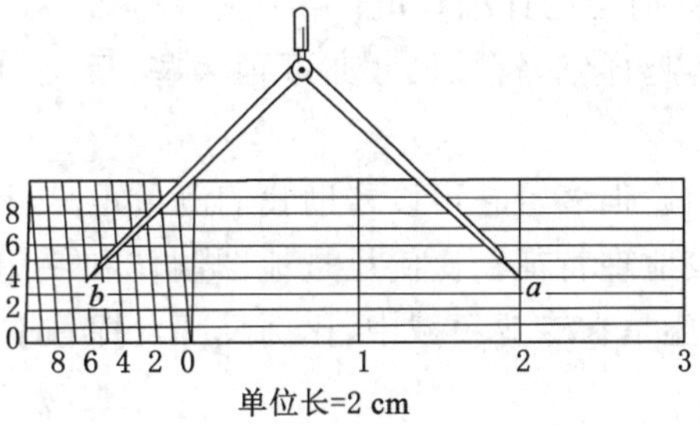

图 2-10　斜分比例尺

例如，比例尺基本长度单位为 2 cm，在 1∶50 000 图上代表 1 km。如果在图上量取 1.57 长度单位，它的实地距离为 1.57 km。以上介绍的比例尺形式，主要用于大中比例尺地图。在小比例尺地图上往往采用一种复式比例尺。

③ 复式比例尺又称投影比例尺，是一种根据地图主比例尺和地图投影长度变形分布规律设计的图解比例尺。在小比例尺制图中，地图投影引起的种种变形中，长度变形是主要的变形，因此不仅要设计适用于没有变形的点或线上的地图主比例尺，同时还要设计能适用于其他部位量算的地图局部比例尺。通常是对每一条纬线(或经线)单独设计一个直线比例尺，将各直线比例尺组合起来就成为复式比例尺，如图 2-11 所示。这种复式比例尺实际上是一种纬线比例尺。

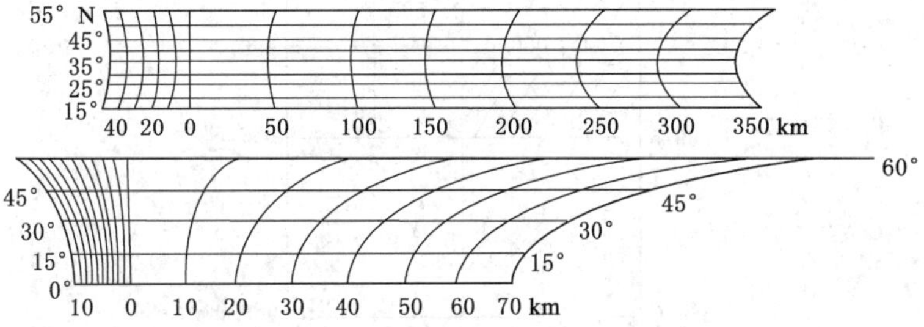

图 2-11　复式比例尺

2.3.4　地图比例尺的作用

比例尺是地图上的一个重要元素，用于表示地图上的距离比例关系。它显示的是地图上的长度与实际距离之间的比例。比例尺通常以分数或比例的形式表示，例如 1∶100 000，1/100 000 或 1 cm∶1 km 等。比例尺有许多用途，以下是其中的几种主要用途。

(1) 比例尺决定着地图图形大小

同一地区，比例尺越大，地图图形越大；反之，则越小。

(2) 比例尺反映地图的量测精度

正常人的视力只能分辨出地图上不小于 0.1 mm 的两点间的距离，因此，地面上水平长度按比例尺缩绘到地图上时，不可避免地存在 0.1 mm 的误差。这种相当于图上 0.1 mm 的地面水平长度，叫比例尺精度。

(3) 比例尺决定着地图内容的详细程度

比例尺越大，地图内容越详细，符号尺寸亦可稍大些；反之，地图内容越简略，符号尺寸相应减小。

总结起来，比例尺的用途很多。它可以帮助我们测量距离、计算面积、生成缩微地图、确定方向、计算速度以及比较地理特征。比例尺是地图制作和使用过程中至关重要的工具之一。无论是在日常生活中还是在专业领域中，比例尺都发挥着重要的作用。

2.4 地图制图和编号

2.4.1 地图分幅方法

对一个确定的制图区域，很多情况下不可能在一张图纸上描绘出来，而要分幅描绘，因此为便于编图、印刷、保管、查询、使用，必须研究地图分幅与编号。

(1) 矩形分幅

一般按纸张和印刷机规格设计(全开、对开、四开、八开等)，示例如图 2-12 所示。

优点：图幅之间结合紧密，便于拼接使用，保持图面上图形完整。

缺点：整个制图区域只能一次投影完成

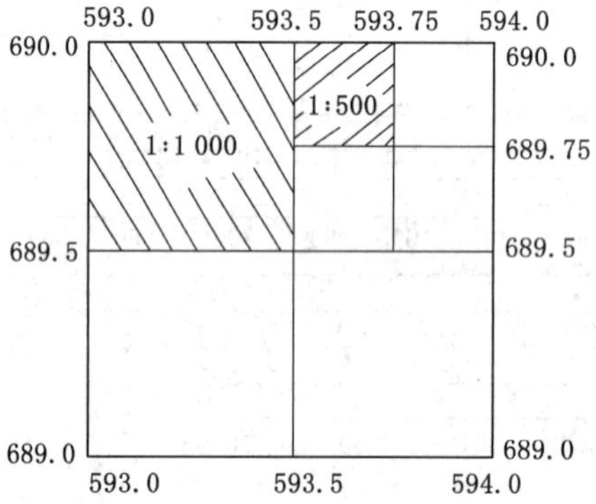

图 2-12 矩形分幅示例

(2) 经纬线分幅

图廓由经纬线构成，是当前世界各国地形图和小比例尺图的主要形式。我国基本比例尺地图以经纬线分幅，以 1∶100 万地图为基础，按规定的经差纬差划分图幅，使相邻比例尺地图的数量呈简单的倍数关系，示例如图 2-13 所示。

经纬线分幅的优点是每个图幅都有明确的地理概念，适用于很大区域范围的地图分幅；缺点是当经纬线被描绘成曲线时，图幅拼接不便，有时会影响重要物体(如大城市的完整性)，随纬度增大，面积缩小，图幅不断变小。

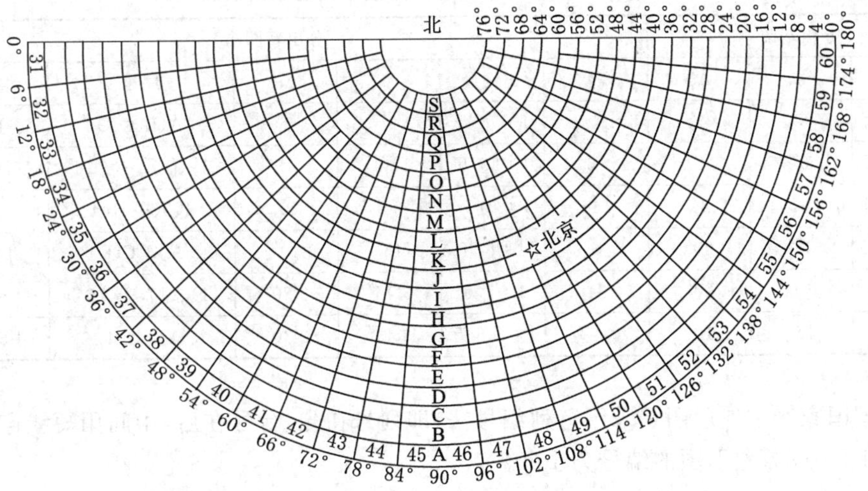

图 2-13　北半球 100 万地形图的分幅和编号

2.4.2　基本比例尺地形图的分段和编号

国际规定 1∶100 万地形图在纬度 0°～60°之间，按经差 6°、纬差 4°构成一张图幅。其他各种比例尺地形图的分幅及图幅之间的数量关系见表 2-2。

表 2-2　国家基本地形图分幅和图幅间的数量关系

比例尺	图幅范围		图幅间的数量关系					
	经差	纬差						
1∶100 万	6°	4°	1					
1∶50 万	3°	2°	4	1				
1∶25 万	1°30′	1°	16	4	1			
1∶10 万	30′	20′	144	36	9	1		
1∶5 万	15′	10′	576	144	36	4	1	
1∶2.5 万	7′30″	5′	2 304	576	144	16	4	1
1∶1 万	3′45″	2′30″	9 216	2 304	576	64	16	4

(1) 1991 年前国家基本地形图的分幅与编号

我国国家基本地形图分幅与编号是以国际 1∶100 万地形图为基础，逐级延伸出 1∶50 万至 1∶5 000 地形图的分幅与编号(表 2-3)。

① 1∶100 万地形图的分幅与编号

1∶100 万地形图的标准图幅是经差 6°、纬差 4°，但由于随纬度增高经线间隔逐渐变窄，图幅的面积逐渐缩小，所以规定在纬度 60°～76°之间双幅合并，即每幅图包括经差 12°、纬差 4°；在纬度 76°～88°之间四幅合并，即每幅包括经差 24°、纬差 4°；在纬度 88°以上单独为一幅。

表 2-3 国家基本地形图图幅分幅编号关系表

分幅基础			分出新图幅					
比例尺	Δλ	Δφ	幅数	比例尺	Δλ	Δφ	序号	编号示例
1∶100 万	6°	4°	4	1∶50 万	3°	2°	A、B、C、D	J-50-A
1∶100 万	6°	4°	16	1∶25 万	1°30′	1°	[1]、[2]、…、[16]	J-50-[1]
1∶100 万	6°	4°	144	1∶10 万	30′	20′	1、2、…、144	J-50-1
1∶10 万	30′	20′	4	1∶5 万	15′	10′	A、B、C、D	J-50-1-A
1∶10 万	30′	20′	64	1∶1 万	3′45″	2′30″	(1)、(2)、…、(64)	J-50-1-(1)
1∶5 万	15′	10′	4	1∶2.5 万	3′45″	2′30″	1、2、3、4	J-50-1-A-1

我国国家基本地形图是采用行列编号法，即列号在先，行号在后，中间用短线连接，例如北京在 1∶100 万地形图的编号为 J-50。

② 1∶50 万、1∶25 万、1∶10 万地形图的分幅与编号

1∶50 万地形图编号方法是在 1∶100 万地形图图号后面分别加上 A、B、C、D，即构成了 1∶50 万地形图的编号，例如 J-50-A。

1∶25 万地形图编号方法是在 1∶100 万地形图图号后面分别加上带中括号的自然序数[1]～[16]，如 J-50-[2]。

1∶10 万地形图编号方法是在 1∶100 万地形图图号后面分别加上自然序数 1～144，例如 J-50-5，它们的分幅编号见图 2-14。

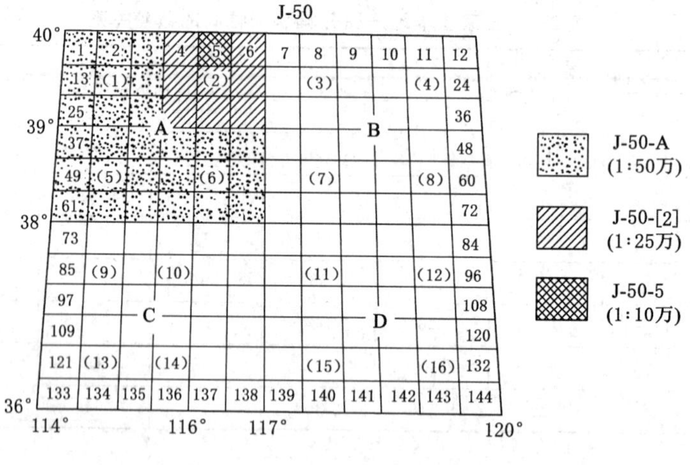

图 2-14 1∶50 万、1∶25 万、1∶10 万地形图的分幅和编号

1∶5 万和 1∶2.5 万地形图的编号是在 1∶10 万地形图的基础上延伸出来的。1∶5 万地形图图幅编号是在 1∶10 万地形图图号后面分别加上各自的代号，例如 J-50-5-B。1∶2.5 万地形图的编号是在 1∶5 万地形图图号后面再加上各自的代号 1、2、3、4，例如 J-50-5-B-4。

1∶1 万地形图的分幅与编号以 1∶10 万地形图为基础，每幅 1∶10 万地形图分为 8 行 8 列，共计 64 幅，1∶1 万地形图分别以(1)、(2)、(3)、…、(64)表示，例如 J-50-5-(24)。

1∶5 万、1∶2.5 万、1∶1 万地形图分幅与编号见图 2-15。

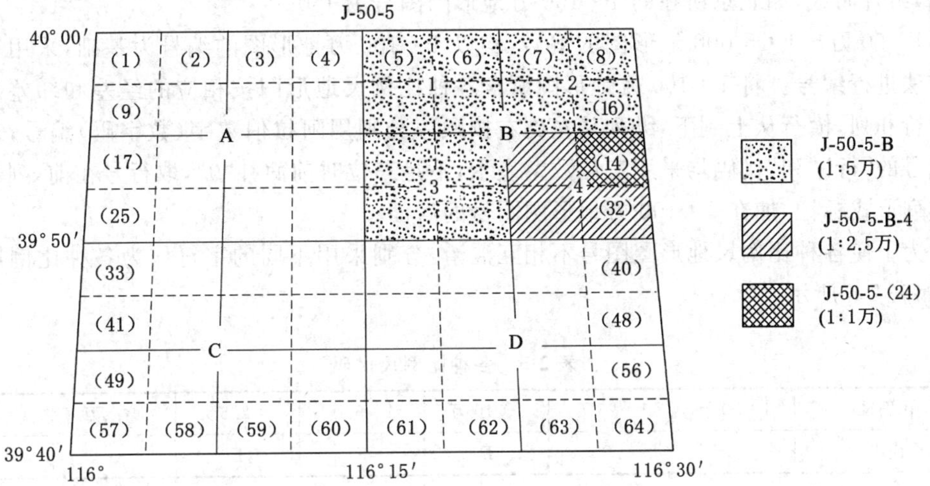

图 2-15　1∶5 万、1∶2.5 万、1∶1 万地形图分幅与编号

(2) 新版国家基本地形图的分幅与编号

自 1991 年起，新测绘和更新的国家基本地形图均按照新制定的《国家基本比例尺地形图分幅和编号》的国家标准进行分幅和编号。

① 新版国家基本地形图的分幅

国家基本地形图仍以国际 1∶100 万地形图为基础，按规定经差 6°和纬差 4°划分图幅。自 1∶50 万至 1∶5 000 各种比例尺地形图的经纬差、行列数和图幅数呈简单的倍数关系，如表 2-4 所示。

表 2-4　新版国家基本地形图分幅及图幅数量关系表

比例尺		1∶100 万	1∶50 万	1∶25 万	1∶10 万	1∶5 万	1∶2.5 万	1∶1 万	1∶5 000
图幅范围行列数量关系	经差	6°	3°	1°30′	30′	15′	7′30″	3′45″	1′52.5″
	纬差	4°	2°	1°	20′	10′	5′	2′30″	1′15″
	行数	1	2	4	12	24	48	96	192
	列数	1	2	4	12	24	48	96	192
图幅数量关系		1	4	16	144	576	2 304	9 216	36 864
			1	4	16	144	576	2 304	9 216
				1	9	36	144	576	2 304
					1	4	16	64	256
						1	4	16	64
							1	4	16
								1	4

② 新版国家基本地形图的编号

1∶100 万地形图的编号，依然采用行列式编号，只是行列的称呼相反。新的分幅编号则称纵向为列，横向为行。1∶100 万地形图的编号由该图幅所在行号(字符码)与列号(数字码)组合而成,如北京所在的 1∶100 万地形图图号为 J50。

1∶50 万～1∶5 000 地形图的编号,均以 1∶100 万地形图的编号为基础,采用行列编号方法进行编号。将 1∶100 万地形图所含各种比例尺地形图按相应的经差和纬差划分成若干行和列,横行从上到下,纵列从左到右按顺序分别用阿拉伯数字(数字码)编号,表示图幅编号的"行""列"代码均采用三位数字表示,不足三位时前面补"0",取行号在前,列号在后的排列形式标记,加在 1∶100 万地形图图号的后面。

为了使各种比例尺地形图图号不相互混淆,分别采用不同的字符作为各种比例尺的代码,如表 2-5 所示。

表 2-5　各种比例尺代码

比例尺	1∶50 万	1∶25 万	1∶10 万	1∶5 万	1∶2.5 万	1∶1 万	1∶5 000
代码	B	C	D	E	F	G	H

1∶50 万～1∶5 000 比例尺地形图的图号均由 5 个元素构成,即 1∶100 万地形图图幅所在行号列号,相应比例尺地形图的比例尺代码,相应比例尺地形图图幅所在的行号和列号,共计 10 位码构成。

图 2-16～图 2-18 是 1∶50 万～1∶5 000 各种比例尺地形图的编号示例。

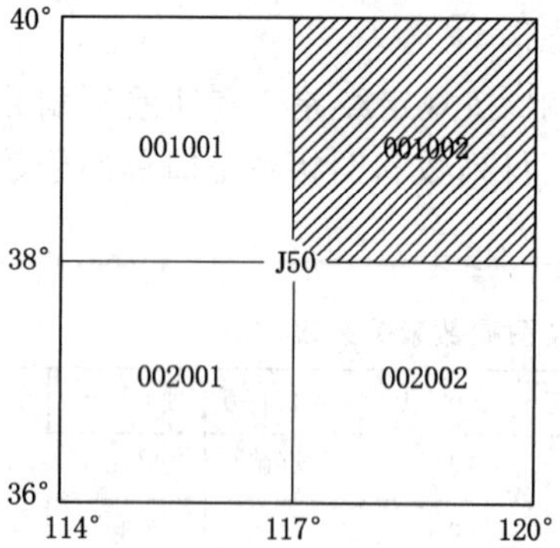

图 2-16　1∶50 万地形图编号

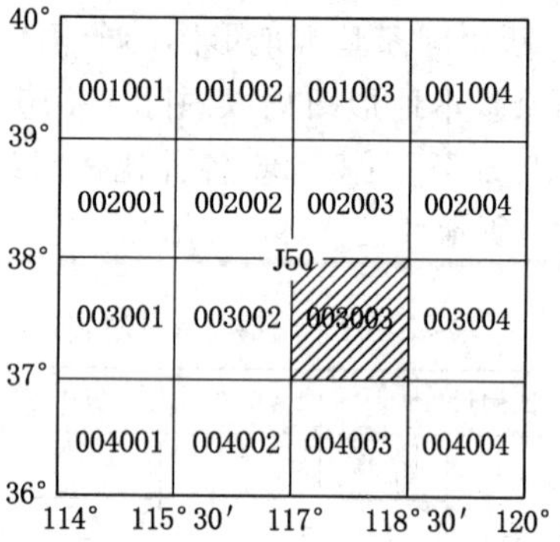

图 2-17　1∶25 万地形图编号

2.4.3　大比例尺地图的分幅和编号

为了适应各种工程设计和施工的需要,对于大比例尺地形图,大多按纵横坐标栅格线进行等间距分幅,即采用正方形分幅与编号方法。

图幅的编号一般采用坐标编号法。由图幅西南角纵坐标 x 和横坐标 y 组成编号,1∶5 000 坐标值取至 1 km,1∶2 000、1∶1 000 坐标值取至 0.1 km,1∶500 坐标值取至 0.01 km。例如,某幅 1∶1 000 地形图的西南角坐标为 x=6 230 km、y=10 km,则其编号为 6230.0-10.0。

也可以采用基本图号法编号,即以 1∶5 000 地形图作为基础,较大比例尺图幅的编号是在它的编号后面加上罗马数字。

例如,一幅 1∶5 000 地形图的编号为 20～60,则其他图的编号见图 2-19。

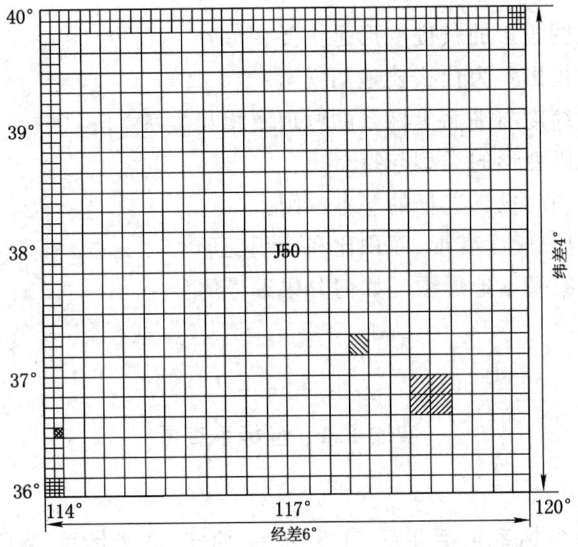

图 2-18　1∶10 万～1∶1 万地形图编号

注:45°斜线所示为 1∶10 万地形图图号;135°斜线所示为 1∶5 万地形图图号;左侧及上侧细分图幅为 1∶2.5 万地形图图号;左下角及右上角两个进一步细分图幅为 1∶1 万地形图号。

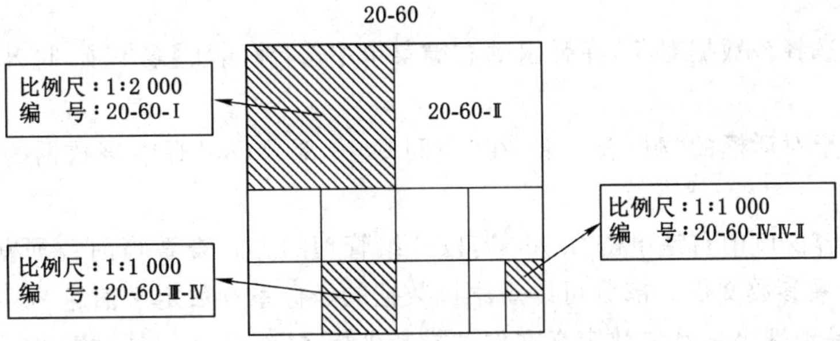

图 2-19　1∶5 000 基本图号法的分幅编号

2.5　章节总结

2.5.1　重点术语

大地水准面　旋转椭球体　大地经度　大地纬度　地图投影　变形椭圆　地图比例尺　国家基本比例尺　大比例尺　中比例尺　小比例尺　矩形分幅　经纬线分幅

2.5.2　复习题

(1) 怎样理解参考椭球体?

(2) 地球物理表面(水准面)、数学表面(旋转椭球体)有何不同? 二者的差异是什么?

原因如何?

(3) 为什么说地图投影的长度变形是主要变形?

(4) 什么是地图投影?为什么要地图投影?

(5) 简述地球经纬度与平面坐标系的原理及相互关系。

(6) 简述地图投影变形的类型与特点。

(7) 简述制作地图时投影选择的基本原则。

(8) 什么叫长度比、长度变形、面积比和面积变形?

(9) 我国新版国家基本地形图是如何分幅编号的?

2.5.3 应用练习

实验 2.1 坐标系查看

· 实验目的

我国常用的地理坐标系包括北京 54 坐标系、西安 80 坐标系、WGS-84 坐标系和 2000 国家大地坐标系;常用的投影坐标系包括兰勃特投影、高斯-克吕格投影等。在 ArcGIS pro 软件中可以通过多个途径观察软件自带的常用坐标系参数文件及其内容。

· 数据说明

本书中的任意一个地图数据文件、地理数据库中要素类或数据集。

· 操作步骤

(1) 右键选择该数据对象,在弹出的右键菜单中选择【属性】菜单项,打开该数据的属性对话框窗口。

(2) 切换至对话框的"源"选项卡,在"空间参考"部分可以观察该数据的坐标系参数定义信息。

(3) 在内容窗口中右键单击"layers",以分组管理的方式查看当前数据框和 ArcGIS 支持的常用坐标系参数文件。部分可以观察该数据的坐标系参数定义信息。其中,"地理坐标系"组包含的是地理坐标系参数定义文件,"投影坐标系"组包含的是投影坐标系。

(4) 点击进入不同层次的不同分组中,可以查看具体的坐标系参数信息,例如,"投影坐标系"组包含的是投影坐标系。依次选择"地理坐标系"→"Asia"分组,进而选择分组列表中的"Beijing1954"坐标系参数文件,可以在对话框中显示该文件包含的坐标系参数信息。

(5) 观察完成后注意选择"取消"按钮退出对话框,以免改变当前数据采用的坐标系。

实验 2.2 世界地图投影参数及图形特征查看

· 实验目的

我国编制世界地图采用的投影主要有多圆锥投影、圆柱投影和伪圆柱投影。圆柱投影主要有正轴等角圆柱投影及斜轴墨卡托投影。伪圆柱投影有等积和任意两种,常用等积伪圆柱投影有桑森(Sanson)投影、摩尔威德(Mollweide)投影、古德-摩尔威德(Goode-Mollweide)分瓣投影等。在 ArcGIS pro 软件中可以基于 ArcGIS pro 世界地图模板数据观察世界地图投影参数及图形特征。

· 数据说明

ArcGIS pro 世界地图模板数据。

· 操作步骤

(1) 启动 ArcGIS pro 软件,选择新建"地图"工程。

(2) 地图已加载好,重复实验 2.1 可以看到当前图层以及其他不同类型投影。

(3) 更换数据框坐标系。右键单击"layers",选择其中一个投影坐标系(如 world 下的 Mollweide 投影),看到当前地图采用的坐标系参数信息,点击"确定"按钮,更改数据框坐标系图。

(4) 数据框坐标系变更成功。注意此时仅数据框坐标系改变,也就是说在该数据框下打开文件时,文件会以数据框坐标系在软件中显示,但图层的原坐标系并未改变。

(5) 仔细观察当前地图坐标系参数,包括地理坐标系和投影坐标系的相关参数信息。

(6) 为当前地图选择其他地图投影方式,进一步查看不同投影坐标系的参数描述信息。同时,对比不同地图投影方式下,世界地图上的经纬线网形状、面积变形和角度变形的分布规律及特征等。

第3章 土地信息系统的数据模型

为了描述和展示自然和社会现象，例如河流和城镇，首先需要确定如何正确表示地理空间。为此，人们必须要了解数据模型的概念。数据模型是一组规则，用于描述并表示计算机系统中现实世界中的现象。在土地信息系统（LIS）中，有两种主要的数据模型，即矢量数据模型和栅格数据模型。它们用于不同的目的，并在许多方面具有各自的优缺点。本章将介绍两种数据模型在 LIS 应用中的实现方式。

3.1 矢量数据模型

3.1.1 矢量对象

在矢量数据模型中，离散的现实世界实体由一组坐标及其相关的属性数据定义。这些坐标描述了离散实体的位置、形状和边界，而相关联的属性数据描述了它们。

通常情况下，有三种简单的矢量对象类型，即点、线和面。点使用一对坐标表示小型实体的位置，被视为没有维度。典型的例子包括油井、灯杆、事故地点、地面控制点和建筑物等。它们在现实中可能具有物理尺寸，例如油井是地面直径为 12 cm 到 1 m 的孔，但在 LIS 中，当它们在小尺度地图上绘制时，被视为点。这意味着在 LIS 用户的眼中，点实体的位置比其大小或尺寸更加重要。属性数据附加在每个点上，并记录点实体的重要非空间特征。当使用点来表示车祸发生地点（图 3-1）时，重要的属性信息可能包括事故发生的日期、事故类型、事故中受伤和/或死亡的人数以及负责此事故的警察。

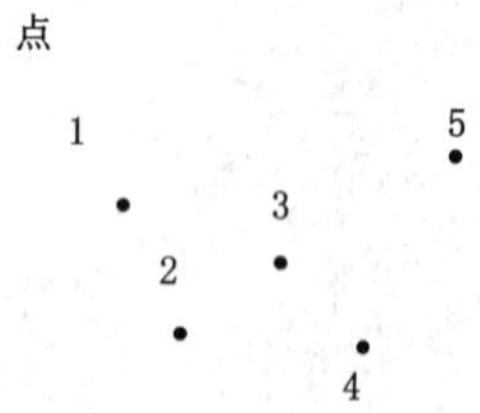

ID	日期	类型	受影响人数	受理警官
1	2019-05-12	车辆翻滚事故	2	PO1
2	2020-08-11	单车事故	4	PO1
3	2020-11-30	追尾事故	3	PO2
4	2021-10-11	正面碰撞事故	2	PO2
5	2022-02-15	侧面碰撞事故	1	PO3

图 3-1　点可以用于表示车辆事故的位置

线可以用来表示线性物体，如河流或道路。需要注意的是，在不同的文献和软件手册中，线也可以被称为弧和/或折线。线是通过连接一系列点创建的。一条长直线可以由两个坐标对表示（即两个点，一个在线的始端，另一个在线的终端），而一条曲线可以被看作是一组短直线集合。线的起始点和结束点通常被称为节点，而线中的中间点称为顶点。属性通常附加在整个线上。当使用线来表示一条道路（图 3-2）时，道路的名称、等级、速度限制和宽度可以作为其属性数据记录。

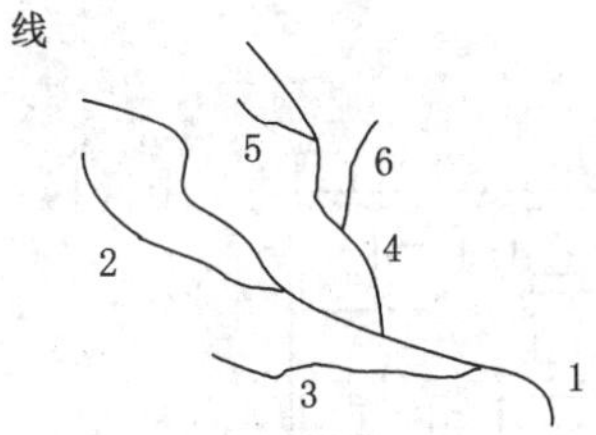

ID	名称	级别	限速	宽度
1	N101	国道	120	15
2	P230	省道	100	12
3	P251	省道	100	12
4	P263	省道	100	12
5	T300	镇道	90	10
6	T301	镇道	90	10

图 3-2　线可以用于表示城市道路

多边形，也称为面或者区域，用于表示区域特征，例如森林、湖泊、城市和国家。当一组线连接起点时，就形成了多边形。这意味着多边形是闭合的。多边形有一个内部区域，可能完全包围其他多边形。多边形可能与其他多边形相邻，因此与它们共享边界或边缘。如果用来表示湖泊(图 3-3)，则与该多边形相关的属性数据可能是湖泊的名称、污染程度和最大深度。

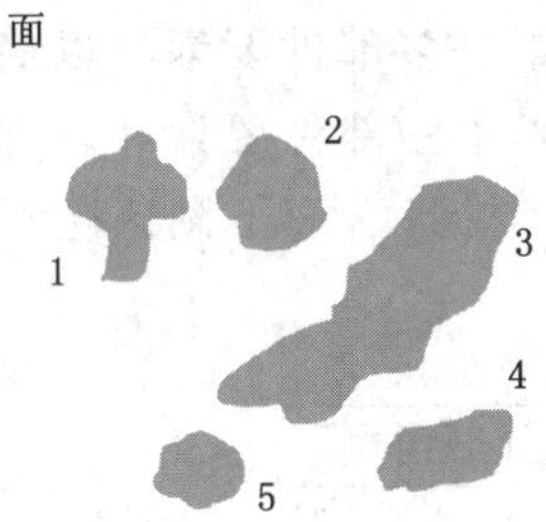

ID	名称	污染水平	最大深度
1	盐湖	低	12
2	荒野盆地湖	低	9
3	蓝水湖	中	18
4	南湖	高	10
5	圆湖	中	7

图 3-3　多边形可以用于表示受污染的湖泊

需要注意的是，并没有固定的规则决定哪种现实世界实体必须由特定的矢量类型表示。灯杆被表示为点，河流被表示为线，公园被表示为多边形似乎是很自然的。然而，无论是灯杆还是河流，在非常详细的数据集中(例如，村庄地图)都可以表示为多边形，而公园在非常小比例尺的数据集中(例如，省地图)可以表示为点。同一个实体可以用不同的矢量对象来表示(图 3-4)。表示取决于多种因素，其中数据集的细节、精度和目的是最重要的因素之一。

3.1.2　多部件要素

如上所述，与矢量数据图层相关联的是一个属性表(图 3-1～图 3-3)。在属性表中，每一行(或记录)都对应于矢量数据图层中的一个要素。每个列/字段保存给定要素的属性值。列中的所有值具有相同的类型；它们可以是序数、分类或其他定义的类型。

需要注意的是，标识符值或 ID 通常包含在表中。这个值在表中是唯一的，因为它为每一行/记录和相应的要素分配了一个值。然而，在地理要素和表格行之间有时存在一对多的关系。这意味着许多空间分离的要素与一行匹配，并且行属性适用于所有分离的

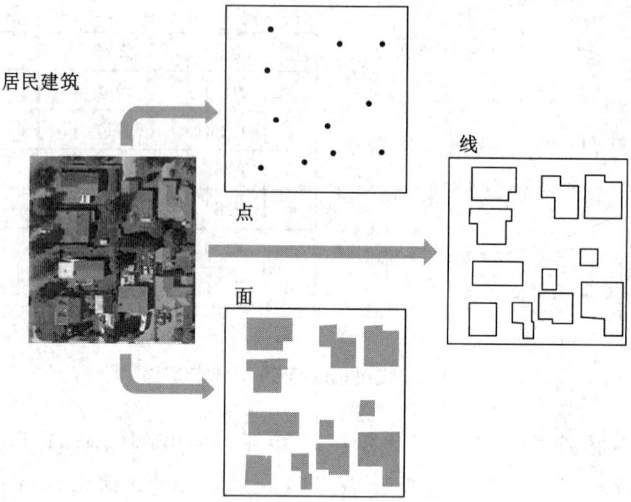

图 3-4　多重表示，即相同的地理实体可以通过不同的矢量对象来表示

要素。这在将一组岛表示为一个群岛、将一组建筑物表示为一个住宅区或将其他特征群集表示为一个整体时很常见。在 LIS 中，这些被称为多部件要素。多部件要素可以简单地理解为几个地理部分，它们只指向一个属性集。图 3-5 比较了单一部件要素和多部件要素在属性方面的差异。在示例中，盐湖和荒野盆地湖被称为上湖区，而下湖区包括蓝水湖、南湖和圆湖。

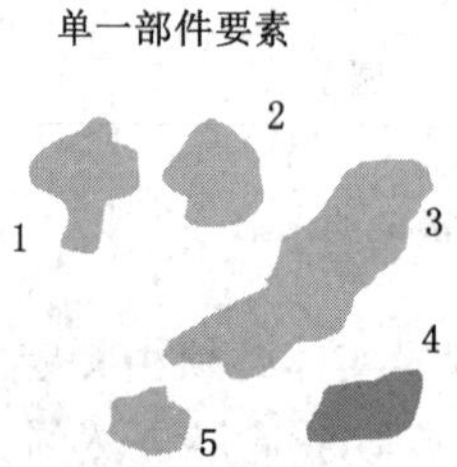

ID	名称	面积
1	盐湖	20
2	荒野盆地湖	18
3	蓝水湖	30
4	南湖	17
5	圆湖	12

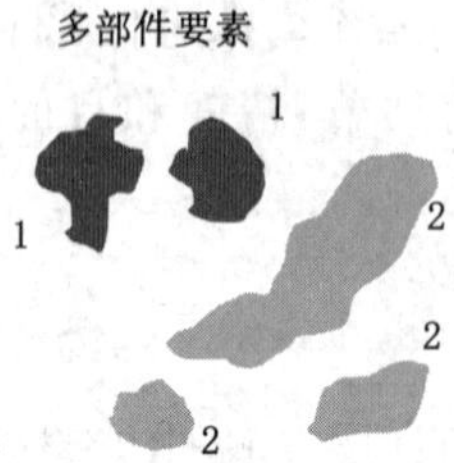

ID	名称	面积
1	上部湖区	38
2	下部湖区	59

图 3-5　单一部件要素与多部件要素

在 GIS 软件中，单一部件要素和多部件要素可以互相转换。将两个或更多个单一部件要素转换为多部件要素时，需要选择要保留哪个单一部件要素的属性给新的多部件要素。

转换后，通常还需要重新访问新的多部件要素的属性并进行必要的更改。如果将多部件要素转换为几个单一部件要素，多部件要素的属性将复制给每个新的单一部件要素。同样，还需要按照转换后的情况为每个新的单一部件要素更改属性。

3.1.3　矢量数据结构

矢量数据模型可以用不同的方式进行结构化。意大利面（意面）数据模型（即非拓扑结构数据模型）和拓扑结构数据模型是常见的两种矢量数据结构。意面数据模型指的是一种数据结构，其中每个点、线或面要素都表示为一串 X、Y 坐标对，没有固有的结构。这意味着每个点、线或面要素都单独存储。想象一下你在煮一锅意大利面条（一种形状像长细棍子的面条，煮熟后看起来像一根根线）。在这种模型中，每条线是一根意大利面条，即使它们相互接触，也基本上是相互孤立的，复杂的形状是由更多的意大利面条串联组成的。在意面数据模型中，任何相邻的多边形都必须由它们自己的线组成。换句话说，即使相邻的多边形共享相同的边界，每个多边形也必须由其自己的 X、Y 坐标对集合唯一定义。这限制了空间数据分析，并在存储矢量数据时造成了一些冗余，从而降低了效率。

图 3-6 显示了线在意面数据模型中可能不会相交，而是应该重叠且不互相连接。图 3-7 展示了在意面数据模型中点、线和多边形是如何构建的。虽然多边形 A 和 B 有相同的边界（iv-v），但这个共享的边界将被存储两次。意面数据模型的一个例子是 ESRI 的 Shapefile 数据。

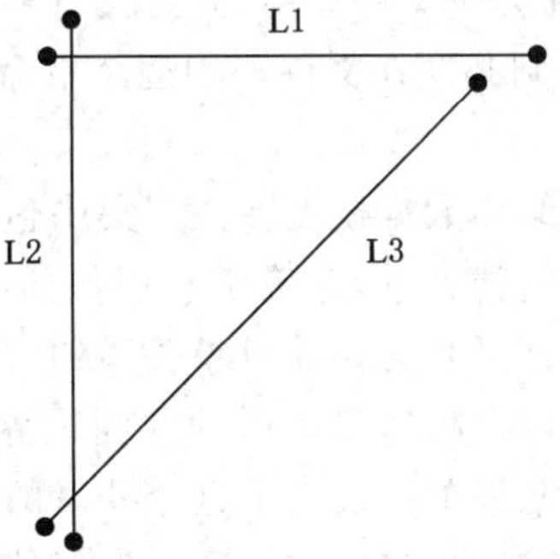

图 3-6　在意面数据模型中，线可能不会在应相交时相交，可能会重叠但不连接

请注意，Shapefile 无法存储拓扑信息，但 ArcGIS 可以根据 Shapefile 中包含的信息创建拓扑。由于没有拓扑，显示 Shapefile 的计算密集度较低。

注：自 20 世纪 90 年代初推出以来，Shapefile 格式已成为最流行的 GIS 矢量数据格式之一，并在许多软件平台中使用。它是一种简单的、非拓扑格式，用于存储地理要素的几何位置和属性信息。Shapefile 中的地理要素可以由点、线（折线）或多边形（区域）表示。尽管 Shapefile 在功能上是一个元素，但它由至少三个具有相同名称但扩展名不同的文件组成。

*.shp：Shape 格式；它包含要素的几何形状。每个 Shapefile 只能存储一种几何类型。换句话说，点、折线和多边形分别存储在不同的文件中。

*.shx：Shape 索引格式；它是一个位置索引，将要素与属性表中相应的记录链接起来。

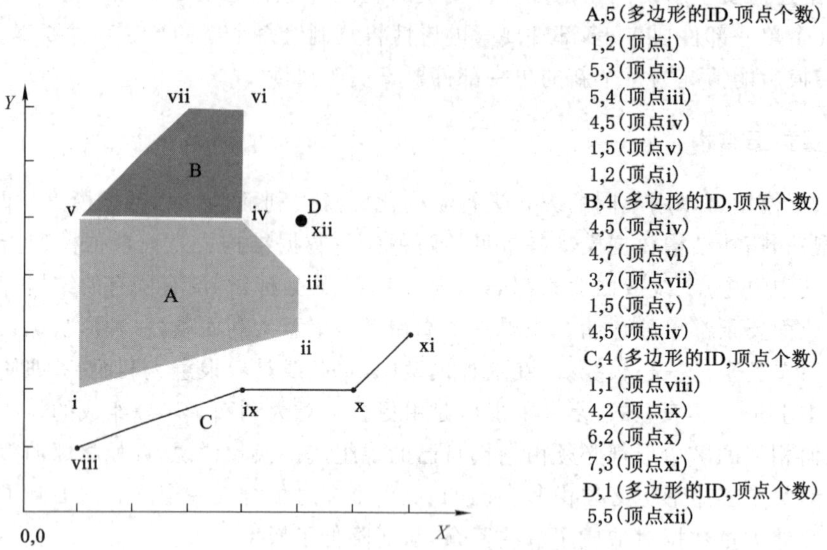

图 3-7　在意面数据模型中,每个实体都由其自己的一组坐标对唯一定义

*.dbf:属性格式;每个要素对应一个记录。这些信息以 dBase 格式存储。

还有其他相关文件,.prj 扩展名用于存储与要素相关的地理参考系统,.xml 扩展名用于存储元数据。文件必须存储在同一文件夹中,并且具有相同的文件名。否则,它们将无法访问。如果想重命名 Shapefile,则必须在文件夹中逐个重命名上述文件。在 ArcCatalog 视图中重命名 Shapefile 更容易。

与意面数据模型不同,拓扑结构数据模型在数据集中包含拓扑信息。拓扑是一组规则,用于定义相邻点、线和多边形之间的关系,并确定它们如何共享重合几何。简单来说,当存在拓扑时,数据库中的每个对象都具有与相邻对象关系的"知识"。例如,考虑两个相邻的多边形。虽然在意面数据结构中,两个相邻多边形的共同边界被视为两条单独的、相同的线,但将拓扑加入拓扑数据结构中,允许单一线表示这个共享的边界,并清楚地表示哪一侧的线属于哪个多边形。拓扑在形状被弯曲、拉伸或放置在类似的几何变换下时保留空间属性,从而允许更有效地投影和重新投影地图文件。拓扑数据结构的一个例子是 ESRI 的 coverage 数据。

尽管现在很少有用户使用 coverage,但了解 coverage 对于理解简单的拓扑关系很重要。它已被纳入新的数据模型中,例如 geodatabase。为了理解拓扑数据结构,这里引入了三个重要的拓扑术语。第一个术语是弧。在拓扑数据结构中,弧(也称为边)是具有两个端点的有向线,这两个端点也称为节点,节点是两个或多个弧相交的交点。在图 3-8 中,弧 3、4、5 和 6 相交,因为它们共享同一个节点 25。

第二个术语是面积定义。这个拓扑属性规定一个区域由一系列相连的弧构成。在多边形-弧拓扑结构中,弧被用来构建多边形,每个弧仅被存储一次。这导致存储的数据量减少,并确保相邻多边形的边界不重叠。

第三个术语是连通性,它指的是弧具有方向和左、右多边形的拓扑属性。这包含两个意思:① 一条弧有一个方向,可以用一个从节点和一个到节点来描述;② 当多边形共享一条

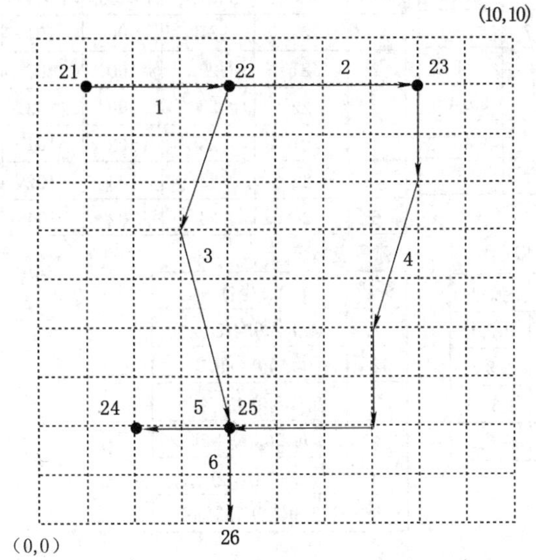

弧段-节点表

弧段	始节点	到节点
1	21	22
2	22	23
3	22	25
4	23	25
5	25	24
6	25	26

弧段-坐标表

弧段	X,Y坐标
1	(1,9)(4,9)
2	(4,9)(8,9)
3	(4,9)(3,6)(4,2)
4	(8,9)(8,7)(7,4)(7,2)(4,2)
5	(4,2)(2,2)
6	(4,2)(4,0)

图 3-8　线(弧)的拓扑模型

弧时,它们被认为是相邻的或连通的,每条弧的“左”和“右”两侧可以被定义。万有多边形是多边形拓扑的基本组成部分,表示位于研究区域边界之外的区域。在图 3-9 中,每个弧都有一个方向、一个左多边形和一个右多边形。弧 6 的左多边形是 102,右多边形是 104,多边形 100 是万有多边形。

与线和多边形相比,点的拓扑结构更简单。它包含要素 ID 和一对 X 和 Y 坐标(图 3-10)。

3.1.4　不规则三角网

不规则三角网(TIN)是一种用于表示地表高程信息的基于矢量的数据模型。TIN 用相邻的、不重叠的三角形来近似地形。每个三角形是一个多边形,三角形的每个节点是一个点,三角形的每条边是一条线(图 3-11)。地表平坦区域有较少但更大的三角形,而高程变化较大的区域有更密集但更小的三角形。数据模型名称中的“不规则”是指节点的分布不均匀或者三角形的大小不同。

TIN 可以由矢量数据(高程点和等高线)和栅格数据(数字高程模型)生成(3.2.2 节)。它对地形的近似可以通过加入线要素(如小溪、山脊线和道路)和多边形要素(如河流、湖泊和水库)来改善。成品的 TIN 由三种几何对象组成:点(节点)、线(边缘)和多边形(三角形)。从 TIN 中,可以将节点导出为点要素,边缘导出为线要素,三角形导出为多边形要素。

TIN 通常用于地形测绘和分析,特别是用于 3D 显示。有关 TIN 用于地形分析的使用,请参阅后续栅格数据分析的章节。

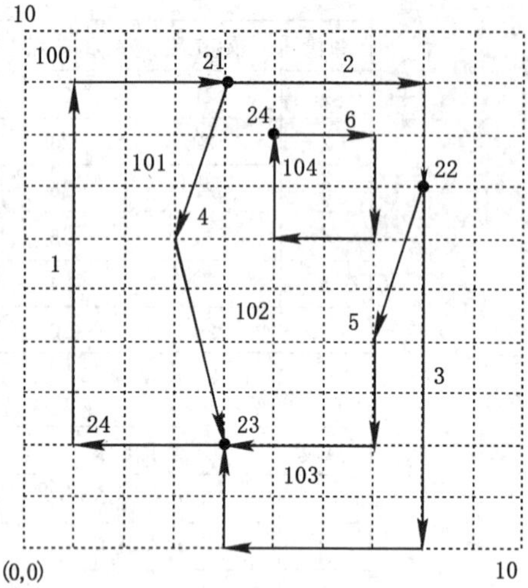

多边形-弧段表

多边形	弧段
100	—
101	1
102	2,5,4,6
103	3,5
104	6

弧段-节点-左右多边形表

弧段	始节点	到节点	左多边形	右多边形
1	23	21	100	101
2	21	22	100	102
3	22	23	100	103
4	21	23	102	101
5	22	23	103	102
6	24	24	102	104

节点-弧段表

节点	弧段
21	1,2,4
22	2,3,5
23	1,3,45
24	6

弧段坐标表

弧段	X,Y坐标
1	(1,9)(4,9)(4,2)(4,1)
2	(4,9)(8,9)(8,7)
3	(8,7)(8,0)(4,0)(4,2)
4	(4,9)(3,6)(4,2)
5	(8,7)(7,4)(7,2)(4,2)
6	(5,8)(7,8)(7,6)(5,6)

图 3-9　多边形的拓扑结构(F-Node、T-Node、L-poly
和 R-poly 分别表示弧的起始节点、终止节点、左多边形和右多边形)

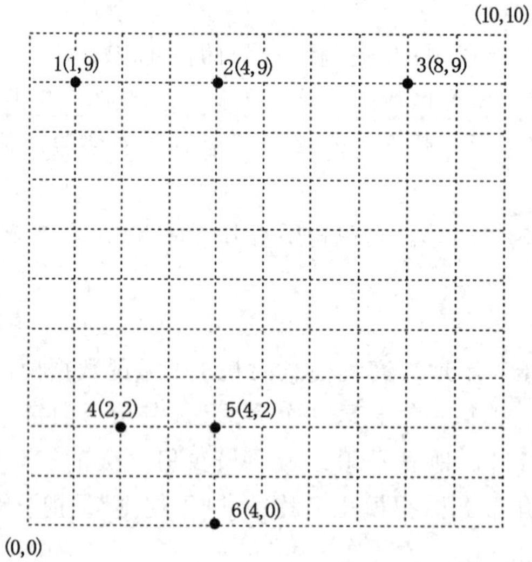

点坐标表

点	X,Y坐标
1	(1,9)
2	(4,9)
3	(8,9)
4	(2,2)
5	(4,2)
6	(4,0)

图 3-10　点的拓扑结构

3.2　栅格数据模型

如上所述,矢量数据模型适用于具有明确定义的位置、形状和边界的离散要素,但不适用于在空间上连续分布和变化的空间现象,如温度、降水和高程。然而,可以通过使用栅格

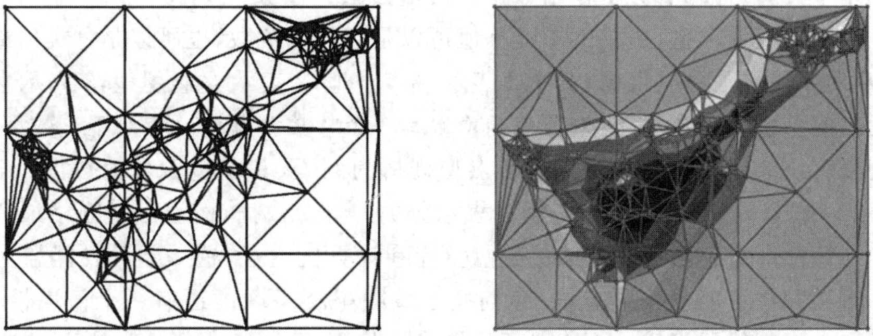

(a) TIN的节点和边缘　　(b) TIN的节点、边缘和面

图 3-11　TIN 通过连续、无重叠的三角形近似表达地形

数据模型(也称为基于场的数据模型)来解决这一问题。

3.2.1　栅格元素

栅格是一个规则的单元格集合,用于存储和分析数据,代表连续的表面。栅格在 GIS 中也称为栅格或图像,单元格也称为像素。这些单元格按行和列排列(图 3-12)。行和列的原点通常位于栅格的左上角,其中行作为 Y 坐标,列作为 X 坐标。栅格中的每个单元格由其行列位置唯一定义。

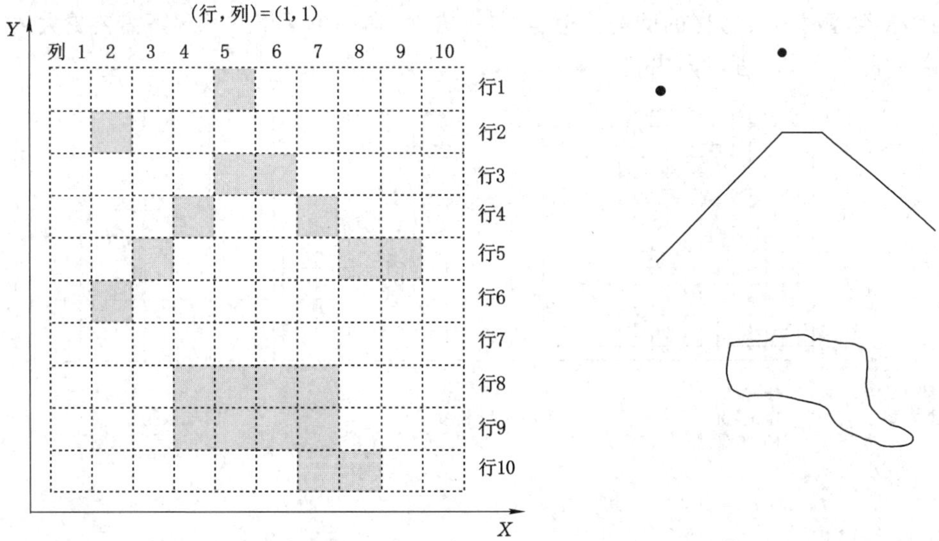

(a) 栅格数据模型中点、线和多边形的表示　　(b) 矢量数据模型中的表示

图 3-12　栅格是一组按行和列排列的单元格

在栅格数据模型中,所感兴趣的现象或实体由不同数量的单元格表示。一个点实体用一个单元格表示,一个线性实体用一系列相邻的单元格表示,一个面实体由一组相邻的单元格组成(图 3-12)。每个单元格具有一个单元格值,单元格值的变化反映了栅格所代表现象的空间变化。对于图像处理,栅格通常被视为具有行和列的矩阵,其单元格值以二维数组的

形式存储用于计算。因此，分析栅格数据比矢量数据更容易。

根据代表的变量类型，栅格的单元格值可以是正数或负数，也可以是分类值或数值。例如，土地利用栅格包含分类数据，其中1表示城市土地，2表示农业用地，3表示水面等。由于其单元格值不包括小数位，土地覆盖栅格也是一个整数型栅格。相对于整数型栅格，浮点型栅格则具有小数位。温度栅格就是浮点型栅格的例子，其中包含数值数据，例如25.16、30.53等。一般来说，整数型栅格最适合表示分类（离散）数据，而浮点型栅格最适合表示连续表面。计算浮点型栅格需要更多的磁盘空间和计算机内存，这一差异在涵盖大面积地理区域的LIS项目中可能很明显。此外，与整数型栅格相关联的还有一个值属性表，可以让用户访问和查询其单元格值。而这对于浮点型栅格则不适用。请注意，单元格也可以具有NoData值以表示缺乏数据。有时，在栅格中有一些不想显示的同质区域。它们可以是边界、背景或其他被视为无效值的数据。有时这些被表示为NoData值，尽管其他时候它们可能具有实际值。

单元格大小（像素大小）是由单个单元格所表示的地理区域。如果栅格的单元格大小为900 m^2，这意味着每个单元格的边长为30 m，因为栅格中的单元格通常是正方形的。这种栅格可以称为30 m栅格。单元格大小决定了栅格的空间分辨率；换句话说，单元格大小决定了真实世界中特征在栅格中显示的粗糙程度或精细程度。单元格越小，栅格越平滑或更详细（图3-13）。如果单元格太大，则可能会丢失信息或模糊一些细微的模式。例如，如果单元格大于一条道路的宽度，则在栅格中可能观察不到这条道路。较大的单元格也增加了在单元格中具有混合要素（如森林、草地和水）的可能性。这是在希望将遥感卫星图像分类为不同地表类型时需要考虑的问题。但是，另一方面，在小单元格的情况下需要更大的存储空间，这通常会导致处理时间更长。

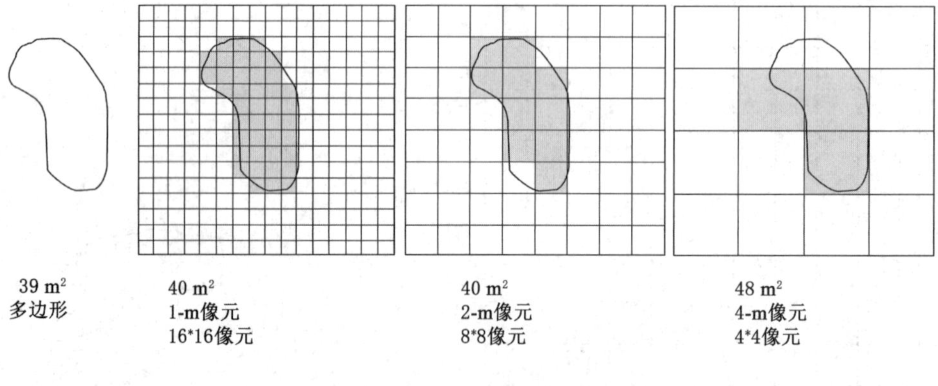

图3-13　相同要素在不同单元格大小下的表示

栅格的单元格深度（位深度、像素深度）是指存储单元格值所需的位数。位（bit）是计算机系统中最小的数据单元，每个位由0或1组成。一个字节（byte）由8个相邻的二进制位组成。栅格可以存储值的范围基于公式2^n，其中n是单元格深度。例如，8位栅格可以存储256（2^8）个可能的值，范围从0到255，而12位栅格可以存储4 096（2^{12}）个可能的值，范围从0到4 095。较高的单元格深度意味着栅格可以存储更广泛的值范围（表3-1）。较高的单元格深度可以提高栅格所代表特征的区分度，但这也意味着更大的数据量，因此需要更大的存储空间。

表 3-1　不同单元格深度存储的值的范围

像元深度	每个像元存储的数值访问
1 位(bit)	0 to 1
2 位	0 to 3
4 位	0 to 15
无符号(unsigned)8 位	0 to 255
有符号(signed)8 位	−128 to 127
无符号 16 位	0 to 65 535
有符号 16 位	−32 768 to 32 767
无符号 32 位	0 to 4 294 967 295
有符号 32 位	−2 147 483 648 to 2 147 483 647
浮点(floating-point)32 位	−3.402 823 466e+38 to 3.402 823 466e+38
无符号 64 位	0 to 18 446 744 073 709 551 616

有些栅格数据只有单一波段，而有的则有多个波段。单一波段的栅格数据在一个单元格内只有一个值，但是多波段的栅格数据在同一空间范围内的单元格位置上有多个值。数字高程模型(DEM)就是一种单一波段栅格数据，它在每个单元格位置上只有一个值(地表高程)。卫星图像是一种多波段栅格数据，它在每个单元格位置上可能有五个、七个或更多的值(例如反射率)。

如果希望将一个栅格数据(例如数字高程模型)与基于矢量的土地利用数据叠加，必须先确保两个数据集使用相同的坐标系。经过处理并匹配投影坐标系的栅格数据被称为地理参考栅格。这样的地理参考栅格数据可以与具有相同投影坐标系的其他地理数据一起查看、查询和分析。在 ArcGIS 中，可以使用地理参考(georeferencing)工具栏对栅栏数据进行地理参考处理。

3.2.2　常见的栅格数据

(1) 卫星图像

卫星图像是 GIS 应用中最常用的栅格数据。这些图像由世界各国政府和公司运营的成像卫星收集，提供了地球表面的空间细节。公众在使用谷歌地图、苹果地图或百度地图服务时，也可能无意中使用卫星图像查找或导航至某个地点。

按照它们使用的能量来源，卫星遥感系统可分为被动和主动两类。被动系统记录从地球表面反射或发射的能量。反射能量在光学范围内，包括可见光(0.4～0.7 μm)、近红外(0.7～1.3 μm)和短波红外(1.3～3.0 μm)，而发射能量在热红外(3.0～1 000 μm)，有时在微波区域(1 000 μm)内。与被动系统相反，主动系统提供自己的能量来照亮感兴趣区域并测量反射或散射回来的雷达波段。合成孔径雷达(SAR)是最常见的主动系统。SAR 在不同的波段获取数据，L 波段最长，X 波段最短，C 波段介于两者之间。SAR 的主要优势是它能够在云、雨或黑暗的情况下工作。

与卫星图像相关的四个重要分辨率是空间分辨率、光谱分辨率、辐射分辨率和时间分辨率(表 3-2)。对于被动和主动系统，空间分辨率是指像素大小。例如，20 m 的空间分辨率意味着每个像素对应着 400 m^2 的地表面积。对于光学卫星图像,空间分辨率是固定的,但对于 SAR 图像,它可以根据几个参数(如获取模式、波长、带宽和入射角)而改变。根据波段数量,卫星图像可以是全色、多光谱、高光谱。全色图像只有一个波段,因此显示为灰度。而多光谱图像有多个宽波段,高光谱图像有几十个或数百个窄波段。多光谱和高光谱图像都可以彩色组合形式显示。

表 3-2　卫星图像的空间、光谱、辐射和时间分辨率

分辨率	定　义
空间分辨率	空间分辨率是指传感器区分相邻物体的能力,该能力由传感器瞬时视场(IFOV)确定,表示图像像素所代表的地表面积(例如平方米)
光谱分辨率	光谱分辨率是指传感器区分不同波长间隔的能力,取决于波长间隔大小(电磁谱的离散段)和传感器观测的间隔数
辐射分辨率	辐射分辨率是指传感器区分能量微小差异的能力,通常以位数(通常在 8 到 16 位之间)表示
时间分辨率	时间分辨率是指重访并获取相同位置数据所需的时间量(例如天数)

由于卫星图像常在遥感课程中得到详细讨论,因此本书不对其进行赘述。常用的卫星图像主要有 Landsat、Sentinel 和 SPOT(法语:Satellite Pour l'Observation de la Terre,英语:Satellite for Observation of Earth)以及我国的中巴地球资源卫星与"高分"系列卫星等影像数据。由于 Landsat 和 Sentinel 图像可以免费获取,因此特别受到研究人员的青睐。虽然 SPOT 图像的使用需要付费,但其高空间分辨率对某些遥感应用非常重要。

从卫星图像中提取的数据产品,如地表覆盖、表面反射率、地表温度和植被指数,都是栅格数据。这些数据可以在线下载或由用户自行生产,对于遥感或 GIS 相关项目中非常有用。

(2) 数字高程模型

根据美国地质调查局(USGS)的定义,数字高程模型(DEM)是地球裸地地形表面的数字表示,不包括树木、建筑和桥梁等地表要素。DEM 以栅格网的形式描述了地球表面,并参考垂直基准面,即零米高程面。

除了 DEM 外,还有数字地形模型(DTM)和数字表面模型(DSM)两个描述高程的术语。DTM 通常被认为与 DEM 相同,而 DSM 则不同,代表了另一种高程模型,包括地球表面上的建筑和自然要素。图 3-14 展示了 DSM 和 DTM 之间的差异。

数字高程模型可以通过陆地测量获得,但更常见的是通过遥感方法生成。以下是一些生成数字高程模型的遥感方法。

最广泛使用的方法是干涉合成孔径雷达(InSAR)。它利用从略有不同位置获取的两幅合成孔径雷达(SAR)图像,并计算它们之间的相位差异,生成一幅称为干涉图的影像。进一步处理干涉图可以生成 DEM。航天飞机雷达地形测量任务(SRTM)就是基于 InSAR 生成全球 DEM。过去,SRTM 数据在美国以外地区的公共使用分辨率为 3 角秒(约 90 m)。但在 2014 年,美国政府批准将全球的 SRTM 数据的分辨率提升至 1 角秒(约 30 m),并于 2015 年年末免费发布。图 3-15 展示了中国山东省部分地区的 30 m SRTM DEM 及其生成的等高线和山体阴影数据。

立体测量摄影也是获取高程数据的重要来源。它使用立体图像,即由机载或空载传感

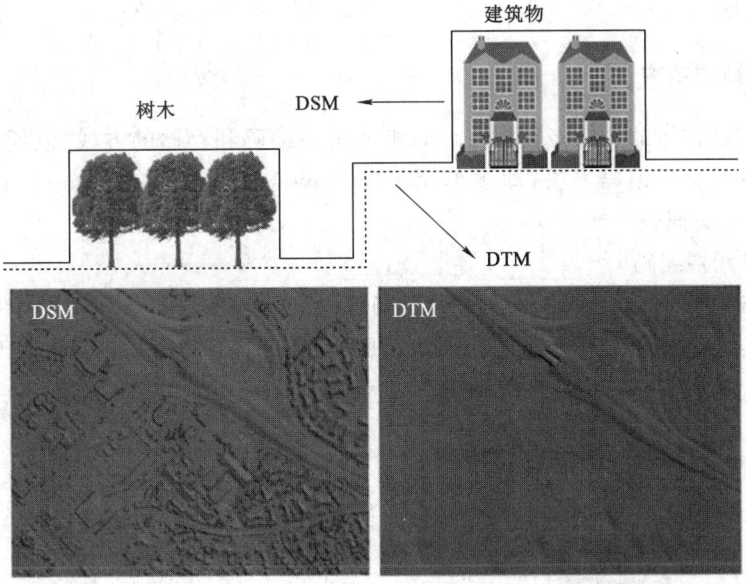

图 3-14　DSM 和 DTM 之间的差异

（DSM 和 DTM 数据来源：*Earth Imaging Journal*）

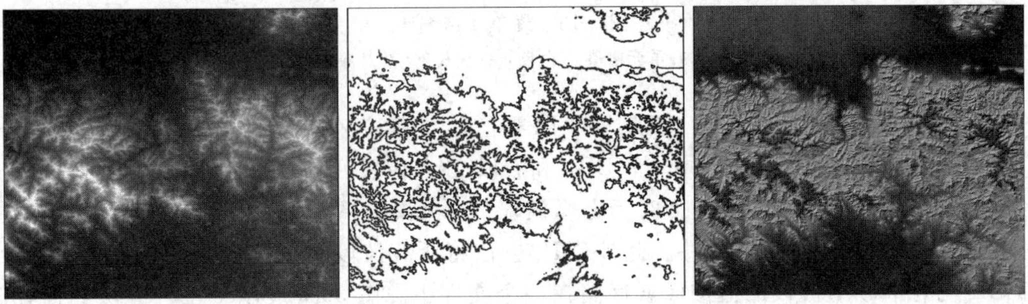

图 3-15　(a)中国山东部分地区的 30 m SRTM DEM(n36_e117_1arc_v3)；(b) 从 DEM 中提取的 200 m 等高线；(c) 从 DEM 中提取的山体阴影。

器获取同一区域但两个不同角度的图像。在共同配准的立体图像中，任何与行进方向平行的共同点位置上的位置差异都被归因于地形引起的位移，可以转换为高程。其中包括从 SPOT 和 ASTER(advanced spaceborne thermal emission and reflection radiometer)图像数据生成的数字高程模型。2009 年，ASTER GDEM(全球数字高程模型)首次发布 30 m 空间分辨率的高程数据集，其后几年又推出了多个新版本。

作为一种主动遥感系统，激光雷达(light detection and ranging，LiDAR)发出激光并测量反射到地面上的光来确定地球表面的高程。用于生产数字高程模型的 LiDAR 系统大多是机载系统，其生成的数字高程模型相较于 InSAR 或光学成像系统具有更高的空间细节和准确性。由于激光雷达是一种复杂而昂贵的遥感技术，将原始 LiDAR 数据转换为 DEM 也很复杂，因此免费的 LiDAR 数据或由其衍生的 DEM 较少。然而，仍然可以从美国 USGS earth explorer 和 USIEI(United States interagency elevation inventory)等平台访问到免费的 LiDAR 数据。

3.2.3　栅格数据结构

栅格数据结构指的是栅格数据在计算机系统中编码和存储的方式，以便有效使用。这里介绍了三种常见的编码方法，即逐单元格（cell-by-cell）编码、游程（run-length）编码和四叉树（quadtree）编码。

（1）逐单元格编码

逐单元格编码，即直接编码，将栅格视为矩阵，其单元格值按行和列写入文件中（图 3-16）。当单元格值连续变化时，使用此方法。因此，DEM 和卫星图像通常按单元格编码。

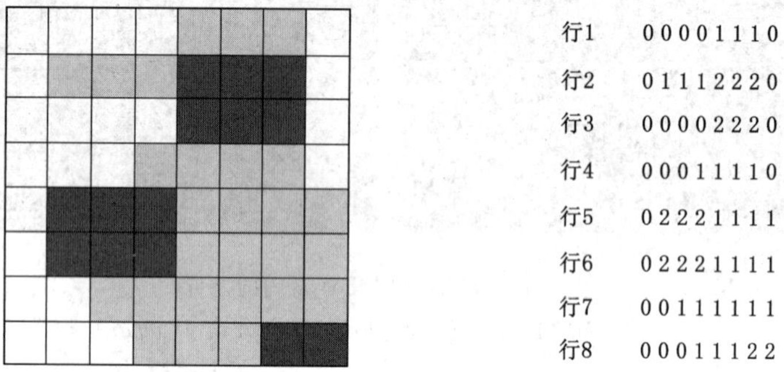

图 3-16　逐单元格编码

栅格具有单元格值 0（白色）、1（浅灰色）和 2（深灰色）。

由于卫星图像有多个波段，因此每个像素有多个值，为存储多波段图像提供了三种格式，即波段顺序（BSQ）、波段交错-行（BIL）和波段交错-像素（BIP）。在 BSQ 方法中，图像波段的单元格值存储为一个文件。对于七个波段的 Landsat 图像，共有七个用于存储单元格值的文件，每个波段是一个文件。此外，BIL 方法将所有波段的值按行存储在一个文件中，而 BIP 方法将所有波段的值按像素存储在一个文件中。图 3-17 展示了三种方法如何存储多波段卫星图像。

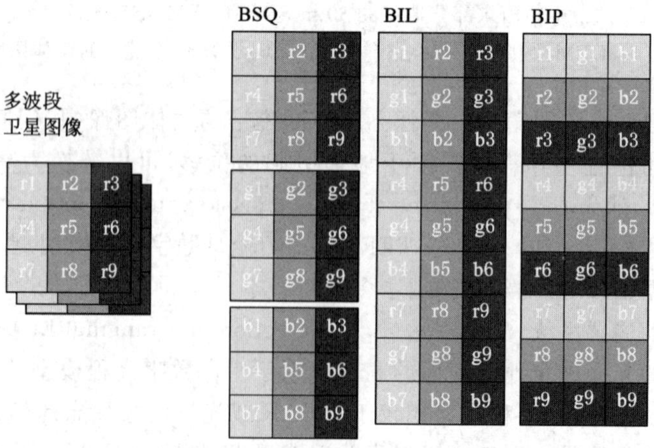

图 3-17　多波段卫星图像可以以三种不同的格式存储

（2）游程编码

游程编码(RLE)可有效存储具有许多重复单元格值的栅格数据。对于每一行，只需列出单元格值出现的次数和单元格值(图 3-18)。RLE 编码栅格数据的方法可以显著减少文件大小。因此，RLE 不仅是编码栅格数据的方法，也是压缩栅格数据的技术。数据压缩是指减少数据量，与栅格数据的编码方式有关。无损压缩保留单元格值，并允许完全重构原始栅格数据而不损失任何信息。RLE 是一种无损压缩的例子。有损压缩由于信息丢失，无法完全重构原始栅格数据，但可以获得比无损压缩更高的压缩比。

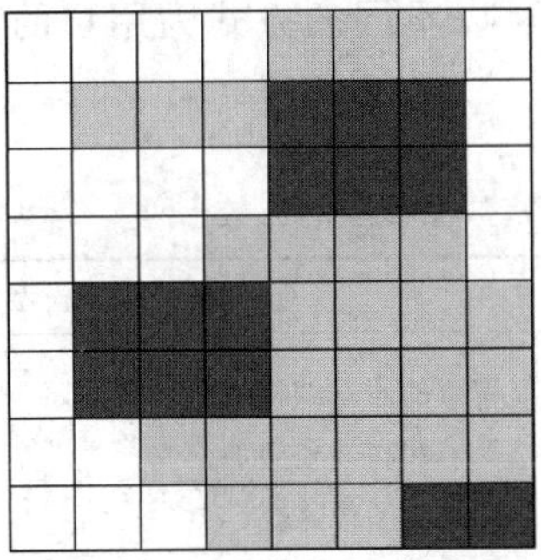

行1	4, 0;3, 1;1, 0
行2	1, 0;3, 1;3, 2;1, 0
行3	4, 0;3, 2;1, 0
行4	3, 0;4, 1;1, 0
行5	1, 0;3, 2;4, 1
行6	1, 0;3, 2;4, 1
行7	2, 0;6, 1
行8	3, 0;3, 1;2, 2

图 3-18　游程编码

（3）四叉树编码

四叉树编码是另一种对栅格数据进行编码的方法。在此方法中，将栅格划分为四个象限的层次结构，0、1、2 和 3 分别表示 NW、SW、SE 和 NE(图 3-19)。分割过程不会停止，直到一个象限由相同的单元格值(灰色或白色)制成。不能再细分的象限称为叶节点，而可以进一步细分的象限称为非叶节点。由于每个象限都用一个数字标记，因此数字的组合可以用来表示灰色单元格。请注意，四叉树编码也是一种无损数据压缩方法。

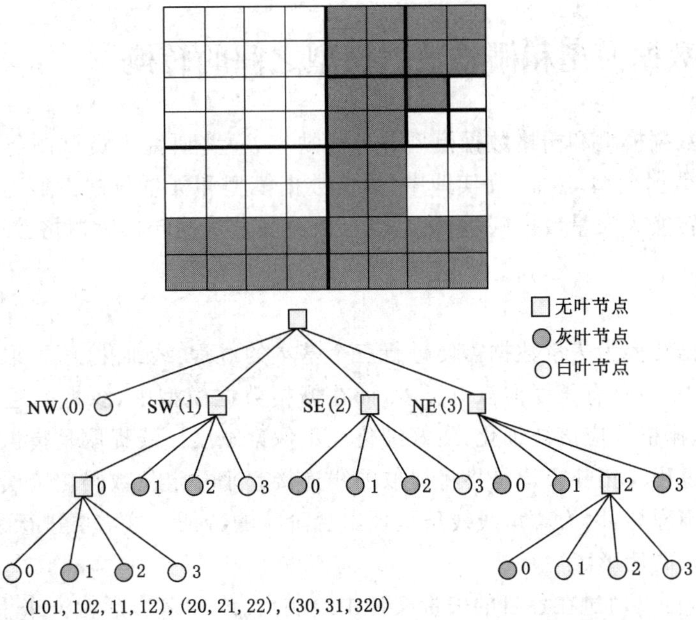

图 3-19　四叉树编码

3.3 矢量数据模型和栅格数据模型的比较

矢量数据模型和栅格数据模型是非常不同的 GIS 数据模型。矢量数据模型使用 X 和 Y 坐标来记录点、线和多边形的位置,这些可以表示现实世界中离散的对象。而栅格数据模型使用像素或单元格来标记某些物体的位置。这些像素通常大小相同,决定了显示的细节程度。简单来说,这两种模型各有优缺点(表 3-3)。作为用户,需要考虑哪种数据模型最适合自己的 LIS 项目。它们的用途各不相同,并且可以不同的方式为用户的项目带来益处。此外,某些项目可能需要同时使用两种数据模型。

表 3-3 矢量数据模型和栅格数据模型的比较

	矢量数据模型	栅格数据模型
优点	文件尺寸较小 离散对象具有独立标识 适用于拓扑关系 高效的投影转换 精确的位置信息 易于编辑	简单的数据结构 易于和高效地叠加操作 与遥感图像兼容 能够有效表示高空间变异性 能够有效表示连续数据
缺点	复杂的数据结构 叠加操作困难 难以有效表示高空间变异性 较难与遥感图像兼容 较难有效表示连续数据	文件尺寸较大 对象没有独立标识 难以建立拓扑关系 转换投影效率低 信息丢失和位置不够精确 难以编辑

3.4 矢量数据模型和栅格数据模型之间的转换

由于矢量数据模型和栅格数据模型各有优缺点,一些研究人员试图将两者整合到一起创建新的 GIS 数据模型;然而,在实践中,栅格数据模型和矢量数据模型仍然是分开的。可以将栅格数据转换为矢量数据(矢量化),也可以将矢量数据转换为栅格数据(栅格化)。

3.4.1 矢量化

将栅格数据转换为矢量数据需要进行三个基本的过程:线细化、线提取和拓扑重建。在矢量数据模型中,线具有长度但没有宽度,而在栅格数据模型中,线特征通常占据多个像素的宽度。因此,栅格线应该被细化,最好细化至 1 像素宽度。线提取是指识别单独线的起始和结束节点的过程。拓扑重建是指将提取的线连接起来并定位数码化错误的过程。转换的初始结果通常不理想,因为对角线线条呈现出台阶状的特征。这需要进行线平滑处理,以减少栅格数据带来的伪影。

在 GIS 中,可以通过在各自的矢量文件中绘制点、线和多边形特征来手动矢量化栅格。借助 GIS 软件中的矢量化工具,矢量化可以更轻松地完成。例如,ArcGIS 提供了两个选项:交互式和自动矢量化。无论使用哪种方法,更重要的是检查和修正由矢量化产生的矢量数据中的拓扑错误。

3.4.2　栅格化

将矢量数据转换为栅格数据需要三个基本步骤。首先,创建一个具有指定单元格大小的栅格,以覆盖矢量数据的范围,并将所有单元格的初始值设为零。其次,将对应于矢量数据点、线或多边形的单元格的值从 0 更改为 1。最后,使用多边形值填充多边形边界内的区域。

可以使用 GIS 软件从矢量数据创建栅格数据,而无须知道上述步骤。

3.5　章节总结

3.5.1　重要术语

矢量数据模型　栅格数据模型　节点 顶点　多部件要素　意面数据结构　拓扑数据结构　不规则三角网　拓扑　数据压缩　像元大小　像素大小　像元深度　位深度　像素深度　像元值　栅格波段　无损压缩　有损压缩　矢量化　栅格化

3.5.2　复习题

(1) 请列举三种不同的真实世界现象,可以用点、线和多边形来描述。
(2) 我们何时使用矢量数据模型或栅格数据模型来描述真实世界现象?
(3) 在矢量数据模型中,需要哪些表来描述多边形的拓扑结构?
(4) 矢量数据的意大利面数据模型是什么?
(5) 如何应用游程编码来压缩二进制栅格?
(6) 如何将四叉树编码应用到具有许多不同单元格值的栅格图像中?
(7) 哪些栅格数据结构化方法可用于无损数据压缩?
(8) 矢量数据模型的优缺点是什么?
(9) 栅格数据模型的优缺点是什么?
(10) 如何在 ArcGIS 中更改栅格单元格值(例如 DEM 的不正确高程值)?
(11) 单元格大小如何影响栅格数据质量?
(12) DTM 和 DSM 有何区别?
(13) 如何在 ArcGIS 中将矢量数据转换为栅格数据,或者将栅格数据转换为矢量数据?
(14) 描述矢量化的基本步骤。

3.5.3　应用练习

实验 3.1　创建矢量文件

· 实验要求

请在该文件夹中新建一个多边形要素文件和一个点要素文件,坐标系均与该文件夹里的已有矢量文件一致。

· 实验数据

实验文件夹内的矢量线文件：line. shp。

· 操作步骤

(1) 打开 ArcGIS Pro 后，在【目录 Catalog】窗口中关联该实验的数据文件夹。在【目录 Catalog】窗口中右击该文件夹，选择【新建 New】→【Shapefile】。

(2) 在【要素类名称 Feature Class Name】中输入 mypolygon，在【Geometry Type 几何类型】中选择【面 Polygon】，在【坐标系 Coordinate System】处点击地球图标，在弹出的【坐标系 Coordinate System】中选择最右侧的地球图标，选择【导入坐标系 Import Coordinate System】，选择该实验的数据文件夹里的 line 线文件。然后点击【确认 OK】，就把该线文件的坐标系(NAD_11927_UTM_Zone_48N)作为新建多边形的坐标系了。

(3) 点击【运行 Run】，运行完成后，将新生成的多边形文件加载到 ArcGIS Pro 中显示。

(4) 依次类推，在【几何类型 Geometry Type】中选择【点 Point】，便可新建一个矢量点文件。

实验 3.2　栅格数据的基本元素

· 实验要求

查找栅格数据的行列数、波段数、像素大小、空间参考信息，并将它进行标准假彩色显示(植被显示为红色)。

· 实验数据

实验文件夹内的遥感图像文件：image. dat。

· 操作步骤

(1) 打开 ArcGIS Pro 后，新建地图，加载、显示遥感图像，发现该数据默认情况下以真彩色显示(即地物显示出它们的实际颜色)。

(2) 在【内容 Contents】窗口，右击该遥感图像，选择【属性 Properties】→【源 Source】，分别查看【数据源 Data Source】、【栅格信息 Raster Information】、【空间参考 Spatial Reference】。

(3) 在【数据源 Data Source】中可以查看到该遥感图像的数据类型(栅格)、文件存储位置、文件名称和垂直单位(m)。

(4) 在【栅格信息 Raster Information】中可以查看到该遥感数据的列数是 547，行数是 473，波段数是 7，X 和 Y 轴方向上的像素大小都是 30 m；浮点型栅格数据，像元深度是 32 位(bit)。

(5) 在【空间参考 Spatial Reference】中可以查看到该遥感数据的投影坐标系(Projected Coordinate System)是 NAD_11927_UTM_Zone_48N。

(6) 在【内容 Contents】窗口，右击该遥感图像，选择【符号化 Symbology】。在 RGB 模式下，将 DN_4 显示在红色通道，DN_3 显示在绿色通道，DN_2 显示在蓝色通道，点击【运行 Run】，即可将该遥感图像以彩色显示，绿色植被会显示为鲜艳的红色。

实验3.3　矢　量　化

· 实验要求

将一幅加拿大的栅格地图转换为矢量多边形文件。

· 实验数据

实验文件夹内的栅格图像文件:Canada. tif。

· 操作步骤

(1) 打开 ArcGIS Pro 后,新建地图,加载该数据,发现是加拿大的栅格地图,可以看到 NAME_EN 区分了加拿大的 13 个省级行政区。其中一些省级行政区由很多个岛屿构成。

(2) 打开【地理处理 Geoprocessing】→【转换工具 Conversion Tools】→【From Raster 由栅格转出】→【栅格转面 Raster to Polygon】。

(3) 在【输入栅格 Input raster】中选择 Canada. tif 文件,在【字段 Field】中选择 NAME_EN 字段,在【输出面要素 Output polygon features】中输入 Canada 名称,勾上【简化面 Simplify polygons】,勾上【创建多部件要素 Create multipart features】,点击【运行 Run】。

(4) 将生成的多边形文件加载到地图上,查看其属性表和几何形状,可以看到虽然有很多个多边形,但属性表里仅有 13 条记录对应 13 个省级行政区。

实验3.4　栅　格　化

· 实验要求

将土地利用数据从矢量格式转换为栅格格式,将字段 LUCODE 作为栅格数据的值,像素大小设置为 10 m。

· 实验数据

实验文件夹内的矢量文件:landuse. shp。

· 操作步骤

(1) 打开 ArcGIS Pro 后,新建地图,加载该数据,查看其属性表,发现 LUCODE(土地利用代码)字段用于区分不同的土地利用类型。

(2) 打开【地理处理 Geoprocessing】→【转换工具 Conversion Tools】→【转换为栅格 To Raster】→【面转栅格 Polygon to Raster】。

(3) 在【输入要素 Input Features】中选择 landuse 文件,在【值字段 Value field】中选择 LUCODE 字段,在【输出栅格数据集 Output Raster Dataset】中输入 landsue 名称,在【像元大小 Cellsize】中输入 10,勾上【构建栅格属性表 Build raster attribute table】,点击【运行 Run】。

(4) 将生成的栅格数据文件加载到地图上,查看其属性表,发现它有 6 条记录,对应6 种不同的土地利用类型。

实验3.5　DEM 生成等高线与山体阴影

· 实验要求

请将 DEM 生成间隔为 200 m 的等高线和生成方位角＝315°、高度角＝45°的山体阴影图。

· 实验数据

实验文件夹内的 DEM 文件:dem. tif。

· 操作步骤

(1) 打开 ArcGIS Pro 后,新建地图,加载该数据,观察到它的高程值范围是 0～3 715 m,该数据是西班牙海岛 Tenerife 的 DEM。

(2) 打开【地理处理 Geoprocessing】→【Spatial Analyst 工具】→【表面分析 Surface】→【等值线 Contour】。

(3) 在【输入栅格 Input raster】中选择 dem 文件,在【输出要素类 Output feature class】中输入 contour 名称,在【等值线间隔 Contour interval】中输入 200,点击【运行 Run】。

(4) 将生成的等高线文件加载到地图上,打开其属性表,观察【等值线 Contour】字段的值。

(5) 在【输入栅格 Input raster】中选择 dem 文件,在【输出栅格 Output raster】中输入 hillshade 名称,【方位角 Azimuth】使用默认值 315,【高度角 Altitude】使用默认值 45,点击【运行 Run】。

(6) 将生成的山体阴影图加载到地图上,观察其生成效果。

第 4 章　土地信息数据采集

本章主要介绍了土地信息标准化的内容、主要机构，空间数据采集的概念、矢量数据和栅格数据采集的方法，属性数据采集及其与空间数据的连接以及元数据的采集。通过学习本章，读者能够全面了解土地信息系统中空间数据的采集、处理和标准化，为后续章节的学习提供坚实的基础。

4.1　土地信息标准化

4.1.1　土地信息标准化概述

标准化是指在经济、技术、科学及管理等社会实践中，通过制定、发布和实施标准，对重复性事物和概念进行统一，以获得最佳秩序和社会效益。对土地信息而言，标准化是信息化的基础，更是土地信息系统建设的重要保证。土地信息标准化可以保证土地信息化建设的顺利进行，实现土地信息资源的真正共享。土地信息标准化是为确保土地信息资源共享与交换而制定、发布、实施一系列相互配套标准、规范和约定的过程。随着土地数据和信息的积累及土地信息系统应用的不断扩大，许多国土管理部门开始着手建设新系统或者更新原有系统。在这种形势下，土地信息标准化建设表现得更为紧迫和必要，其必要性体现在以下四个方面。

(1) 确保数据的采集和更新。数据的采集和更新是土地信息系统建设过程最大的投资。在数据采集上，各地、各部门都需要花费大量的人力、物力，同时大量数据分散在不同地点和部门，现有的数据资源没有得到充分的利用和共享，众多调查成果重复和浪费。造成这种现象的一个最重要的原因是缺乏空间数据标准的一致性和缺少相互运行的机制。

(2) 确保数据的兼容性。通过土地信息标准化指导各地土地信息系统建设，规范土地信息系统软件，确保各类软件平台输出的数据相互兼容。目前，我国流行着多种系统软件平台，平台之间的低兼容性阻碍了数据的共享和交流。只有尽快制定出土地信息标准，才能在促进兼容性的同时保证系统软件开发的繁荣。

(3) 确保数据的可持续利用。目前不少地方和部门正在或将要进行土地信息数据库建设，但由于缺乏土地信息标准化的指导，有些地方的数据库建设存在着各种各样的问题，阻碍了建设的顺利进行。

(4) 确保土地信息的管理和利用。为便于土地信息数据在计算机网络中传输，促进土地信息产业化，推进社会信息化进程。我国的土地利用管理采用垂直管理模式，国家、省、市、县四级国土管理部门之间的土地信息数据通信网络亟待完善。同时各级国土管理部门也可以利用计算机网络向社会发布土地信息，以适应社会各行各业对土地信息的需求，而土地信息数据上网的先决条件是信息标准化。

4.1.2 土地信息标准化的内容

土地信息标准化是一个综合而复杂的概念,它的内容非常广泛,涉及几乎所有与资源信息系统有关的领域。对土地信息标准化的内容可以分两个层次去理解。一是狭义的标准化,其内容包括数据、数据交换、数据库转换、图形、软件、硬件等方面的标准,主要包括空间数据标准和信息技术标准两个方面。二是广义的标准化,其内容则更为广泛,除以上两个方面外,还包括地理、算法、解译和行业标准等方面的内容。

(1) 应用标准

可以说,LIS 的应用是无限的,所以影响 LIS 的标准也是多种多样的。LIS 的一些主要应用领域,如土地管理、地籍管理和土地利用规划等,都各自有其标准和规范,数不胜数,这些标准对 LIS 均有影响,但是最重要的影响来自对应用领域有深刻影响的各种专业组织和机构,主要是测绘部门。与地图相关的标准,如空间要素的表述标准、地图规范和算法要求等,是进行空间要素处理的基础,所以又可以说是一些基础性标准。

① 地理标准。主要指地图和空间数据表达方面的标准,它们主要涉及地图要素的位置和位置精度等,如地图比例尺和投影均属地理标准的范畴。实际上这类标准已有数百年的发展历史,十分完善,许多国家都建立了自己的标准。另一个重要方面是空间信息的分类编码,这一工作在近二十年里逐渐得到发展和完善。如美国在 20 世纪 60 年代初就开始制定区位编码系统,我国也制定了多种用途的区位编码系统。我国从"七五"期间就着手这方面的工作,已经有一定的成果,但是,仍然存在许多问题,有待进一步发展和完善。例如,在各种专题地图要素的一致性问题上,仍没有完整的标准,每建立一个系统都需要对地图要素的符号颜色等重新设计,以满足应用的要求。

② 算法标准。在进行空间分析和数据处理中,为实现某类目的,往往有多种算法,如空间插值和视景分析就有多种算法。为了在应用上提高精度和进行数据转换,各种算法需要达到一定的基准,同时给用户提供指南。至今,在算法标准上还没有大的突破,许多思想仍停留在概念上。但在学术界,通用的、综合的处理机制已引起越来越多人的兴趣。

③ 解译标准。目前解译标准仍很少引起人们的注意。对土地现象和实体的表达,地图是一种行之有效的手段,然而,地图表达土地空间现象通常是通过某种"模型"来实现的。至今,人们所强调的往往是地图的产品(结果),而没有检验最终产品结果的标准,缺乏对隐含其后逻辑的探讨,即缺少建立各种地理模型的标准。然而,要实现对空间要素的认识、解译和表达的标准化是非常困难的,即无法找到一种统一的模型。

(2) 数据标准

因为数据是信息系统的基础,所以关于数据方面的标准是非常重要的。数据标准主要包括数据交换、数据精度和数据文件等三方面的内容。

① 数据交换。数据交换是将一种数据格式转换成为另外某种数据格式的技术。简单地说,它是一种专门的中间媒介转换系统。这类标准往往涉及环境要素的描述、分类、编码等方面的内容,美国的空间数据转换标准(SDTS)和欧洲的地理数据文件(GDF)均属这类标准。但是在具体的应用和实施过程中,由于空间数据的格式、结构、应用和软硬件的复杂多样性,制定这类标准的难度非常之大。在目前的实际应用中,仍是以采取系统两两相互转换的方法为多。这种方法的弊端在于容易丢失信息和损失数据精度,无法转换元数据文件。

② 数据精度。在应用过程中，每个用户都希望获得现实的、完整而准确的数据。每个部门对数据的精度、流通性、完整性以及其他方面的要求是不同的，即便在同一个单位，不同的应用项目对数据的精度要求也不相同。所以很难以某种数据阈值来确定统一的精度标准。现在的做法是采用“数据质量报告”的概念来描述所了解的数据精度。如 SDTS 就采用数据质量报告对数字空间数据的一些要素进行描述，包括空间数据精度、属性数据精度、逻辑一致性、数据完整性和层次关系等内容。

③ 数据文件。数据文件通常称为元文件(metadata)，它是关于数据的数据，用以描述数据集或数据库的内容、数据的组织形式、数据的存取方式等。元数据还包括了数据质量和转换的相关信息。

(3) 信息技术标准

信息技术(IT)标准主要来自计算机界。计算机的硬件与软件生产者早已采用了多种标准，用于通信、用户界面、图形、操作系统、数据库查询等许多方面。这类标准具有比较广泛的适用性，与 LIS 相关的信息标准较多。

(4) 行业标准

主要指从事这一技术的专业人员的标准与规范。随着技术的成熟和推广应用，越来越多的人员从事土地信息系统或相关业务，所以有必要制定统一的标准和规范，以确定土地信息系统的人员资格，保证人员的技术水平。目前尚缺乏相关标准，可参照其他学科的做法，如我国的软件水平升级考试等，制定相应规定或标准。通常可以基于专业学历和技术培训情况，发放技术水平认证和从业许可证等。当然在实施过程中，情况是非常复杂的，很难进行标准化和规范化。在美国，一些机构正在进行这方面的探索，如对 LIS 技术和知识的要求等作一定的规定，虽然这离行业标准差距甚远，但至少可以为培训机构、学校制定课程和学生选择课程提供一个有益的参考。

另外，还要考虑土地管理工作的标准化问题，包括机构设置、管理职能、工作流程等。管理的标准化是信息标准化的一个重要保证。

应该指出，随着信息技术的发展，土地信息的表述、记录、处理和发布等均发生了变化。如多媒体技术、虚拟现实、高分辨率遥感信息、海量数据处理实时监测技术、网络技术和 Internet 应用，在很大程度上改变了传统 LIS 的概念，土地信息系统标准化随着技术的发展和应用的需求，将不断发展。

当前，国际上提出的开放 GIS 概念，已经引起 LIS 界的高度重视，OpenGIS Consortium 组织逐步成为 GIS/LIS 的重要的标准化组织。目前，OpenGIS Consortium 已经有二十多个成员，该组织制定的要素定义说明、编码和数据交换以及元数据格式逐步得到 LIS 界的认可。

4.1.3　土地信息标准化机构

(1) 全国地理信息标准化技术委员会

全国地理信息标准化技术委员会(National Committee on Surveying, Mapping and Geoinformation Standards，简称 NCSMGS)是在地理信息领域从事全国性标准化工作的非法人技术组织，主要负责地理信息领域国家标准的规划、协调和技术归口管理工作，其宗旨是加快我国地理信息标准化步伐，促进地理信息资源建设和应用，推进地理信息共享。该委员会由国家标准化管理委员会(以下简称国家标准委)委托中华人民共和国测绘地理信息局领导和管理。

（2）国际标准化组织

国际标准化组织（International Organization for Standardization，简称 ISO）是一个全球性的非政府组织，其主要任务是制定和发布国际标准。在土地信息标准化领域，ISO 通过其下属的技术委员会开展工作，例如 ISO/TC 211 就专注于地理信息技术领域的标准化。

（3）自然资源部

自然资源部是中国政府中负责自然资源管理和监督的部门，它在土地信息标准化机构中扮演着核心角色。自然资源部的职责包括自然资源的调查监测、确权登记、开发利用、保护修复等。该部门负责制定和执行自然资源管理的国家政策、法规和标准以及全国国土空间的规划和管理工作，推动城乡规划和土地利用的科学发展。

4.1.4 中国现行土地信息标准

4.1.4.1 我国土地信息标准化现状

标准化是信息化的前提和基础。自然资源部历来十分重视与土地管理信息化相关的标准化建设工作，自建部以来，尤其是自“数字国土”工程启动以来，先后制定和颁布了 GB（国家标准）级标准四部、TD（行业标准）级标准十多部，已通过发文试行，完成初稿正在征求意见和正在编制过程中的标准和规程达到 50 多项，此外还有大量管理性规定、规程在实际工作中普遍采用，相当数量的基础性标准和规程的编制正在开展前期研究工作。

按照标准的主要应用范围，可将这些标准分为土地资源管理通用标准、土地资源调查标准、土地资源评价标准、土地资源规划标准、土地资源利用与保护标准、土地资源市场管理标准、土地信息与数据库建设标准等七类标准（表 4-1）。除表 4-1 所列已经颁布实施和试行的标准、规范外；另外，还有大约 20 部标准、规范已进入完成草案、征求意见阶段，或进入研究制定阶段，预计将在近期内颁布实施或试行。

4.1.4.2 土地信息分类

（1）土地信息分类的意义

自然界的事物或现象复杂、多样，而且多具渐变性，若不进行分类，就难以进行表示和管理，进而也就难以进行研究和运用。所谓分类，就是把不同的事物或现象分成不同的类别，如土地利用可分成耕地、园地、林地、交通用地、水域等，或把同一类别的事物或现象分成不同的等级，如把坡度分为平坡（$<3^\circ$）、微坡（$3^\circ\sim7^\circ$）、缓坡（$7^\circ\sim15^\circ$）、中坡（$15^\circ\sim25^\circ$）、极陡坡（$>25^\circ$）五级。

（2）土地信息分类的原则

把土地信息输入计算机之前，必须先按使用要求和目的进行分类，这是一项基础性的工作。分类过粗会影响将来分析的深度，分类过细工作量很大，计算机的储存量也会加大，同时可能在技术上也难以实现。分类主要遵循以下几个方面的原则：

① 科学性原则。按照土地信息特征进行严密的科学分类，采用层级分类法，形成树形结构。

② 系统性原则。土地信息分类从最高一级到最低一级应该排列成一个有机的整体。

③ 稳定性原则。土地信息分类应以中国使用多年的基础信息和土地利用信息的常规分类为基础，在较长时间里不发生重大变更。

表 4-1　我国已颁布和发文试行的土地标准、规程一览表

标准分类	标准名称
土地资源管理通用标准	《土地基本术语》(GB/T 19231—2003) 《土地利用现状分类》(GB/T 21010—2017) 《农用地分等规程》(TD/T 1004—2003)
土地资源调查标准	《土地利用现状调查技术规程》(1984 年 9 月全国农业区划委员会颁发) 《土地利用现状调查地(市)级汇总技术规程》(TD 1002—1993) 《土地利用现状省级汇总技术规程》(TD 1003—1994) 《土地利用动态遥感监测规程》(TD/T 1010—2015) 《数字正射影像生产技术规定》(GDPJ 05—2013) 《土地利用变更调查技术规程(试行)》 《测绘成果质量检查与验收》(GB/T 24356—2023) 《地籍调查规程》(TD/T 1001—2012) 《土地勘测定界规程》(TD/T 1008—2007) 《地籍调查规程》(TD/T 1001—2012) 《耕地后备资源调查与评价技术规程》(TD/T 1007—2003) 《第二次全国土地调查基本农田调查技术规程》(TD/T 1017—2008) 《矿山土地复垦基础信息调查规程》(TD/T 1049—2016) 《土地整治项目基础调查规范》(TD/T 1050—2017) 《第三次全国国土调查技术规程》(TD/T 1055—2019) 《县级国土调查生产成本定额》(TD/T 1056—2019) 《国土调查数据库标准》(TD/T 1057—2020) 《第三次全国国土调查县级数据库建设技术规范》(TD/T 1058—2020)
土地资源评价标准	《农用地定级规程》(TD/T 1005—2003) 《农用地估价规程》(TD/T 1006—2003) 《城镇土地分等定级规程》(GB/T 18507—2014) 《城镇土地估价规程》(GB/T 18508—2014) 《高标准农田建设评价规范》(GB/T 33130—2016) 《耕地后备资源调查与评价技术规程》(TD/T 1007—2003) 《建设用地节约集约利用评价规程》(TD/T 1018—2024) 《开发区土地集约利用评价规程》(TD/T 1029—2010) 《开发区土地集约利用评价数据库标准》(TD/T 1030—2010) 《土地整治工程质量检验与评定规程》(TD/T 1041—2013) 《国土空间规划城市体检评估规程》(TD/T 1063—2021) 《自然资源价格评估通则》(TD/T 1061—2021)
土地资源规划标准	《县级土地利用总体规划编制规程》(TD/T 1024—2010) 《乡(镇)土地利用总体规划编制规程》(TD/T 1025—2010) 《市(地)级土地利用总体规划制图规范》(TD/T 1020—2009) 《县级土地利用总体规划制图规范》(TD/T 1021—2009) 《乡(镇)土地利用总体规划制图规范》(TD/T 1022—2009) 《市(地)级土地利用总体规划编制规程》(TD/T 1023—2010) 《县级土地利用总体规划编制规程》(TD/T 1024—2010) 《乡(镇)土地利用总体规划编制规程》(TD/T 1025—2010) 《市(地)级土地利用总体规划数据库标准》(TD/T 1026—2010) 《县级土地利用总体规划数据库标准》(TD/T 1027—2010) 《乡(镇)土地利用总体规划数据库标准》(TD/T 1028—2010) 《市(地)级土地整治规划编制规程》(TD/T 1034—2013) 《县级土地整治规划编制规程》(TD/T 1035—2013) 《国土空间规划城市体检评估规程》(TD/T 1063—2021) 《国土空间规划城市设计指南》(TD/T 1065—2021)

表 4-1(续)

标准分类	标准名称
土地资源利用与保护标准	《土地整治项目规划设计规范》(TD/T 1012—2016) 《土地整治项目验收规程》(TD/T 1013—2013)
土地资源市场管理标准	《国土资源标准化管理办法》(国土资发〔2009〕136 号) 《城市地价动态监测技术规范》(TD/T 1009—2007)
土地信息与数据库建设标准	《县级土地利用总体规划数据库标准》(TD/T 1027—2010) 《市(地)级土地利用总体规划数据库标准》(TD/T 1026—2010) 《乡(镇)土地利用总体规划数据库标准》(TD/T 1028—2010) 《土地利用数据库标准》(TD/T 1016—2007)

④ 完整性和可扩展性原则。能容纳耕地监测系统所涉及的各专业领域现有的和将来可能产生的所有信息。分类应既能反映要素的属性,又能反映要素间的相互关系(包括空间关系),具有完整性,代码结构和具体编码应留有适当的余地和给出扩充办法。

⑤ 易用性原则。分类名称尽量沿用专业习惯名称,代码尽可能简短和便于记忆。

⑥ 灵活性原则。现有系统分类和编码可灵活转换成标准的分类和代码。

⑦ 不受比例尺限制原则。即在不同比例尺数据库中,同一要素具有一致的分类和代码,以达到分类与编码的一致。分类和代码应当包容各种比例尺数据库所涉及的全部要素。

⑧ 与有关国家规范和标准协调一致原则。凡已经颁布实施的相关国家标准可以直接引用,并应与有关行业标准和地方标准最大限度地取得协调。

⑨ 考虑数据来源原则。土地利用数据一级分类应该能够从卫星遥感影像识别,便于卫星遥感监测土地资源。

(3) 土地信息分类的方法

对信息的分类一般有两种方法:线分类法和面分类法。

① 线分类法,又称层级分类法。它是将初始的分类对象按选定的若干个属性或特征依次分成若干个层级目录,并编排成一个有层次的分类体系。其中同层级类目之间存在并列关系,不同层级类目之间存在隶属关系,同层级类目互不重复、互不交叉。

② 面分类法。它是将给定的分类对象按选定的若干个属性或特征分成互不依赖、互不相干的若干方面,每个方面中又分为许多彼此独立的若干类目。使用时,可根据需要将这些方面中的类目组合在一起,形成复合类目。

(4) 土地信息的分类

土地信息种类繁多,体系复杂。从信息内容划分,可分为空间信息、属性信息与文档信息三大类;从应用层次划分,可分为基础信息与专项信息两类;从土地管理专项领域划分,又可分为地籍、耕地保护、建设用地、土地利用规划、土地法律法规、土地监察、国土矿产资源等专项门类。

4.1.4.3 土地信息编码

土地信息与其他任何一种信息一样,使用编码表达并储存在计算机中。所谓编码是人为建立的一种数字或符号组合,用于在人与计算机之间建立联系,表达某种特定的事物。比如,宗地界址点、宗地、土地利用分类、土地所有制的类型、行政区划等都有相应的编码,这些编码将每一个界址点、每块宗地、每种地物的各种属性包括自然属性与社会属性都表达得非常清楚。编码的设置不仅要让系统设计人员清楚，也应让土地信息的使用人员了解。正如邮政编码一样，不但邮局工作人员清楚各地的邮政编码，每一位寄信者也都应清楚所寄地点的邮政编码。土地信息数据库是一个空间数据库，它除具有一般事物性数据库中常见的数字字符表示的数量和名称数据外，还必须管理具有空间定位和拓扑关系的地理空间特征数据。对于前一种数据来说，因为它们是描述性数据，且与几何空间参考系的选择无关，通常将其称为非几何属性数据，简称属性数据或属性；对于后者，则是涉及地理实体在几何空间中的位置及其相互空间关系的数据，故称为空间数据，又称为图形数据或几何数据。土地信息编码主要针对属性数据。

(1) 土地信息编码的必要性

土地信息编码是对土地涉及的事物冠以缩写或代码，使这一事物具有分类严谨、影响较大且便于识别等特征。数据编码的科学运用，既便于对数据的管理又可以促进对数据的有效使用。对数据分类项目编排出缩写和代码是很必要的，其主要原因有以下几点：

① 缩写和代码简单易记、使用方便、易于填写、检查和校对。

② 编码的运用反映了数据分类的结构特征，同时也可以提高分类的准确性。

③ 统一的编码反映了数据的标准化程度。因此，缩写和代码是数据在通信、资料交换和资源共享等方面应用的重要手段之一。

④ 缩写和代码可以直接输入计算机，既可以减少数据的输入量，又可以节省计算机的储存空间。

⑤ 标准缩写和代码的普及运用，可以加速各个信息系统的数据准备，缩短数据采集入库的时间。

⑥ 数据库中的专业名词和术语，都可以由字母加一定长度的数字字符串而形成的编码来表示，既简单明了又便于管理使用。如有必要还可以建立一个编码/汉字注释目录，输出时既可以是代码，又可以随时查阅其汉字注释的内容以便用户使用。

由此可以看出，在土地信息系统建设中十分注重数据编码工作，并且在可能的情况下，在相当范围内，尽早地实现统一编码是完全必要的。

(2) 土地信息编码的原则

尽管国家已经制定了不少图标编码，并且还正在研究制定更多的编码标准。但是这些编码还不能完全覆盖所有信息，特别是像土地信息这样的门类繁多、业务仍在发展中的信息。因而在实际工作中常常需要独自制定具体的编码，以补充国标编码的遗缺。制定编码必须遵守以下原则：

① 唯一性原则。即一个编码只能对应一个信息，也就是说不能允许在同一系统中两个信息对应同一编码，如果这样势必造成混乱。

② 特征性原则。必须有固定的码位与码段，每一个码位与码段都应有固定的定义。还以行政村 6 位编码为例，第 1 码段(前 3 位)固定表示乡、镇或政企合一行政单位，不能因某县只有 8 个乡而擅自将第 1 码段缩小为 2 个码位；第 2 码段固定表示行政村，也不能因某个政企合一行政单位没有所辖行政村，而对于这个单位特别将第 2 码段删去。

③ 一致性原则。所谓一致性就是制定的编码规则要贯穿于系统建设的始终和系统数据库中的各个数据文件之中。也就是说，编码规则的制定一定要慎重，不能轻易更改，否则

同样会造成系统混乱，甚至发生系统崩溃。

④ 统一性原则。编码中必须尽量采用现行的国标编码标准和与国家行业有关的编码编制规则，以求能与其他系统信息相兼容。

⑤ 可扩充性原则。编码中每个码段要留足码位，以预防将来可能表示的单位数量增加而现码位不足无法表示的情况发生，如一个乡现在通常有 2 位数的村，将来可能两个乡合并，一个乡所属村的个数超过 100，达 3 位数，这种情况表示村的码段设置为 3 码位比较恰当。当然，码位也不必预留过多，过多则使编码码位过大，浪费储存空间，不经济。

⑥ 简单性。编码越简单，越容易记忆，操作也越简单，计算机处理也越方便。

⑦ 完整性。综合性的信息系统涉及的面很广，应全面考虑有关的信息类型与分类，避免顾此失彼。

(3) 土地信息编码的方法

土地信息分类编码的方法多种多样，如层次分类编码法、顺序分类编码法。编码的表示方法即格式，通常有英文字母、数字或字母数字组合等。其编码一般包括如下三个方面的内容。

① 登记部分：用来表示属性的序号，可以是简单的连续编号，也可以按照不同层次进行顺序编码。

② 分类部分：用于标识属性的地理特征，通常采用多位代码来反映多种特征。

③ 控制部分：通过某些查错算法，对编码在录入和传递过程中可能出现的错误进行检查，特别是在处理较大属性数据时，查错过程显得尤为重要。

此外，还应该考虑文件编码。文件编码就是数据库的文件名，主要反映专题要素的意义，并符合操作系统的命令要求。

通常，土地信息编码遵循国家制定的统一标准编码，比如，对于行政区划，国家标准化管理委员会制定了省、地(市)直到县的行政区划国标编码(详见国标 GB/T 10114—2003)。编码由多位数字或字符组成，表达一个或多个相关的事件或事物(地物)。比如，按《县级以下行政区划代码编制规则》，对于行政村编码通常设置 6 位编码，前三位表示乡、镇或政企合一行政单位的序号，后三位表示乡、镇所辖村的序号。

在编码中，每个字符或数字的位置称为码位，若干个码位组合成一个独立的意思叫作码段。如上面行政村编码共由 6 个码位、2 个码段组成：第 1 码段表示乡、镇或政企合一行政单位，第 2 码段表示行政村。系统允许对码段进行删节或组合，比如，在县级土地管理信息系统中，系统内所有信息都是该县的土地信息，因此对于乡级行政区划，不必将省、县编码的码段列入。此外，还可以组合更多的码段，如增加乡镇企业类型编码码段。

(4) 土地信息编码的注意事项

在进行土地信息数据编码时，我们需要确保实现四个“统一”，即数据资料的统一、基本软硬件的统一、通信约定的统一以及数据格式的统一。这四个“统一”反映了数据在相应范围内的标准化程度。因此，在编码过程中，应优先采用国内现有的法律认可且适合计算机处理的编码，这是各部门数据库进行数据编码的基本原则。

在制定土地信息系统的数据编码时，必须遵循这一基本原则，并结合具体的标准和规定。编码的长度主要由所收集数据的单位、精度以及实体分类总数来决定。具体编码方式如下：

① 实体名可采用汉字拼音字头加数字字符表示。

② 实体名亦可全用数字字符编码，编码长度应在充分了解现有分类总数及未来可能增加的最大数目后确定。

③ 数据项字长必须考虑所获取数据的单位、精度及同类专业数据在相应内容上的一致性。

4.2　空间数据采集与转换

空间数据采集是土地信息系统的重要组成部分，涉及获取与土地相关的地理空间数据，包括地形、地貌、土地利用类型、土地所有权等信息。本节介绍了空间数据采集与处理的基本方式方法以及空间数据格式转换的内容。

4.2.1　矢量数据采集

矢量数据是指在直角坐标系中，用 x、y 坐标表示地图图形或地理实体位置的数据。矢量数据一般通过记录坐标的方式尽可能地将地理实体的空间位置表现得准确无误。在计算机地图制图中，各地图图形元素在二维平面上的矢量数据表示为：点——用一对(x,y)坐标表示；线——用一串有序的(x,y)坐标对表示；面——用一串有序的但首尾坐标相同的(x,y)坐标对表示其轮廓范围。矢量数据结构类型具有位置明显、属性隐含的特点，虽然操作上相对复杂，尤其是进行叠置分析等操作时，但其数据表达精度较高，数据存储量小，输出图形美观且工作效率较高。同时，矢量数据可以精确地表达拓扑关系，并且能够轻松实现数据的编辑。矢量数据的获取方法主要有以下几种。

（1）由外业测量获得

野外实地测量等获取的数据可转换后直接进入 GIS 的地理数据库，以便于进行实时分析和进一步应用。GPS 所获取的数据也是 GIS 的重要数据源。

（2）由栅格形式的空间数据转换获得

栅格数据结构向矢量数据结构的转换又称为矢量化。如卫星测地、扫描数字化仪扫描、航摄像片等。可以用此类数据转化为矢量数据。

基于图像数据的矢量化方法如下：

① 二值化：将扫描得到的线画图形栅格数据（灰度值 0～255）转换为只有 0 和 1 两个灰度级的二值图像。

② 细化：通过消除线画横断面栅格数的差异，使每一条线只保留代表其轴线或周围轮廓线位置的单个栅格的宽度。常用方法包括剥皮法和骨架法。

③ 跟踪：将细化处理后的栅格数据转化为从节点出发的线段或闭合的线条，并以矢量形式存储线段的坐标。跟踪时，从起始点开始，根据八个邻域进行搜索下一个相邻点的位置，记录坐标，直到完成全部栅格数据的矢量化。

（3）对现有地图跟踪数字化获得

将现有的地图图形离散化为数据。跟踪数字化是目前应用最广泛的一种地图数字化方式，通过记录数字化板上点的平面坐标来获取矢量数据。其基本过程是：将需数字化的图件（地图、航片等）固定在数字化板上，然后设定数字化范围，输入有关参数，设置特征码清单，选择数字化方式(点方式和流方式等),就可以按地图要素的类别分别实施图形数字化。

4.2.2 栅格数据采集

栅格数据是按栅格单元的行与列排列、具有不同灰度或颜色的阵列数据。栅格数据结构通过大小均匀、紧密相连的像元(栅格单元)阵列来表示空间地物或现象分布,是最简单、最直观的空间数据结构。它将地球表面划分为大小均匀、紧密相邻的栅格阵列,每一个单元(像素)的位置由它的行列号定义,所表示的实体位置隐含在栅格行列位置中,数据组织中的每个数据表示地物或现象的非几何属性或指向其属性的指针。栅格数据结构类型具有属性明显、位置隐含的特点,易于实现且操作简单,有利于基于栅格的空间信息模型的分析,如在给定区域内计算多边形面积、线密度等。栅格结构能够快速得出结果,但其表达精度不高,数据存储量大,难以建立实体间的拓扑关系,且通过改变分辨率减少数据量时精度和信息量会同时受损。其获取的方法主要有以下几种。

(1) 通过遥感手段获得

遥感是一种实时、动态地获取地表信息的手段,目前已经广泛应用于各个领域。图像是遥感数据的主要表现形式,通过对图像进行解译处理,可以得到各种专题信息,如土地利用、植被覆盖等。这些专题信息通常就是以栅格数据的格式在土地信息系统中进行存储管理的。

(2) 由图片扫描而来

利用扫描设备可以把光学模拟图像(如一张相片或底片)或图件(如手工制图原稿或现有地图)提供的资料转换为栅格数据。

(3) 由矢量数据转换而来

栅格数据也可以通过计算机由矢量数据转换而来。

(4) 规则点采样

此方法适用于研究区域不大、要求数据分辨率不高的情况。首先要将研究区域划为均匀的栅格,然后得到并记录每个栅格的数值,即该区域的栅格数据。

(5) 不规则点采样及内插

由于各方面(自然条件、人力、物力、财力等)的限制,规则点采样不太容易实现,采样点可以不均匀分布,每个栅格点的数值通过观测数据的内插计算得到,常用的内插计算有三角网插值、趋势面拟合、克里格插值等。此外,等值线内插也可以得到相应的栅格数据,但等值线通常也是通过不规则离散点计算得到的。

4.2.3 空间数据格式转换

矢量数据与栅格数据各有优缺点,前面已有论述。采集数据时采用矢量结构,分析问题时使用栅格结构。现代人们已逐渐认识到,栅格数据和矢量数据都是描述空间数据的有效方法,但本身又都存在着一定的局限性。为充分发挥各自优势,研究者开发了两类数据结构的转换技术。随着计算机运算速度、存储能力与高分辨率显示功能的惊人发展和高性能图形输入、输出设备的问世,以及人们对认识栅格结构与矢量结构差异认识的深入,栅格数据与矢量数据的相互转换不仅在理论上能够实现,而且在实践上也已成为现实。数据格式转换是土地信息系统获取和共享空间数据的常用手段。

(1) 空间数据的标准格式

这是一种通过制定空间数据转换标准,在格式转换过程中尽量减少信息损失,使数据交换更加科学化与标准化的方法。目前,许多国家和国际组织已制定了空间数据交换标准,例如美国国家空间数据协会(NSDI,National Spatial Data Institute)制定的 SDTS 标准,该标准既包括几何坐标、投影、拓扑关系、属性数据、数据字典,也包括栅格和矢量等不同空间数据格式的转换。根据 SDTS,目前有许多 GIS 软件提供了标准的空间数据交换格式,如 ArcInfo 的 SDTSIMPORT 和 SDTSEXPORT 模块等,可供其他系统调用。有了空间数据交换的标准格式后,每个系统都只提供读写这种标准格式空间数据的程序,避免了大量的编程工作,同时数据转换只需进行两次。

(2) 空间数据的格式转换

实现数据转换的模式大致有四种,即外部数据转换模式、直接数据访问模式、数据互操作模式和空间数据共享平台模式。后三种数据转换模式提供了较为理想的数据共享模式,但是对大多数普通用户而言,外部数据转换模式在具体应用中更具可操作性和现实性,与现实的技术、资金条件更相符。数据转换可直接利用软件商提供的交换文件(如 DXF,MIF,E00 等),也可以采用中介文件转换方式,即在数据加工平台软件支持下,把空间数据连同属性数据按自定义的格式输出为一文本文件,作为中介文件,该数据文件的要素和结构符合相应的数据转换标准,然后在土地信息系统平台下开发数据接口程序,读入该文件,自动生成基础地理信息系统支持的数据格式。

数据转换的内容包括空间数据、属性数据、拓扑信息以及相应的元数据和数据描述信息。根据数据转换的程度、数据分层和编码对应情况,数据转换可以分为三类:① 分层和编码原则都不同的数据转换。在数据转换过程中,系统最大限度地保证空间数据和属性数据的转入,并把相应的分层和编码转换过来。② 分层不同但编码原则相同的数据转换。两者数据编码原则是一致的,为空间数据和数据描述信息的相互转换提供了有利条件。③ 分层不同且编码方案完全一致的数据转换。除描述信息外,两者数据质量和数据情况是完全一致的。

4.3　属性数据采集及其与空间数据的连接

地物的属性数据是 LIS 的重要特征。属性信息是指除空间位置及关系外,描述地理对象或人文属性的定性或定量的数据信息,相当于一般信息系统所处理的数据和信息,或者说,LIS 系统中的属性信息处理就相当于一个普通的事务性信息处理系统。由此可以看出,土地信息系统除要完成一般信息系统的工作外,还要处理空间位置、空间关系及其与属性数据的对应关系。

属性数据来源于实测数据、文字报告、地图中的各类符号说明以及从遥感影像数据通过解释得到的信息等。这类信息有时又称非空间数据,在二维空间的定位基础上,按照专题来表达多维和多层次的属性信息。这为研究地理环境中岩石圈、大气圈、水圈、生物圈及其内部的复杂交互作用提供了可能性,也为多层次属性数据的研究提供了方便。

4.3.1 属性数据采集

数据采集就是运用各种技术手段，通过各种渠道收集数据的过程。服务于土地信息系统的数据采集工作包括两方面内容：空间数据的采集和属性数据的采集，它们在过程上有很多不同，但也有一些具体方法是相通的。属性数据采集包括采集过程及采集后的分类和编码，主要从相关部门的观测测量数据、各类统计数据、专题调查数据、文献资料数据等渠道获取。此外，遥感图像解译也是获取属性数据的重要渠道。

属性数据一般采用键盘输入。输入的方式有两种：一种是对照图形直接输入；另一种是预先建立属性表输入属性，或从其他统计数据库中导入属性，然后根据关键字与图形数据自动连接。

（1）属性数据的来源

属性数据的来源包括以下几个方面。

① 社会环境数据：社会环境数据包括城市与人口、交通网、行政区划、地名、文化和通信设施五类。这几类数据可从人口普查办公室、外交部、民政部、国家测绘局以及林业、文化、教育、卫生、邮政等相关部门获取。

② 自然环境数据：自然环境数据包括地形数据、海岸及海域数据、水系及流域数据、基础地质数据五类。这些数据可以从国家测绘局、海洋局、水利部以及地质、矿产、地震、石油等相关部门和机构获取。

③ 资源与能源数据：资源与能源数据包括土地资源相关数据、气候和水热资源相关数据、生物资源相关数据、矿产资源相关数据、海洋资源相关数据五类。这几类数据可从中国科学院、国家测绘局及农、林、气象、水电、海洋等相关部门获取。

（2）属性数据的获取

地图要素是根据各自的位置和属性说明进行编码的，仅有描述空间位置的几何数据是不够的，还必须有描述它们的属性说明。其中用来描述要素类别、级别等分类特征和其他质量特征的数字编码叫特征码，它是地图要素属性数据的主要部分。其作用是反映地图要素的分类分级系统，同时也便于按特定的内容提取、合并和更新，因此特征码表的编制应根据原图内容和新编图的要求设计。一般地，对地图要素进行分类编码时应遵循以下原则：

① 科学性和系统性，即以适合计算机和数据库技术应用和管理为目标，按国土基础信息的属性或特征进行严格的科学分类，形成系统的分类体系。

② 相对稳定性，即分类体系以各种地图要素最稳定的属性或特征为基础，能在较长时间里不发生重大变更。

③ 不受地图比例尺的限制，即同一地图要素在不同比例尺的地图数据库中有一致的分类代码，虽然分类不一定与多种比例尺地形图一一对应，但分类码要覆盖各种比例尺的地图符号，即每类地图符号都应具有相应的代码。

④ 完整性和可扩充性，即要素的分类既要反映其属性，又要反映其相互联系，具有完整性；代码结构应留有适当的可扩充的余地，具有可扩充性。

⑤ 与国家已颁布的有关规范和标准一致，即直接引用或参照相关的国家规范和标准。

⑥ 适用性，即特征码（或属性编码）尽可能地简短和便于记忆。

依据上述原则，以《基础地理信息要素分类与代码》(GB/T 13923—2022)中关于国土基础信息编码为例，其编码可分为大类，并依次再分为小类、一级和二级。分类代码由 6 位数字组成，从左到右第一位数字为大类码，第二位数字为小类码，第三到第四位为一级代码，第五位为二级代码，第六位为识别码(表 4-2)。

表 4-2　地图要素分类编码

特征码	制图要素名称
6	境界
61000	行政区划界
61010	国界
61011	界桩、界碑
61012	同号双立界碑
61013	同号三立界桩、界碑
61020	未定国界
……	
7	地形与地质
71000	等高线
71010	实测等高线
71020	草绘等高线
72000	高程
72010	高程点
72020	特殊高程点
……	

4.3.2　空间数据与属性数据的连接

空间数据输入时虽然可以直接在图形实体上附加一个特征编码或识别符，但是这种交互式的编辑方法需输入大量复杂的属性数据，工作效率低。空间数据和属性数据连接的较好方法是利用专用程序自动地把属性数据与空间实体数据连接起来，此时，只要求空间实体带有唯一的标识符即可。标识符可以用手工输入，也可以由程序自动生成并与图形实体的坐标存储在一起。空间实体的属性项目很多，把属于同一实体的所有数据项放在同一个记录中，记录的顺序号或某一个特征数据项作为该记录的标识符或关键字。它和图形的标识符都是空间和属性数据连接和检索的纽带。唯一性的标识符只有在特殊的计算系统中才能直接附加到图形实体中去。在多边形网络模型中，首先必须建立多边形，然后才能附加标识符。如在 Arc/Info 中，空间数据与属性数据的连接是通过机内代码和用户代码(USER-ID)来建立联系的(图 4-1)。

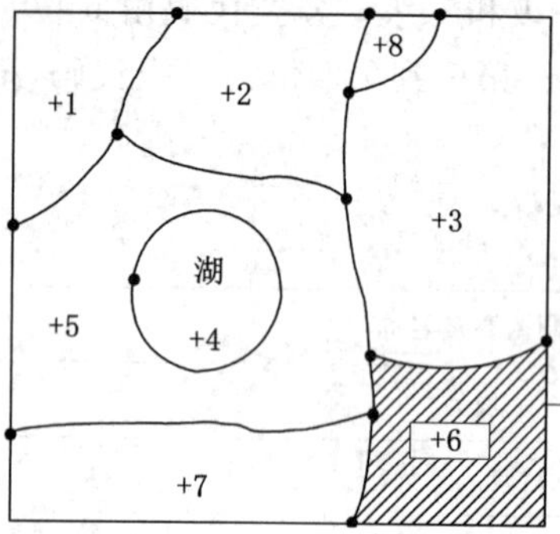

机内码	用户标识码	周长	面积/m²	土壤类型	适应性
1	0	34.0	71.6		
2	1	9.1	8.0	113	HIGH
3	2	8.5	12.5	95	LOW
4	3	11.3	14.3	212	MIDDLE
5	4	4.5	4.3	201	MIDDLE
6	5	12.5	11.2	85	LOW
7	6	11.6	10.5	77	HIGH
8	7	8.5	8.7	117	LOW
9	8	2.7	2.1	514	MIDDLE

图 4-1　Arc/Info 中多边形与属性数据的连接

4.4　元数据采集

4.4.1　元数据的概念

Metadata 可译为元数据，是描述数据的数据。在地理空间数据中，元数据说明数据内容、质量状况和其他有关特征的背景信息。它应尽可能多地反映数据集自身的特征规律，以便于用户对数据集的准确、高效与充分开发与利用。不同领域的数据库，其元数据的内容会有很大差异。通过元数据可以检索、访问数据库，也可以有效利用计算机的系统资源，还可以对数据进行加工处理和二次开发等。随着计算机技术和 LIS 技术的发展，特别是网络通信技术的发展，空间数据共享日益普遍。管理和访问大型数据集的复杂性正成为数据生产者和用户面临的突出问题。数据生产者需要有效的数据管理和维护办法；用户需要找到更快、更加全面和有效的方法，以便发现、访问、获取和使用即时性强、精度高、易管理和易访问的空间数据。在这种情况下，空间数据的内容、质量、状况等元素数据信息变得更加重要，成为信息资源有效管理和应用的重要手段。地理信息元数据标准和操作工具已经成为国家空间数据基础设施的一个重要组成部分。到目前为止，一般关于元数据认识的共同点是：元数据的目的就是促进数据集的高效利用，并为计算机辅助软件工程服务。

(1) 元数据的主要内容

元数据的主要内容包括：

① 对数据集的描述，对数据集中各数据项、数据来源、数据所有者及数据序代（数据生产历史）等的说明；

② 对数据质量的描述，如数据精度、数据的逻辑一致性、数据完整性、分辨率、元数据的比例尺等；

③ 对数据处理信息的说明，如量纲的转换等；

④ 对数据转换方法的描述；

⑤ 对数据库的更新、集成等的说明。

(2) 元数据的主要作用

在土地信息系统应用中，元数据的主要作用可以归纳为如下几个方面：

① 帮助数据生产单位有效地管理和维护空间数据，建立数据文档，并保证即使其主要工作人员离退时，也不会失去对数据情况的了解；

② 提供有关数据生产单位数据存储、数据分类、数据内容、数据质量、数据交换网络及数据销售等方面的信息，便于用户查询、检索空间数据；

③ 帮助用户了解数据，以便就数据是否能满足其需求做出正确的判断；

④ 提供有关信息，以便于用户处理和转换有用的数据。

可见，元数据是使数据充分发挥作用的重要条件之一，它可被用于许多方面，包括数据文档建立、数据发布、数据浏览、数据转换等，对于促进数据的管理、使用和共享也具有重要的作用。

4.4.2　元数据的类型和元素

4.4.2.1　元数据的类型

元数据分类研究的目的在于充分了解和更好地使用元数据。分类的原则不同，元数据的分类体系和内容有很大的差异。

(1) 根据元数据描述对象分类

① 数据层元数据：指描述数据集中每个数据的元数据，内容包括日期、位置、量纲、注释、误差标识、缩略标识、存在问题标识、数据处理过程等。

② 属性元数据：是关于属性数据的元数据，内容包括为表达数据及其含义所建立的数据字典、数据处理规则（协议），如采样说明、数据传输线路及代数编码等。

③ 实体元数据：是描述整个数据集的元数据，内容包括数据集区域采样原则、数据库的有效期、数据时间跨度等。

(2) 根据元数据在系统中的作用分类

① 系统级别元数据：指用于实现文件系统特征或管理文件系统中数据的信息，如访问数据的时间、数据的大小、在存储级别中的当前位置、如何存储数据块以保证服务控制质量等。

② 应用层元数据：指有助于用户查找、评估、访问和管理数据等与数据用户有关的信息，如文本文件内容的摘要信息、图形快照、描述与其他数据文件相关关系的信息。它往往用于高层次的数据管理，用户通过它可以快速获取合适的数据。

(3) 根据元数据本身的作用分类

① 说明元数据：是为用户使用数据服务的元数据。它一般用自然语言表达，如元数据覆盖的空间范围、元数据图的投影方式及比例尺的大小、数据集说明文件等，这类元数据多为描述性信息，侧重于数据库的说明。

② 控制元数据：是用于计算机操作流程控制的元数据。这类元数据由一定的关键词和特定的句法来实现。其内容包括数据存储的检索文件、检索中与目标匹配的方法、目标的检索和显示分析查询结果排列显示、根据用户要求修改数据库中原有的内部顺序、数据转换方法、空间数据和属性数据的集成、根据索引项把数据绘制成图、数据模型的建设和利用等。这类元数据主要是与数据库操作有关的方法。

4.4.2.2　元数据的元素

元数据元素是元数据的关键术语，是其最基本的单元。一个元数据元素说明地理空间数据的某一方面特征。按数据库语言，它们是填入数据的“字段”。一个或若干个元数据元素组成元数据实体。复合实体则由元数据实体、元数据元素和(或)其他复合实体构成。每个元数据元素、实体或复合实体均需说明其名称、定义、类型、值域、简称等特征信息。元数据子集是由若干元素、简单的或复合的元数据实体组成的集合。元数据的元素可以非常多样，根据不同的应用场景和数据类型，元数据的元素也会有所不同。以下是一些常见的元数据元素。

① 名称(title)：数据的名称。

② 创作或制作者(creator)：数据的作者或制作者。

③ 主题及关键词(subject and keywords)：描述作品主题和内容的关键词，有助于用户通过关键词搜索找到相关内容。

④ 说明(description)：关于数据的详细描述，包括内容、目的、使用方式等信息。

⑤ 出版者(publisher)：通常是出版社或发行机构。

⑥ 发行者(contributor)：指对作品有贡献但不是主要创作者的个人或团体，如编辑、翻译者等。

⑦ 时间(date)：指作品的创作、发布或修改的日期，有助于了解作品的时间背景。

⑧ 类型(type)：描述作品的类别或形式，如书籍、文章、视频等。

⑨ 格式(format)：指作品的物理或数字格式，如 PDF、HTML、视频文件等。

⑩ 标识(identifier)：为作品分配的唯一标识符，如 ISBN、DOI 等，用于唯一标识和引用。

⑪ 来源(source)：指作品的来源或出处，可能是先前的作品、数据集或其他资源。

⑫ 语言(language)：指作品的主要语言，有助于用户根据语言偏好选择内容。

⑬ 相关资源(relation)：指与当前作品相关联的其他资源，如续集、参考文档等。

⑭ 范围(coverage)：描述作品的地理、主题或时间范围，有助于用户了解作品的覆盖面。

⑮ 版权(rights)：涉及作品的版权信息，包括版权所有者、使用权限和限制等。

以上 15 项元数据元素较好覆盖了信息的说明性价值，适用性极强，可以适用于不同类别、不同领域的信息描述。

4.4.3 元数据的采集

(1) 空间数据元数据的获取

元数据的获取是一个较复杂的过程，相对于基础数据的形成时间，它的获取可分为三个阶段：数据收集前、数据收集中和数据收集后。对于模型元数据，这三个阶段分别是模型形成前、模型形成中和模型形成后。第一阶段的元数据是根据要建设的数据库的内容而设计的元数据，内容包括普通元数据、专题性元数据；第二阶段的元数据随数据的形成同步产生；第三阶段的元数据是在上述数据收集到以后，根据需要产生的，包括数据处理过程描述、数据利用情况、数据质量评估、浏览文件的形成、拓扑关系、影像数据的指标体系及指标、数据集大小、数据存放路径等。

空间数据元数据的获取方法主要有五种：键盘输入法、关联表法、测量法、计算法和推理法。键盘输入法一般工作量大且易出错；关联表法是通过公共项(字段)从已存在的元数据或数据中获取有关的元数据；测量法容易使用且出错较少，如用全球定位系统测量数据空间点的位置等；计算法指由其他元数据或数据计算得到的元数据，如水平位置可由仪器设置及时间计算得到；推理法指根据数据的特征获取元数据。在元数据获取的不同阶段，使用的方法也有差异。在第一阶段主要是键盘输入法和关联表法；第二阶段主要采用测量法；第三阶段主要是计算法和推理法。

(2) 空间数据元数据的管理

空间数据元数据的理论和方法涉及数据库和元数据两方面。由于元数据的内容、形式的差异，元数据的管理与数据涉及的领域有关，它是通过建立在不同数据领域基础上的元数据信息系统实现的。在元数据管理信息系统中，物理层存储数据和元数据，该层由一些软件通过一定的逻辑关系与逻辑层关联起来。在概念层中用描述语言及模型定义了许多概念，如实体名称、别名等。通过这些概念及其限制特征，经过与逻辑层关联可获取、更新物理层的元数据及数据。

(3) 元数据存储和功能实现

元数据系统用于数据库的管理，可以避免数据的重复存储。通过元数据建立的逻辑数据索引可以高效查询检索分布式数据库中任何物理存储的数据，减少数据用户查询数据库及获取数据的时间，从而降低数据库的费用。数据库的建设和管理费用是数据库整体性能的反映，通过元数据可以实现数据库的设计和系统资源利用方面开支的合理分配。数据库的许多功能(如数据库检索、数据转换、数据分析等)是靠系统资源的开发来实现的，因而这类元数据的开发和利用将大大地增强数据库的功能并降低数据库的建设费用。

4.5　章节总结

本章节强调了土地信息标准化对于确保数据共享和兼容性的重要性，提供了土地信息系统中空间数据采集的全面概览，介绍了矢量数据和栅格数据的采集技术，阐释了空间数据格式转换的必要性，以及属性数据和元数据在土地信息系统中的关键作用。通过本章的学习，读者可以系统地理解土地信息系统中空间数据的采集、处理和标准化过程，为土地信息系统应用和土地信息管理提供了坚实的理论和实践基础。

4.5.1　重点术语

土地信息标准化　空间数据采集　矢量数据　栅格数据　空间数据采集　空间数据格式转换　属性数据　元数据　拓扑关系

4.5.2　复习题

(1) 简述土地信息标准化在土地信息系统中的作用和重要性。

(2) 解释矢量数据和栅格数据在土地信息系统中的基本区别，并分析它们不同的应用场景。

(3) 讨论在土地信息系统中，空间数据采集技术的发展如何影响土地资源管理和规划。

(4) 简述在土地信息系统中，如何利用元数据提高数据的可访问性和促进数据共享。

4.5.3 应用练习

实验 4.1 土地信息数据采集

· 实验工具:编辑要素工具。

· 实验背景:网络连接条件下,开展多边形范围内(本实验以西安市市中心为例),点状数据采集、线状数据采集、面状数据采集,并通过属性信息计算等内容,完善属性字段信息。

· 实验目的:掌握工程文件的创建,数据导入、图形数字化、数字化工具使用技巧及属性信息完善等方法。

· 数据说明:某市中心城区.shp 图层为需要数字化内容的边界;底图需根据不同数字化内容而随时切换。

· 操作步骤

(1) 创建工程文件类型及路径

具体步骤:左键单击【地图】,在新建工程选项卡中输入工程名称"空间数据采集",并选择相应的存储路径,同时为此工程创建文件夹。

(2) 添加数据

① 右键单击内容列表中"地图"数据集,左键单击"添加数据",选择"实验数据"文件夹,添加"某市中心城区.shp",并缩放到该图层。

② 为方便开展数字化工作,需对边界、底图进行设置,具体步骤为:在任务栏中选择【地图】→【底图】→【街道图】;在内容列表中,左键点选"某市中心城区"图层→【符号系统】→【黑色轮廓 1】→【属性】→【轮廓颜色】变更颜色为红色,【轮廓宽度】改为 2pt。

(3) 创建图层

分别在实验过程文件夹中建立"点状图层""线状图层""面状图层"。

① 点状图层的建立:【目录】→右键单击【文件夹】→【添加文件夹连接】→选择【实验过程】文件夹;左键单击【文件夹】→【实验过程】文件夹→【新建】→【Shapefile】→【要素类名称】:点状要素→【几何类型】:点→【坐标系】→【导入坐标系】→选择"某市中心城区.shp"图层→【运行】。

② 线状图层的建立:【目录】→右键单击【文件夹】→【添加文件夹连接】→选择【实验过程】文件夹;左键单击【文件夹】→【实验过程】文件夹→【新建】→【Shapefile】→【要素类名称】:线状要素→【几何类型】:折线→【坐标系】→【导入坐标系】→选择"某市中心城区.shp"图层→【运行】。

③ 面状图层的建立:【目录】→右键单击【文件夹】→【添加文件夹连接】→选择【实验过程】文件夹;左键单击【文件夹】→【实验过程】文件夹→【新建】→【Shapefile】→【要素类名称】:面状要素→【几何类型】:Polygon→【坐标系】→【导入坐标系】→选择"某市中心城区.shp"图层→【运行】。

(4) 数据采集

① 点状数据采集

按照"某市中心城区.shp"图层边缘,由北向南,由西向东,逐个点选并编辑区域内的地铁站;具体步骤:a. 创建字段:内容列表右键单击"点状要素"图层→【属性表】→【添加】→

【单击此处添加新字段】:“name”、数据类型:文本型、长度:50;“经度”、数据类型:文本型、长度:254;“纬度”、数据类型:文本型、长度:254。b. 数据采集:点选“点状要素”→【编辑】→【创建】→【创建点要素】,放大底图,看到地铁图标后,在选定位置上左键单击,并在“name”字段中输入地铁站名称。

注意:由于底图比例尺限制,点绘矢量数据点的过程中,可能会因为缩放比例尺变化发现点的位置发生偏移,需要在数字化过程中灵活使用【修改要素】→【对齐】→【平移】工具进行修改。

② 线状数据采集

具体步骤:a. 创建字段:内容列表右键单击“线状要素”图层→【属性表】→【添加】→【单击此处添加新字段】:“name”、数据类型:文本型、长度:50;“长度”、数据类型:浮点型。b. 数据采集:点选“线状要素”→【编辑】→【创建】→【创建线要素】,放大底图,按照道路网线开始绘制,并在字段“name”中输入道路名称。

注意:线状要素在绘制过程中可能会出现交叉、打断等操作来避免图形出现拓扑错误,所以在数字化线状地物时需根据具体情况,灵活使用【修改要素】→【修整】工具下→【线相交】或【划分】→【打断】等工具。

③ 面状数据采集

具体步骤:a. 创建字段:内容列表右键单击“面状要素”图层→【属性表】→【添加】→【单击此处添加新字段】:“name”、数据类型:文本型;“面积”、数据类型:浮点型。b. 数据采集:点选“面状要素”→【编辑】→【创建】→【创建面要素】,放大底图按建筑边界进行勾绘,并在字段“name”中输入名称。

注意:在勾绘面状图形时,需灵活使用【修改要素】以提高数字化效率。

(5) 属性赋值

数字化完成后可通过计算几何的方式分别计算点状要素的坐标数据、线状要素的长度数据和面状要素的面积数据。

① 点状要素

打开点状要素属性表,右键单击“经度”“纬度”字段,使用【计算几何】工具。

② 线状要素

打开线状要素属性表,右键单击“长度”字段,使用【计算几何】工具。

③ 面状要素

打开面状要素属性表,右键单击“面积”字段,使用【计算几何】工具。

第5章　土地信息数据质量、处理与编辑

该章节主要介绍了土地信息数据质量、土地信息数据变换、土地信息数据提取与综合以及土地信息数据编辑四部分内容。通过本章的学习，读者可深入了解土地信息数据处理的基本概念、方法和技术，为土地信息系统的建设和应用提供重要的理论和实践指导，为后续的章节学习奠定基础。

5.1　土地信息数据质量

普遍认为，基于计算机信息系统的数据质量是可靠的。因此，由这些信息系统生成的分析结果在数据质量上很少受到质疑。在某些情形下，由于多种复杂因素的作用，计算机分析的结果反而可能比手工分析产生更大的误差。这种误差不仅源于软件、硬件的质量问题或计算方法上的缺陷，也超出了分类、编码、数据输入及操作过程中的明显失误范畴，它直指数据本身的质量问题。具体而言，在土地数据领域，这类数据可细分为空间数据和属性数据两大类。

5.1.1　土地信息数据质量相关概念

数据质量通常指数据的可靠性和精度，其优劣直接影响系统功能的应用。与数据质量相关的几个概念如下。

第一，误差(error)。误差是衡量数据与真实值或公认真实值之间差异的一种描述准确性的常用方式。在土地信息系统(LIS)中，误差是指系统中数据所代表的主体与其在现实世界中真实状态的差别。数据误差可分为四类：几何误差、属性误差、时间误差和逻辑误差。其中，属性误差和时间误差与普通信息系统中的误差概念一致；几何误差是 GIS 和 LIS 所特有的，包括点误差和线误差；几何误差、属性误差和时间误差都会造成逻辑误差。

第二，数据的准确度(accuracy)。数据的准确度是指结果、计算或估计值与真实值或公认真实值的接近程度。对空间数据而言，准确度可根据位置、拓扑关系或非空间数据进行描述，是评估数据质量的关键指标。

第三，数据的精密度(precision)。数据的精密度反映了数据的精密程度和数据表示的有效位数，体现了测量值本身的离散程度。由于精密度直接影响数据的准确度，且在很多情况下可通过准确度来体现，因此常将二者结合称为精确度，简称精度。

第四，不确定性(uncertainty)。不确定性是关于空间过程和特征不能被准确确定的程度，是自然现象固有的属性。在内容上，它是以真值为中心的一个范围，这个范围越大，数据的不确定性也就越大。在 LIS 中，不确定性包括空间位置、属性、时域以及逻辑上的不确定性和数据的不完整性。空间位置的不确定性是指 LIS 中某一物体与其地面上真实物体位置上的差别；属性的不确定性是指某一物体的描述属性与其真实属性之间的差别；时域的不确定性是指对地理现象时间描述上的差错；逻辑上的不确定性是指数据结构内部的不一致

性，尤其是指拓扑逻辑上的不一致性；数据的不完整性是指 LIS 未能尽可能完全地表达给定目标。

第五，空间分辨率(spatial resolution)。空间分辨率就是记录变化的最小距离，即空间目标或两个可测量数值之间最小的可辨识的差异。它是评估空间数据细节表现能力的重要指标。

第六，比例尺(scale)精度。比例尺是地图上距离与相应实地距离之间的比值，是衡量地图缩小倍数的尺度。地图的比例尺决定了地图上一条线的宽度所代表的地面距离。例如，在一个 1∶10 000 比例尺的地图上，0.5 mm 宽度的线对应 5 m 的地面距离。如果这是地图上的最小线宽，则无法表示小于 5 m 的要素。因此，比例尺精度是评估地图表达地理实体轮廓能力的重要指标。

土地数据作为现实世界中土地特征和过程的抽象表达，因其源于复杂且模糊的自然环境，加之人类认识和表达能力的限制，难以完全达到真值，只能在一定程度上逼近真实情况。这种局限性导致数据质量问题成为不可避免的现象。此外，对土地数据的处理过程，如用户根据特定应用需求对数据进行删减或扩充，同样会引入误差，进一步影响数据质量。

土地信息数据质量具体体现在其表达土地位置、专题特征及时间这三个基本要素时的准确性、一致性、完整性以及这三者之间的统一性。它是衡量土地数据能否适应不同应用对象和目的的重要标准。值得注意的是，土地信息数据质量的优劣是一个相对且有针对性的概念。随着土地数据资源的日益丰富和多样化，土地信息数据质量的内涵也在不断扩展和完善。例如，当前已将客户满意度纳入考量，从用户评价或数据共享的角度出发，来评估数据质量。因此，从这一角度看，土地信息数据质量也可视为满足土地管理者需求的程度。此外，数据获取的便捷性、表达的清晰度、易于理解性及动态性等特性，也逐渐成为衡量土地信息数据质量的重要维度。这些特性不仅关乎数据的实用性，还直接影响到数据在土地管理、规划及决策中的应用效果。因此，在提升土地信息数据质量的过程中，应综合考虑上述各方面因素，以确保数据能够更好地服务于土地管理的实际需求。

5.1.2 土地信息错误来源及分析

数据误差可分为四种类型：数据源误差、采集误差、处理误差和粗差。数据源误差源于数据本身的缺陷或不准确。采集误差则是在数据采集和录入过程中产生的误差，包括数字化过程中因比例尺变换、数字化仪的精度(如定点误差、重复误差和分辨率)以及数据采集时的采样点密度不足等因素导致的误差。处理误差发生在数据录入后的处理阶段，如坐标系转换、投影转换和拓扑分析过程中可能引入的误差。而粗差则通常是由人为因素造成的，如操作失误或疏忽。

地图扫描数字化是大比例尺数字地形图生产的重要方式之一。该过程首先通过扫描仪将地图转化为栅格数字图像，然后利用矢量化软件进行处理，最终得到数字化信息。扫描数字化流程通常包括原始地形图的扫描、扫描栅格图像的纠正、纠正后图像的矢量化、图形编辑操作以及矢量图形的误差校正等环节。本节将重点探讨扫描数字化过程中可能出现的误差来源。

5.1.2.1 地图固有的误差来源

(1) 原始地图调绘过程中的误差

在地图的固有误差中除了含有控制点和碎步点引入的误差外，还存在控制点展点误差、编绘误差、绘图误差、综合误差、地图复制误差等。这些误差的关系难以确定，因此难以对其综合误差作出准确评价，可用误差传播定律来计算其误差 $m_{练}$，即

$$m_{练}=\sqrt{m_{绘}^2+m_{展}^2+m_{控}^2+m_{碎}^2+m_{制}^2+m_{复}^2}$$

（2）纸张变形产生的误差

地图一般是纸质印刷品，纸张会受到温度和湿度变化的影响，从而产生尺寸上的变化。在温度不变的情况下，若湿度由 0% 增至 25%，图纸的尺寸可能改变 1.6%。值得注意的是，纸的膨胀率和收缩率并不相等，因此即使湿度恢复到初始状态，图纸尺寸也无法完全复原。此外，在印刷过程中，纸张会因温度升高而变长变宽，随后在干燥冷却时又发生收缩。这一系列变化导致图纸在长、宽方向上的净增长分别约为 1.25% 和 2.5%，变形误差的范围为 0.24～0.48 mm。鉴于聚酯薄膜作为底图时，其材料变形引起的误差相对较小，因此，采用聚酯薄膜作为扫描底图是更优的选择。

（3）统一到同一比例尺所引起的误差

地图的比例尺代表了地图上的长度与实际地面长度之间的真实比例关系。比例尺的统一化处理，即将不同比例尺的地图信息转换到同一比例尺下，这一过程中可能会因转换算法、精度损失等因素导致误差的产生。当从多张不同地图采集信息时，必须确保这些地图的投影方式一致且比例尺相匹配，因为任何不一致都可能引入误差。

5.1.2.2 图纸处理过程中的误差

（1）仪器误差

数字化仪的分辨率是决定数字化误差的关键因素。扫描时产生的最大点位误差，即扫描响应误差，受到多种因素的影响，如几何分辨率、原图中线绘制的粗细和密度、曲线复杂程度、图面洁净程度等。

（2）图像的几何纠正误差

在进行矢量化前，必须进行图像的几何纠正。该过程包括图像映射关系的建立和重采样两个关键步骤。有时仅采用 4 个图廓点与部分栅格点进行整幅定向纠正，可能无法有效消除扫描误差的影响。为有效消除扫描误差的影响，通常会采用仿射变换模型或双线性变换模型，并采集所有已知理论坐标的图廓点、栅格点的图上坐标，按三角形网法或矩形网法对地图扫描图像进行分块几何纠正，然后采用最近像元法或双线性内插法进行灰度重采样。利用上述两种模型进行分块几何纠正，在每个块内无多余观测，故相邻纠正块公共边上的线性要素总是连续的，不会产生错位或裂缝。相比于分块几何纠正，几何校正会产生位置或属性上的误差，属性误差源于重采样，位置误差则源于纠正模型的近似性以及用于求解纠正参数的控制点的误差。

（3）操作误差

数字化作业员的经验和技能对数字化作业的精度有着重要影响。作业员在选择最佳点位、跟踪曲线以及判断十字丝与目标重合程度等方面的能力，都会影响到数字化的精度。因此，为了保证精度，应适当控制作业员的工作时间，最好不超过四个小时。此外操作误差与操作人员的熟练程度、经验、技能等也有一定关系。

（4）软件误差

软件误差属于系统误差的一种，它可能源于扫描矢量化软件的多种功能不全或缺陷。

例如，图纸定向、坐标系转换、数据精度定义、操作方法、线划跟踪、在线质量检查与编辑功能以及图像交换格式等方面的不足，都可能导致误差的产生。

5.1.3　土地信息质量控制

在空间数据的管理与应用中，质量控制是至关重要的环节，它涵盖了空间数据与属性数据在生成与传播过程中的所有阶段与细节，旨在通过科学的方法将误差降至最低，或确保误差处于工程规范与操作流程所允许的范围内。

5.1.3.1　空间数据的质量控制

(1) 资料预处理的质量控制。为确保资料质量，外业调绘需严格遵循规程要求，对原始材料进行详尽整理，尤其注重调绘原图的图面审查与处理。检查内容涵盖相邻图幅接边情况、线状要素连续性、图斑界线闭合性、地类注记的一致性与清晰度、权属界与境界线的规范化表达、地类表示的统一性以及文字注记、水系注记、道路注记、地形注记的清晰度等。

(2) 扫描影像的质量控制。扫描影像的质量控制从选择合适的扫描仪开始，根据实际需求确定扫描方式、分辨率及速度。在扫描过程中，确保地图平整无褶皱，以获得高质量的扫描图像。扫描完成后，对图像进行严格检查，不符合要求的需重新扫描。

(3) 栅格图像校正的质量控制。图幅的扫描误差包括几何误差(仪器误差和图纸变形)与辐射度误差(即灰度误差)。扫描误差纠正以几何纠正为主，通过在高比例尺的扫描分幅图栅格图像上采集内图廓点作为坐标系转换控制点，实现误差纠正。纠正后，控制点点位误差不超过给定精度。

(4) 栅格图像矢量化的质量控制。矢量化过程应确保点、线状要素的跟踪误差不超过给定精度。对于行政界线或权属界线与道路、沟渠等线状地物重合的情况，采取先采集线状地物，再将其复制到相应数据层的方法，避免重复采集带来的误差。

(5) 图幅拼接的质量控制。图幅拼接包括几何接边和属性接边，图幅拼接质量控制也相应分为几何接边的质量控制和属性接边的质量控制。前者主要是检查同层内跨图幅的地物在接边线处是否连续，并根据接边地物的坐标差计算位置接边精度。后者主要检查在接边线处连续地物的属性是否一致。具体实现方法：以接边主图幅为基准，沿接边线搜索相邻图幅是否有相应要素，比较属性代码是否一致，位置偏差是否符合要求。

图形数据接边是指把相邻图幅分割开的同一对象(如图斑)的不同部分，拼接成一个逻辑上完整的对象。矢量化作业通常按图幅进行，此时要求在接边处线划与同位置的图斑边界以及属性数据保持高度一致。当图形数据接边误差大于限差时，需返回到野外调绘原图流程，对后续的各项工序进行全面检查，直至发现并消除误差。

5.1.3.2　属性数据的质量控制

在土地利用数据库中，属性数据的质量控制是矢量地图数据质量控制的关键环节，其复杂性和挑战性尤为突出。这主要源于属性真值的难以获取、属性组合模型的复杂性以及属性正确性自动判断的识别技术难度大。此外，属性组合的灵活性及属性值输入的复杂性也使得数字化作业人员在操作过程中容易出错。

属性数据的采集主要通过两种方式：数据库和表格软件。为了提高属性数据采集的精度，在采集属性数据时需严格以原始表格为依据，并且同时参照图形数据。土地类型系列数字成果图的属性数据库的主要内容是土地利用、土地分布以及土地等别属性数据，即描述土地的数量、质量、利用状况、权属、等别以及土地利用空间特征的数据。

属性数据的采集主要有两种方式，一种是在GIS采集软件中按图形逐个输入属性内容，另一种是在外部数据库中输入属性内容。

(1) 按图形逐个输入属性数据

对于扫描影像图上标注的图形属性(如图斑号、地类码、线状地物编码、土地等别等)，可在图形数据采集时直接输入其属性。对于图斑的权属单位代码，可先输入辖区文件的代码，再通过相同空间位置赋值的方法输入。

(2) 用外部数据库采集输入

使用通用的数据库软件如FoxPro、FoxBASE、Access等，或编制相应的属性输入程序来进行。

由于属性数据采集和录入过程中不可避免地产生误差。因此，数据采集、录入完成后，应对其进行必要的编辑处理，属性数据的编辑处理包括：检查与修改各数据记录的完整性和正确性，主要检查属性数据是否有遗漏现象、属性数据的值是否在值域范围之内、相邻图幅同一地物的属性值是否相同等逻辑不一致误差，并且保证属性数据与图形数据之间的正确连接关系。目的是消除源数据中的错误和数据重组，保证数据库的建库质量。空间数据入库后，要进行严格的属性数据逻辑一致检查。

5.2 土地信息数据变换

空间数据几何变换是指将一幅地图中的坐标位置映射到另一幅地图中的新坐标位置，实质是改变像素或矢量数据要素的空间位置。对于图像数据而言，几何变换还需估算新空间位置上的像素值，但不改变图像的像素值，只是在图像平面上进行像素的重新安排。常用的几何变换方法主要包括仿射变换与相似变换。除此之外，投影变换也是一类常用的变换方法。

5.2.1 仿射变换

5.2.1.1 仿射变换的定义

仿射变换是在保留线条平行的条件下，对目标做旋转、平移、倾斜和不均匀缩放等操作(图5-1)。仿射变换是假设输入(地图或图像)是均匀失真的，通常用于地图到地图或图像到地图的变换。旋转是指在原点旋转对象的x、y轴；平移是指把原点移到新的位置；倾斜是指允许轴与轴间存在一个不垂直角度(或仿射度)，从而在一个倾斜方向上，使其形状变为平行四边形；不均匀缩放是指在x方向或者y方向，增大或者缩小比例尺。仿射变换的实质为线性变换，数学模型为二元一次多项式。

5.2.1.2 仿射变换的数学表达

当图像中的点用齐次坐标表示时，变换函数如下所示：

$$x'=a_{11}x+a_{12}y+b_1$$
$$y'=a_{21}x+a_{22}y+b_2$$

式中，a_{11}、a_{22}分别确定空间点在输出坐标系中横轴方向和纵轴方向上的缩放比例；a_{12}、a_{21}分别确定旋转角度；b_1、b_2分别确定在横轴方向和纵轴方向上的平移尺寸。这些值可对图层坐

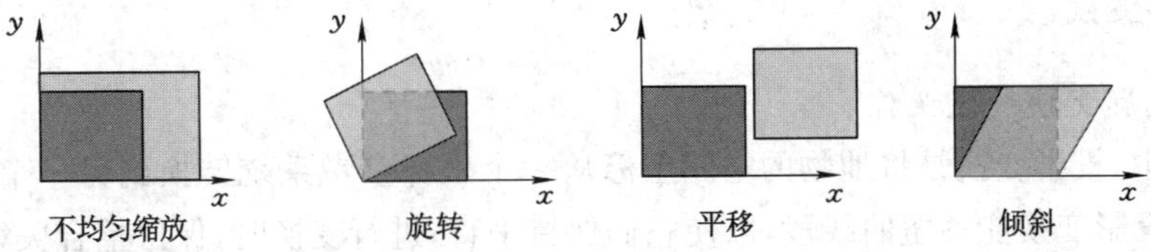

图 5-1　仿射变换的类型

标进行缩放、倾斜、旋转和平移，通过比较源控制点与目标控制点的位置来确定。x、y 为输入图层的坐标，x'、y' 是变换后的坐标。

当 $a_{12}=a_{21}=b_1=b_2=0$ 时，仿射变换简化为按比例缩放；当 $a_{11}=a_{22}=0$ 且 $b_1=b_2=0$ 时，仿射变换简化为沿坐标原点的旋转；当 $a_{12}=a_{21}=1$ 且 $b_1=b_2\neq 0$ 时，仿射变换简化为平移。

由于该模型为 6 参数变换模型，因此至少需要 3 个控制点的坐标方可进行变换。实际操作中，通常用 4 个或更多的控制点，按照最小二乘法原理进行平差，得出 6 个最优化的系数，从而得出坐标系间的仿射变换数学模型。如 GIS 系列软件均利用这一关系模型实现不同坐标系之间的变换。

5.2.2　相似变换

5.2.2.1　相似变换的定义

相似变换是将图形进行缩放、旋转和平移等变换，得到与原图形相似的图形。这种变换不会单独对轴进行缩放，也不会产生任何倾斜，可使变换后的要素保持原有的横纵比（保持要素的相对形状）。在实际应用中，地理坐标系和数字化坐标系大都是笛卡儿直角坐标系，纵横轴是垂直的。在这种情况下，仿射变换可以简化为相似变换，即经过坐标系的平移、旋转和比例变换实现。

5.2.2.2　相似变换的数学表达

$$x'=b_1+a_{11}x+a_{12}y$$
$$y'=b_2-a_{12}x+a_{11}y$$

在仿射变换公式中，当参数满足条件 $a_{11}=a_{22}=R\cos\alpha$，$a_{12}=-a_{21}=R\sin\alpha$ 时，则得到相似变换公式，也称为 4 参数变换模型。相似变换实质上也是坐标系间的平移、旋转和缩放比例的混合变换，式中 b_1，b_2 为坐标在空间上的平移配准参数，a_{11}、a_{12} 为基本比例参数，R 为缩放比例，α 为旋转角度，x、y 为输入图层的坐标，x'、y' 是变换后的坐标。

为了求出以上四元一次方程的参数，建立两种坐标系之间的转换模型，至少需要 2 个已知的控制点坐标，即 4 个已知值。同样在实际应用中，为了按照最小二乘法原理选择最佳参数，生成均方根误差（RMSE），应选择 3 个或 3 个以上控制点，从而建立输入和输出坐标系之间的相似变换数学模型。

显然，仿射变换方程和相似变换方程都为 n 元一次线性函数变换模型，能够对原图形进行平移、旋转和缩放操作，从而纠正由坐标图纸变形等因素引起的系统误差。相比较而言，仿射变换可以进行 x、y 轴不均匀的缩放变换，并且可以保证更高的数据精度。

5.2.3 投影变换

5.2.3.1 投影变换的定义

在 LIS 中，投影变换是将地物的空间坐标从一个坐标参考系统转换到另一个坐标参考系统的过程。投影变换能够扭曲线段，以使它们保持平直，进行变换时，保持重合关系和交比(四点共线的比例关系)不变，之前平行的线可能不再保持平行。如果输入地图或图像存在已知的不均匀失真，如地形位移的航空照片(由于局部地形造成的对象移位)，建议使用投影变换。投影变换尤其适用于倾斜的航空摄影影像、扫描的地图等，如 Landsat 和 Digital Globe。

5.2.3.2 投影变换的数学表达

投影变换是三者中最为复杂、相对运用最广的模型。

$$x'=\frac{a_1x+b_1y+c}{dx+ey+1}$$

$$y'=\frac{a_2x+b_2y+f}{dx+ey+1}$$

式中，a_1、b_1、d、e 和 a_2、b_2、d、e 为 2 组 4 个基本比例参数；c、f 为 2 个平移配准参数；x、y 为输入图层的坐标；x'、y'是变换后的坐标。投影变换至少需要 4 个位移关联才可求得参数。执行投影变换至少需要 4 个控制点。只使用 4 个控制点时，均方根误差(RMSE)为零。使用更多点时，RMSE 会略高于零。

5.2.4 小结

综上，从广义的角度来说，3 种变换方法都是线性变换，只是参数、精度及适用范围不同。对于仿射变换，保留原始图层的平行线、平行线段的长度比和面积比不变，同时可对数据进行不同程度的倾斜变换，适用于纠正原始图介质的几何变形和扫描输入产生的图层误差。相对于仿射变换，相似变换不会对轴进行单独缩放，也不会产生任何倾斜，适用于常用的直角坐标系中变换，在需保持要素相对形状时优先选用，可避免图层的扭曲。投影变换在多维数据中优于仿射变换和相似变换，能保持变换前后共点、共线、交比、相切、拐点及切线不连续性等特性不变。由于二维矢量数据校正通常选取折线交点作为控制点，投影变换在保持图层变换前后不连续性方面更具有优势。

5.3 土地信息数据提取与综合

5.3.1 空间数据裁剪与提取

空间数据裁剪与提取是土地信息系统中十分重要的数据处理技术，可以用于从大规模的空间数据中提取出所需的数据子集，或者将数据集裁剪成特定区域的数据。本小节将介绍空间数据裁剪与提取的基本概念、方法和相关操作。

(1) 空间数据裁剪与提取的概念

空间数据裁剪是指从一个大的空间数据集中提取出特定区域的数据，通常利用空间数据的范围或边界进行裁剪。空间数据提取是指从一个大的空间数据集中提取出特定的数据类型或属性数据，常见的数据类型包括点、线、面等。

（2）空间数据裁剪与提取的方法

基于矢量数据的裁剪与提取：利用矢量数据的空间范围和属性信息进行空间数据裁剪和提取。

基于栅格数据的裁剪与提取：利用栅格数据的像元值和位置信息进行空间数据裁剪和提取。

5.3.2　空间数据综合

信息系统数据库中存储的数据旨在长期使用，并服务于多种目的。当进行专门的数据分析时，需要先对提取的数据做定向处理，以构成数据新的使用形式。这些定向处理包括数据属性的重新分类、相同属性公共边界的删除、公共属性的合并。

其中，面域邻接线段的删除是指由于数据属性的重新分类和空间图形的化简而伴随的一种数据压缩形式，其过程如图 5-2 所示。

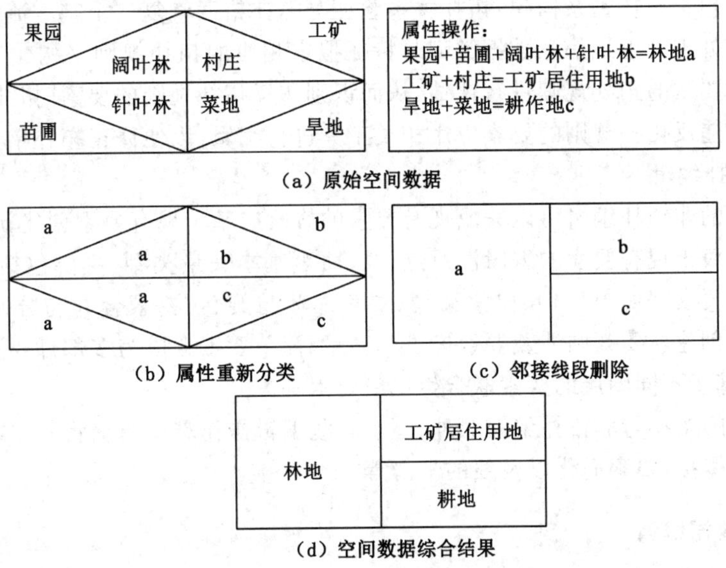

图 5-2　空间数据综合

5.4　土地信息数据编辑

在土地信息系统的数据输入过程中，通过某种输入设备采集到的数据不可避免地会产生差错。比如，使用数字化仪进行手扶跟踪会产生数字化误差，即使是扫描得到的数据也可能存在一些噪声斑块或线条。因此，获取到的土地信息图形数据会存在点、线的丢失、重复、形状错误以及标识符的遗漏等问题，此外，属性数据中还可能存在各种错误。所以，土地信息数据编辑的首要任务是修正错误数据。

大多数土地信息系统的数据编辑都是比较耗时的交互式处理过程。在数据编辑过程中，除了要逐一修改数据错误之外，还要对图形进行合并或分割、数据的更新等工作。这些编辑工作可以把数据显示在屏幕上,然后利用键盘等输入设备来控制数据编辑的各项操作活动。土地信息数据编辑主要包括空间(图形)数据编辑与属性数据编辑两部分。

5.4.1 图形数据编辑

图形数据编辑主要涉及对点、线、面矢量要素的编辑,一般包含拓扑编辑与非拓扑编辑两类。拓扑结构数据模型在数据集中包含拓扑信息。

(1) 拓扑编辑

拓扑关系描述了土地信息数据中点、线、面要素之间的空间位置关系,如邻接、包含、相交和连通性。通过拓扑关系的建立有助于确保土地信息数据空间关系的正确性,也有利于降低数字化或编辑上的错误。大多数 GIS 软件均提供了基于拓扑规则的要素编辑功能,从而实现对土地信息空间数据的拓扑错误修复功能。

如在 ArcGIS Pro 系列版本中设计了点、线和面三种类型的数十种拓扑规则,这些规则既可以基于单个要素类构建,也可以在两个要素类之间构建相应的拓扑规则。图形数据的拓扑编辑主要包括拓扑关系构建、拓扑关系验证与拓扑错误修复三个基本流程。其中,拓扑关系需根据要处理的土地信息数据类型与特征拟定相应的拓扑规则来构建,然后通过拓扑关系验证来对要素的拓扑规则进行评估,从而识别违反拓扑规则的要素(拓扑错误),最后根据不同情况对违反拓扑规则的要素应用相关工具进行编辑,以便修正拓扑错误。

(2) 非拓扑编辑

图形数据的非拓扑编辑可以完成现有要素的修改或基于现有要素创建新要素等基本编辑操作。其中对于现有要素的编辑涉及点、线、面等基本矢量类型,主要包括要素的节点编辑、要素删除、要素剪切与延伸、要素移动、要素缩放与旋转、要素合并与分割等基本操作。基于现有要素创建新要素则涉及要素拷贝与粘贴、简单要素合成为多部件要素、基于要素的缓冲区生成、基于不同图层的要素联合生成新要素等。

除了要素的拓扑与非拓扑编辑之外,还有一些编辑操作难以明确将其归入上述两类,如要素的综合与概括、要素简化以及线的平滑等。

5.4.2 属性数据编辑

在土地信息管理系统中,图形与属性数据的分离管理能够显著提升操作效率及数据管理的灵活性。属性数据库的模式可以根据具体任务的需求进行自定义和灵活调整。因此,为了建立属性数据与空间数据之间的有效联系,图形编辑系统须具有专门的属性数据编辑功能,确保实体的属性数据能够准确无误地与相应的空间数据(包括点、线、面等)进行关联。

属性数据的输入与编辑工作通常在属性数据处理模块中完成。然而,为了建立属性数据与几何图形之间的紧密联系,图形编辑系统也需要具备属性数据编辑功能。这涉及将实体的属性数据准确地连接到对应的几何对象上。此外,在数字化及建立图形拓扑关系的过程中或之后,用户也可以对照几何对象直接输入属性数据,以确保数据的完整性和准确性。一个功能强大的图形编辑系统通常会提供丰富的属性数据操作功能,借助数据库管理软件提供的属性数据一致性检查功能检查出土地属性信息存在的不一致性和不完整性,通过键盘输入、外部数据导入等方式对属性数据进行删除、修改、拷贝等编辑处理,满足用户多样化的需求。

5.5 章节总结

5.5.1 重点术语

土地信息数据质量 土地信息质量控制 空间数据的质量控制 属性数据的质量控制 土地信息数据变换 空间数据综合

5.5.2 复习题

(1) 土地信息数据质量概念是什么?

(2) 如何评价 LIS 的数据质量?

(3) 土地信息错误的来源一般是什么?

(4) 如何进行土地信息质量控制?

(5) 土地信息数据的变换类型有哪些?

(6) 土地信息空间数据的编辑主要指哪些方面?

5.5.3 应用练习

实验 5.1 数据检查

· 实验要求

检查一组土地信息数据,评估数据的准确性、完整性和一致性。

· 实验数据

实验文件夹内的 shp 文件:原数据。

· 操作步骤

(1) 打开 ArcGIS Pro 后,在【目录 Catalog】窗口中关联该实验的数据文件夹。在【目录 Catalog】窗口中右击该文件夹,选择【新建 New】→【Shapefile】。

(2) 打开属性表,检查每个属性的字段是否正确。具体步骤为:右击“Landuse”图层→【属性表 Attribute Table】→【字段 Field】。

(3) 以此类推,检查每一个字段,完成数据检查。

实验 5.2 空间数据变换

· 实验要求

对给定数据进行空间几何变换包括栅格数据的地理配准和矢量数据的空间校正,确保数据格式和坐标系符合要求。

· 实验数据

实验文件夹内的 shp 文件:原数据。

· 操作步骤

(1) 打开 ArcGIS Pro 后,导入地图。

(2) 在【目录 Catalog】窗口中添加矢量数据,在【编辑 Edit】选项卡中找到【工具

Tools】,选择【变换 Transform】工具→在【修改要素 Modify Features】窗口中【添加新控制点 Add new links】或【从文件加载控制点 Load links from files】→通过滚轮缩放捕捉两个矢量对应折点的起点和终点,来创建变换控制点,创建完成后,选择【变换方法 Transformation Methods】,点击【变换】执行处理结果。

查看处理消息中的均方根误差(RMSE),根据输入要素及控制点的定位精度确定可接受的 RMSE 值。放弃或替换残差过高的控制点。

实验 5.3 数据提取与综合

· 实验要求

根据特定需求,从土地信息数据中裁剪和提取特定区域或属性数据。将不同数据集进行综合,生成新的综合数据集,以支持更全面的土地信息分析。

· 实验数据

实验文件夹内的 shp 文件:原数据。

· 操作步骤

(1) 打开 ArcGIS Pro 后,导入数据。

(2) 右击"Landuse"图层→【属性表 Attribute List 】→【按属性选择 Select By Attribute】→【表达式 Expression 】→Where→【省级 Provincial Level】→【等于 Equal To】→【江苏省 Jiangsu Province 】→【应用 Apply】。

(3) 对不同数据集进行综合,生成新的综合数据集,具体步骤为:【分析 Analyse】→【工具 Tool】→【工具箱 Tool Cabinet】→【数据管理工具 Data Management Tool 】→【制图综合 Cartographic Generalization 】→【融合 Fuse】→【参数 Parameter 】→【输入要素 Input Elements】→【原数据_Select Original Data: _Select】→【输出要素类 Original Data: _Select】→【原数据_Select_Dissolve Original Data: _Select_Dissolve】→【融合字段 Fusion Field】→【省级 Provincial Level】→【统计类型 Statistical Type】→【最大值 Maximal Value】→【运行 Run】。

实验 5.4 数据编辑

· 实验要求

在编辑模式下,对土地信息空间数据进行编辑操作,如添加新要素、删除不必要要素等。

· 实验数据

实验文件夹内的 shp 文件:原数据。

· 操作步骤

(1) 打开 ArcGIS Pro 后,导入数据。

(2) 打开添加新要素:右击"Landuse"图层→【属性表 Attribute List 】→【单击以添加新行 Click To Add a New Row】→【地名】→→【* * *市 Place Name】→【区划码 Zoning Code】→【12345】→【地级市 Prefecture－Level City】→【* * *市 * * * Market】→【地级类 Prefectural Class】→【地级市 Prefecture－Level City】→【省级 Provincial Level】→【* *省 * * Economize】。

(3) 删除要素:右击"Landuse"图层→【属性表 Attribute List 】→【点中要删除的右击 Right Click To Delete】→【删除行 Delete Rows 】。

第 6 章　矢量数据空间分析

6.1　空间分析概述

6.1.1　空间分析的定义

空间分析是地理信息系统(GIS)的核心功能,它不仅是 GIS 区别于其他计算机系统的显著特性,也是实现地理数据深层次价值挖掘的关键技术。在 GIS 领域,空间分析的定义众多,反映了不同学者对其理解和应用的多样性。

关于空间分析的定义,学者们提出了不同的看法:陈述彭(1999)认为,空间分析是通过模型等方法分析和解释地理特征之间的相互关系及空间模式,包括空间检索、空间拓扑叠加、空间模拟分析等三个不同层次。黄杏元(2001)指出,空间分析是基于空间数据的分析技术,它是以地学原理为依托,通过分析算法,从空间数据中获得有关地理对象的空间位置、空间分布、空间形态、空间形式、空间演变等信息。郭仁忠(2000)提出,空间分析是基于地理对象的位置和形态特征的空间数据分析技术,其目的在于提取和传输空间信息。陆守一(2004)认为,空间分析是借助计算机技术,利用特定的原理和算法,对空间数据进行操作、处理、分析、模拟、决策的功能。王劲峰(2006)指出,空间分析是指分析、模拟、预测和调控空间过程的一系列理论和技术。汤国安(2007)认为,空间分析是从空间数据中获取有关地理对象的空间位置、分布、形态和演变等信息的分析技术。尽管这些定义在表述上各不相同,但都认为空间分析是空间数据分析技术,是地理信息系统的核心功能。

空间分析是综合分析空间数据技术的统称,是基于空间数据的分析技术,以地球科学原理为依托,通过分析算法,从空间数据中获取有关地理对象的空间位置、空间分布、空间形态、空间构成、空间演变等信息。

6.1.2　空间分析的内容

按照空间数据的形式,空间分析分为矢量数据的空间分析和栅格数据的空间分析。矢量数据的空间分析侧重于处理和解析点、线、面等几何对象的空间数据,常用于地籍管理、交通网络分析等领域。而栅格数据的空间分析则专注于像元阵列形式的数据处理,广泛应用于遥感影像分析、土地覆盖分类等环境监测领域。这两种空间分析方法各有专长,相互补充,共同构成了 GIS 空间分析的强大工具箱,为地理信息的解读和应用提供了灵活而强大的支持。本章重点讲授矢量数据的空间分析相关内容,栅格数据的空间分析相关内容见本书第 7 章。

空间分析的主要内容包括叠置分析、统计分析、邻近性分析、网络分析、三维分析、空间查询与量算等。

6.1.3 空间分析的过程

空间分析的过程涉及对地理数据的收集、管理、分析和展示，以揭示地理对象在空间上的相互关系、模式和动态变化。通过空间分析，GIS 用户能够从原始空间数据中提取出有价值的信息，支持决策制定、规划和科学研究。因此，空间分析是 GIS 实现其强大功能的关键所在，它不仅帮助用户理解地理现象，还能够预测未来趋势，为地理空间问题的解决提供科学依据。空间分析的基本过程分为五个步骤，以“超市选址”为例，具体为：

(1) 明确分析目标与方法

首先，明确分析目标为确定超市的最佳开设位置，以最大化顾客可达性、市场覆盖率和经营效益。随后，根据这一目标，选择适用的空间分析方法，包括但不限于叠置分析(评估不同区域的人口密度、消费水平、竞争对手分布等因素的叠置效应)、缓冲区分析(确定超市服务半径内的潜在顾客群体)以及统计分析(量化分析各选址方案的潜在顾客数量、消费能力等)。

(2) 准备空间数据

接下来，全面收集并准备所需的空间数据，包括基础地理数据(如行政区划图、道路网络图)、社会经济数据(如人口密度分布图、收入水平分布图)、商业环境数据(如竞争对手位置图、商圈划分图)等。通过数字化处理，确保这些数据以 GIS 可识别的格式(如矢量数据、栅格数据)存储，通过数据转换等处理，统一坐标参考系统，建立起相应的空间数据库。

(3) 进行空间分析操作

在准备好数据后，利用 GIS 软件执行具体的空间分析操作。例如，通过叠置分析将人口密度、消费能力与竞争对手位置等图层叠置，形成综合评估图；利用缓冲区分析围绕潜在顾客群集中的区域生成服务半径图，以评估超市的服务范围；运用统计分析方法对各选址方案进行量化评分，综合考量顾客数量、消费能力、交通便利性等因素。

(4) 分析结果的解释与评价

对结果的解释与评价包括分析各选址方案的优劣势，如某个位置可能因人口密度高而具有吸引力，但也可能因竞争激烈而增加经营难度。通过对比不同方案的得分情况，选出最符合超市开设目标的最佳位置。同时，还需对分析结果的可靠性、准确性进行评估，确保决策的科学性。

(5) 结果输出

最后，将分析结果以直观、易懂的形式输出。可以是地图(如最佳选址位置图、综合评估图)、报告形式(详细阐述分析过程、结果及建议)或可视化图表(如各选址方案评分对比图)。通过这些输出成果，为超市决策者提供清晰、全面的选址建议，支持其做出科学合理的决策。

6.2 统计分析

统计分析是 GIS 中最基本、最常用的分析方法，是指利用统计方法分析对象的空间分布特征、空间模式、空间集聚以及空间关系。在统计分析的过程中，主要采用了数理统计中的相关技术和方法对空间数据进行统计，从而对数据进行综合评价。

6.2.1 特征数统计方法

特征数统计方法着重于描述和概括空间数据的基本特征，如平均值、方差、标准差等，这些指标为数据的初步解读提供了基础。

(1) 单项属性的常规统计

统计该项属性值的要素数量，属性值的最大(小)值、总和、平均值、标准差等。

(2) 频数统计

一个数列或数组中某个变量出现或发生的次数称为频数。频数统计是用于计算某一属性值或某几项属性的组合值出现的频数，并可对该频数下的各项属性进行汇总(求总和)。

(3) 多元统计

多元统计与频数统计类似，但更全面，是按某一字段分类，统计各字段的各类统计量，可以统计最大值、最小值、汇总值、平均值、标准方差等，以研究客观事物中多个变量(或多个因素)之间相互依赖的统计规律性。

6.2.2 常用的数理统计方法

地理系统是由多种要素相复合而构成的复杂巨系统。在这个系统中，一方面，各种要素之间存在着相互联系、相互影响和相互制约的关系；另一方面，各种要素的复合作用又使各种地理事物和地理现象表现出强烈的地域差异性。

为了定量揭示各种地理要素之间的相互关系，以及各种地理事物和地理现象所表现出来的地域分异规律，就必须采用以概率论和多元统计分析方法对地理系统进行深入研究。

常用的数理统计方法进一步拓展了分析的深度和广度，包括假设检验、回归分析、主成分分析等高级技术，这些方法使得研究者能够探究数据背后的复杂关系和潜在规律。主要有以下五类：

(1) 回归分析和相关分析

在地理研究中，回归分析和相关分析是最常用、也是最重要的两种统计分析技术，主要被用于回答一些定义明确的数值变量之间的关系问题。

回归分析和相关分析是利用建立数学模型的过程和结果，处理一果多因、多果多因的因果关系问题，并进行解释和预测。

另外，回归分析还是学习其他许多更为复杂的数学方法的基础，如主成分分析、判别分析、灰色预测、小波分析、神经网络分析等。

相关分析的任务是揭示地理要素之间相互关系的密切程度，主要是通过对相关系数的计算与检验来完成的。

(2) 主成分分析

在探讨地理复杂系统时，面临的一大挑战在于系统中涉及的变量数量庞大，这直接导致了分析问题的复杂性和难度的显著增加。尤为关键的是，这些多变量之间往往不是孤立的，而是相互依存、具有显著的相关性。为了有效应对这一难题，科学家们引入了降维处理技术，其中主成分分析作为一种核心方法，旨在通过数学变换，将原本众多的旧变量转化为少数几个新的综合指标。

这一方法的关键是用较少的新变量代替原来较多的旧变量，使新变量尽可能多地保留原来变量的信息。因此，主成分分析是把原来多个变量划为少数几个综合指标的一种统计分析方法。

(3) 层次分析

在应对社会、经济以及管理领域中的复杂系统分析时，通常会面临一个由众多相互关联、相互制约因素综合而成的难题。层次分析法则为研究这类复杂的系统提供了一种新的、简洁的、实用的决策方法。层次分析法（AHP 法）是一种解决多目标的复杂问题的定性与定量相结合的决策分析方法。该方法通过决策者的经验判断各衡量目标能否实现的标准之间的相对重要程度，并合理地给出每个决策方案在每个标准下的权数，从而利用权数求出各方案的优劣次序，比较有效地应用于那些难以用定量方法解决的课题。

该方法能够根据问题的本质与总体目标，将复杂的系统问题拆解为多个组成部分，并依据因素间的内在联系、相互影响及隶属关系，构建一个多层次的分析结构模型。通过这种层层递进的方式，最终实现将问题简化为对最低层次（即具体决策方案或措施）相对于最高层次（总体目标）的相对重要性或优劣顺序的明确判断，为决策者提供了清晰、科学的决策依据。

(4) 聚类分析

聚类分析是一种非监督模式识别的技术，其核心在于将相似的数据点或对象分组成簇(cluster)，使得同一簇内的数据点具有较高的相似性，而不同簇之间的数据点则具有较大的差异性。聚类分析的有效性在很大程度上依赖于样本的规模和质量。

(5) 判别分析

判别分析（discriminant analysis），又称“分辨法”，是一种在分类确定的条件下，根据某一研究对象的各种特征值来判别其类型归属问题的多变量统计分析方法。这一方法旨在通过最大化组别间的差异和最小化组别内的差异来找到最优的分类函数，从而实现对新样本的准确分类。

6.3 叠置分析

叠置分析（overlay analysis）的基础是地理信息系统的数据按主题分层组织。叠置分析是在统一且正确的空间参照系统条件下，将同一地区两个或两个以上矢量图层叠置，不仅生成新的空间关系，而且还将输入的多个数据层的属性联系起来产生新的属性关系。

从操作对象来说，叠置分析的操作对象是两个或多个图层。输入图层至少应包括一个多边形（面）图层，其他图层可以是点、线或面元素图层。根据叠置对象图形特征的不同，叠置分析可以分为：点与多边形的叠置、线与多边形的叠置和面与多边形的叠置，如图 6-1 所示。

6.3.1 点与多边形的叠置分析

点与多边形的叠置分析，实际上是计算多边形对点的包含关系，即将一个含有点的图层（目标图层）叠置在另一个含有多边形的图层（操作图层）上，判断点是否在一个多边形中的空间关系。在完成点与多边形的几何关系计算后，要进行属性信息处理。最简单的方式是

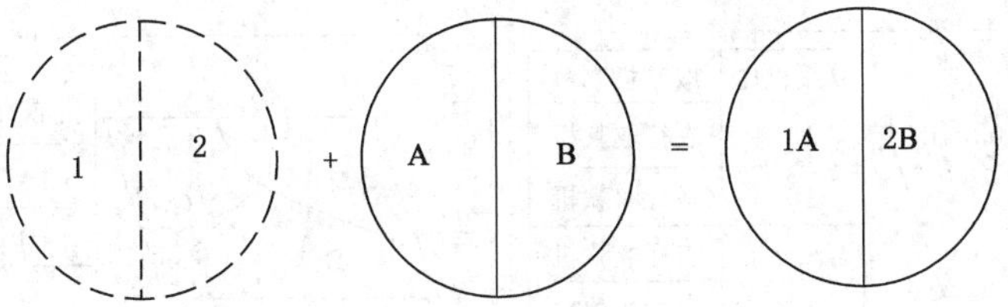

(a) 点与多边形的叠置分析

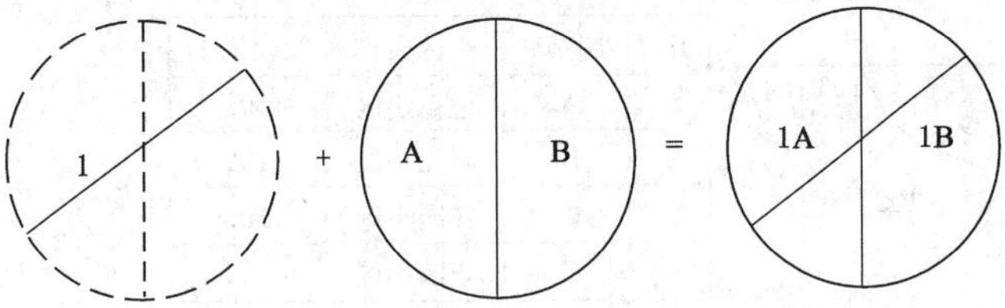

(b) 线与多边形的叠置分析

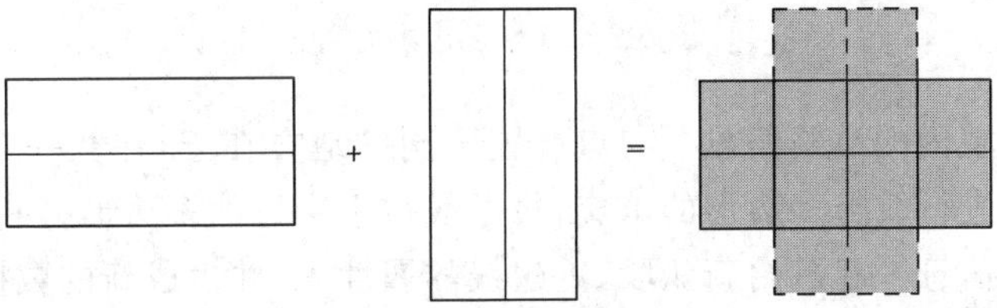

(c) 面与多边形的叠置分析

图 6-1　三种叠置分析

将多边形属性信息叠置到其中的点上，也可以将点的属性叠置到多边形上，用于标识该多边形。如果有多个点分布在一个多边形内的情形时，可以采用一些特殊规则，如将点的数目或各点属性的总和等信息叠置到多边形上。

叠置分析的结果通常不直接产生新数据层面，只是把属性信息叠置到原图层中，然后通过属性查询间接获得点与多边形叠置的需要信息。图 6-2 分别是居民区分布图和自动取款机位置图，把这两幅图叠置得到叠置图层，通过这个叠置图层可以得到如下信息：① 区分每一个取款机在哪个居民小区内；② 统计某个居民小区中有多少个取款机，为银行取款机的设置提供依据。

在进行点与多边形叠置分析操作时，需要注意：

(1) 坐标系的统一性：确保点要素图层和多边形要素图层具有相同的空间坐标系，避免因坐标不匹配导致的分析错误。

(2) 工具选择与参数设置：在选择叠置分析工具时，应根据具体需求选择合适的工具，并设置合理的参数。

(3) 结果处理：检查叠置分析的结果，确保每个点都被正确赋予了所属多边形的属性。

6.3.2　线与多边形的叠置分析

线与多边形的叠置分析是将线图层(目标图层)叠置在多边形图层(操作图层)上，通过计算线对多边形的穿越关系，比较线坐标与多边形坐标的关系，判断线是否落在多边形内，

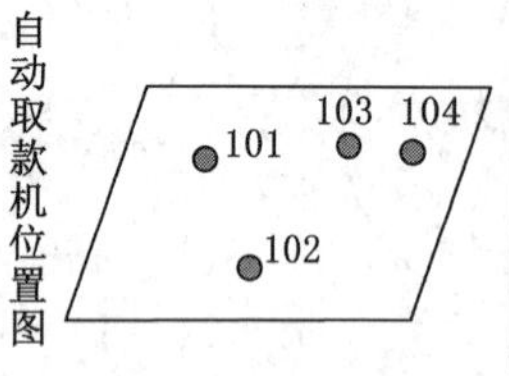

取款机ID	取款机名称
101	农行取款机
102	建行取款机
103	农行取款机
104	中行取款机

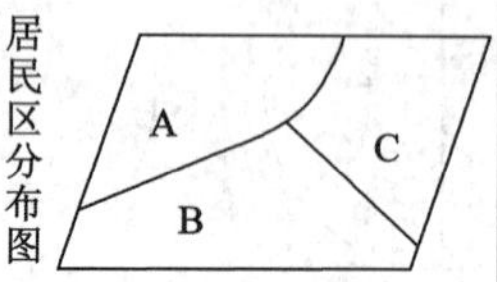

小区ID	小区名称
A	进德小区
B	阳光小区
C	花园小区

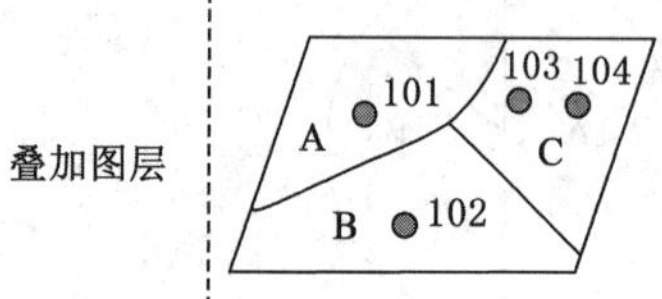

ID	小区ID	小区名称	取款机ID
1	A	进德小区	101
2	B	阳光小区	102
3	C	花园小区	103
4	C	花园小区	104

图 6-2　点与多边形叠置

比如统计多边形区域内的道路信息。与点叠置不同的地方在于,往往一个线目标跨越多个多边形。这就要先进行线与多边形的求交,每条线被它穿过的多边形打断成新弧段,要将原线和多边形的属性信息一起赋给新弧段,重建线的属性表,并生成新的数据层。

叠置分析的结果是产生了一个新的数据层面,每条线被它穿过的多边形打断成新弧段图层,同时产生一个相应的属性数据表,记录原线和多边形的属性信息。根据叠置的结果可以确定每条弧段落在哪个多边形内,可以查询指定多边形内指定线穿过的长度。图 6-3 中分别有河流分布图和行政区划图,这两个图层叠置后,区域多边形将穿过它的河流打断成弧段产生新图层,1 弧段还是 1 弧段,2 弧段被打断成 2、3 两个弧段,3 弧段被分成 4、5、6 三个弧段,每个弧段具有它所在多边形的属性。可以查询任意区域多边形内的河流长度,进而计算它的河流密度等。

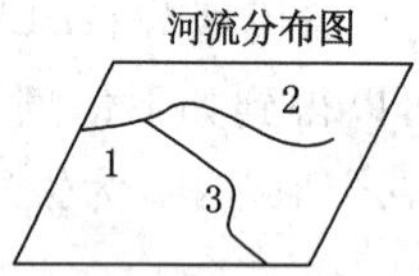

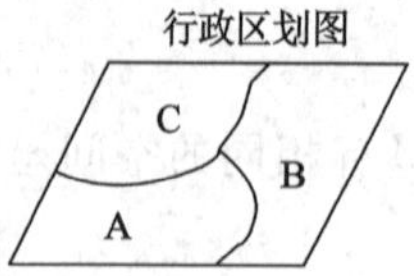

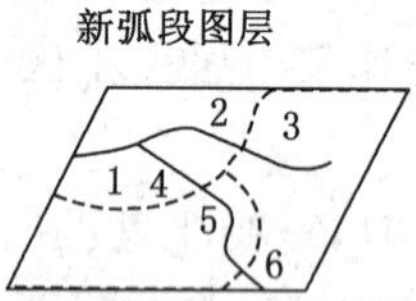

河流弧段ID	河流 ID	政区ID
1	1	C
2	2	C
3	2	B
4	3	C
5	3	A
6	3	B

图 6-3　线与多边形叠置

在进行线与多边形叠置分析操作时,需要注意:

(1) 坐标系的统一性:确保线与多边形数据集具有相同的坐标系,避免坐标不匹配导致的错误。

(2) 注意线与多边形边界的交点:这些交点将用于切割线并确定其落在哪个多边形内。

如果线与多边形的边界交叉，则会产生新的线段或点，需要正确处理这些新的要素。

（3）结果处理：叠置分析后，线的每个部分都会被分配到一个或多个多边形中，并可能获得相应的多边形属性。对于被多个多边形共享的线段，需要明确其归属或进行属性分配。如果存在线段未被任何多边形包含的情况，需要决定如何处理这些线段（例如：忽略它们或赋予特定的属性值）。

6.3.3　面与多边形的叠置分析

面与多边形的叠置分析是将两个或两个以上多边形图层进行叠置产生一个新的多边形图层的操作，比如多个年份的规划用地叠置。通常有合成叠置和统计叠置两种形式，合成叠置是指通过叠置形成新的多边形，使新多边形具有多重属性，即需进行不同多边形的属性合并；统计叠置是指确定一个多边形中含有其他多边形的属性类型的面积等，即把其他图上的多边形的属性信息提取到本多边形中来。

多边形叠置分析的过程主要为两步。① 几何求交过程：首先求出所有多边形边界线的交点，再根据这些交点重新进行多边形拓扑运算，每个多边形赋予唯一标识码，判断新生的多边形分别落在参与叠置的多边形层的哪个多边形内，建立新生多边形与原多边形的关系。② 属性分配过程：将输入图层对象的属性拷贝（或关联）到新对象的属性表中（图 6-4）。

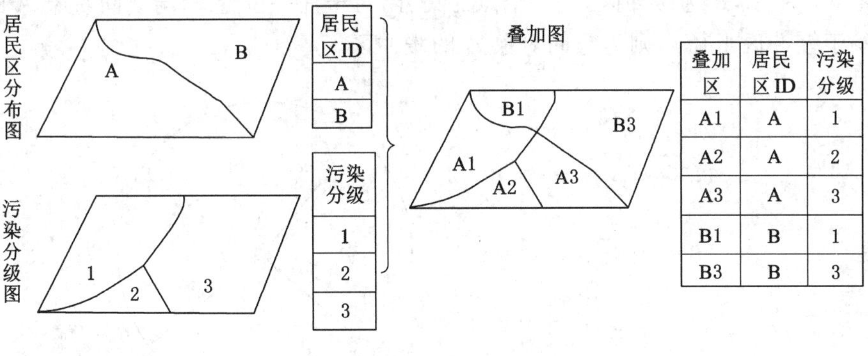

图 6-4　面与多边形叠置

在进行多边形叠置分析操作时，需要注意：

（1）坐标系的统一性：确保面与多边形数据集具有相同的坐标系，避免坐标不匹配导致的错误。

（2）注意图层属性数据：在进行叠置分析时，原始多边形图层的属性数据也会被处理。确保理解属性数据如何被合并、保留或更新。如果需要，可以在叠置分析之前对数据进行预处理，如字段计算、属性选择等。

（3）边界处理：在多边形叠置过程中，边界的处理是一个重要的问题。不同的 GIS 软件可能采用不同的方法处理边界，如“边界圆滑”或“边界捕捉”。

根据最终保留叠置结果的空间特征的不同要求，通用的 GIS 软件提供了多种类型的多边形叠置操作，主要包括交集取反、联合、相交、擦除、更新，它们的属性如表 6-1 所示。

表 6-1　多种多边形叠置操作

操作	解　　释	指　　示
交集取反	保留两个面要素不重叠的部分	A∪B−A∩B，属性来自 A
联合	计算的是输入要素的几何并集，同时保留原要素的属性信息	A∪B，属性来自 A∪B
相交	两个面重叠的部分输出为新的要素类，同时保留原要素两者的属性信息	A∩B，属性来自 A∪B
擦除	目标面要素与要擦除区域进行叠置，输出结果为擦除区域外的要素	A−A∩B，属性来自 A
更新	输入要素和更新要素的交集部分为更新要素的属性信息，其他部分不变	属性来自 A∪B

6.4　缓冲区与距离分析

6.4.1　缓冲区分析

缓冲区是为了识别某一地理要素或空间物体对其周围地物的影响度而在其周围建立的具有一定宽度的带状区域。

从数学的角度，缓冲区是给定空间对象或集合后，确定它们的邻域。

如图 6-5 所示，P 为缓冲区，是一个点的集合，对于任一位置 x，与空间对象 A 的距离如果小于等于缓冲区半径 r，则为空间对象 A 的缓冲区。

$$P=\{x\mid d(x,A)<=r\}$$

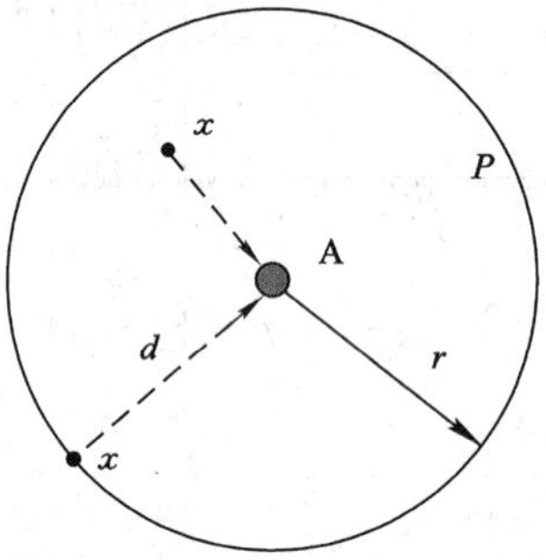

图 6-5　缓冲区的数学含义

依据空间实体的不同特征，缓冲区分为点缓冲区、线缓冲区和面缓冲区。图 6-6 展示了点、线和面要素的缓冲区示例。

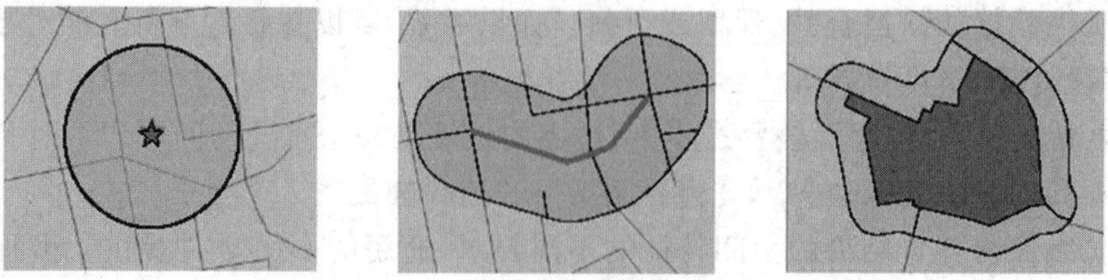

(a) 点缓冲区　　(b) 线缓冲区　　(c) 面缓冲区

图 6-6　点、线和面要素的缓冲区示意图

缓冲区分析是在地理空间实体周围自动创建多边形，以确定它们对周围对象的辐射程度。它是一种用于确定不同地理元素之间的空间接近度和邻近性的空间分析方法。

(1) 点缓冲区

点缓冲区是指以点要素为中心、以缓冲距离 r 为半径的圆形区域。图 6-7 展示了由一个点要素形成的单个缓冲区、相同距离的缓冲区以及以属性值作为距离参数的缓冲区的示例。

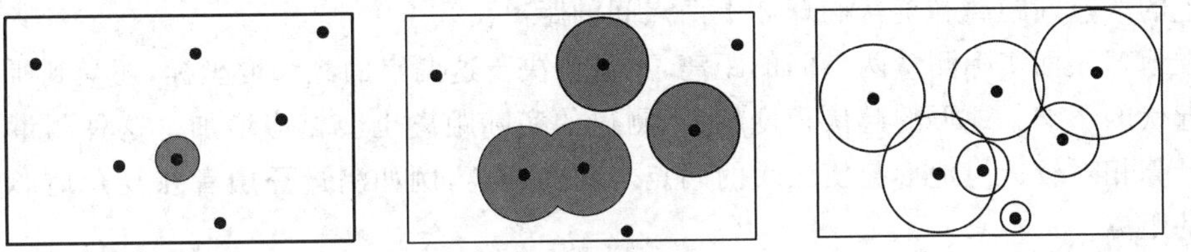

(a) 单个缓冲区　　(b) 相同距离的缓冲区　　(c) 以属性值作为距离参数的缓冲区

图 6-7　点缓冲区的不同形式

(2) 线缓冲区

线缓冲区是指以线要素为轴线，利用缓冲距离作为平移量，在两侧进行平行折叠，同时在轴线的两端构建两个半圆弧，形成的圆头缓冲区。图 6-8 展示了单个线缓冲区、多条线融合缓冲区以及以属性值作为距离参数的线缓冲区(缓冲距离不同)的示例。

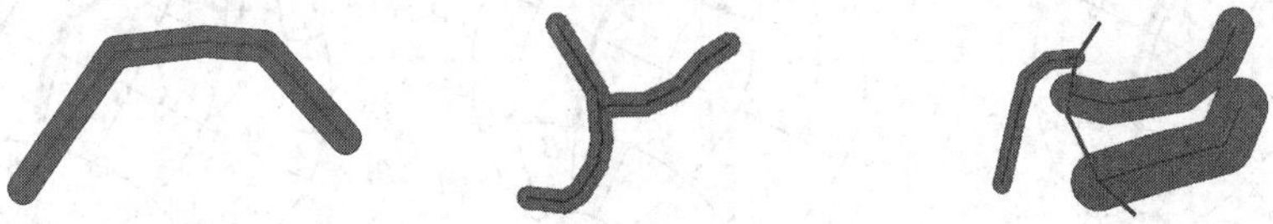

(a) 单个线缓冲区　　(b) 多条线融合缓冲区　　(c) 以属性值作为距离参数的线缓冲区

图 6-8　线缓冲区的不同形式

(3) 面缓冲区

面缓冲区是指将面要素的边界作为轴线，根据缓冲距离向外或向内进行平行折叠，形成的多边形。该算法的基本思想与线缓冲区生成基本相同。图 6-9 展示了外部缓冲区、内部缓冲区以及内外缓冲区。

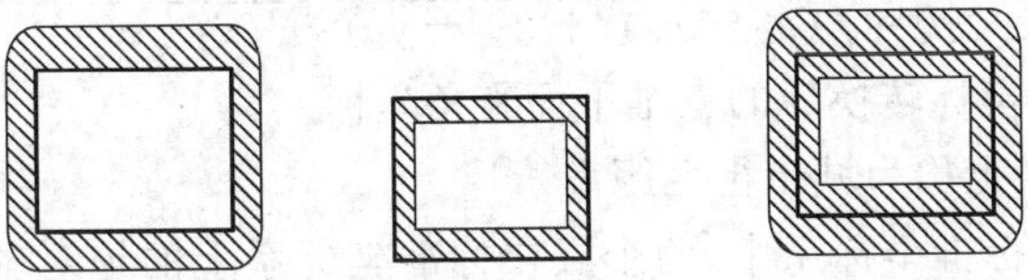

(a) 外部缓冲区　　(b) 内部缓冲区　　(c) 内外缓冲区

图 6-9　面缓冲区的不同形式

由于面缓冲区是针对边界线实现的，因此，缓冲区的建立主要通过创建点和线的缓冲区来实现。缓冲区分析可以应用于许多实际问题的解决。例如，对于点缓冲区分析，可以通过建立地震影响的缓冲区来清楚地分析地震的影响，并估计地震的破坏程度。线缓冲区分析可以应用于道路和河流对周围地区的影响，也可用于测算交通通达度，针对主干道和次干道进行不同级别缓冲区分析，可用作农用地分等定级估价、耕地质量评价中的关键指标。

6.4.2 距离分析

距离分析涉及测量和计算地理空间中两点或多点之间的距离。这种分析在路径规划、资源分配、物流管理等多个领域都有广泛应用。本节将讨论两种主要的距离计算场景：地球表面上的两点间距离和旋转椭球体上两点间的距离。

在地球表面实际测量两点间的距离，不仅取决于这两点的经纬度坐标，还受到所经路径地形起伏的影响。地形的起伏程度越大，测得的实际距离也会相应增加。这种测量方式适用于计算相对较近但地形起伏较大的两点之间的距离，例如测量登山者在复杂地形中实际行走的距离。

沿着地球旋转椭球体表面计算的两点间距离，实际上是通过这两点的地球大圆弧长来确定的。这种方法特别适用于量算地理上相对遥远的两点之间的距离，如航海、航空等远距离运输中所需要测算的路程。通过这种方式，可以更精确地规划和估算航海、海空等长途旅程的距离，适用的情景更多，但计算会更为复杂。

以下介绍三种常见的旋转椭球体上两点间的距离计算方法(图 6-10)。

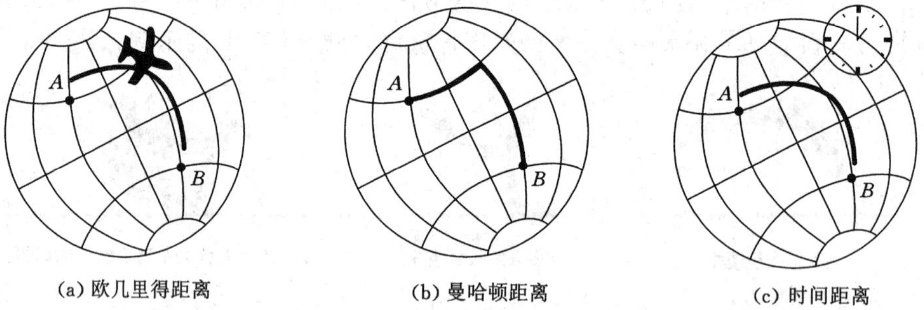

图 6-10　三种距离的示意图

(1) 欧几里得距离(简称欧式距离)

欧几里得距离是在二维或多维空间中两点之间的直线距离。在地理空间中，当考虑到地球的椭球形状时，欧几里得距离需要通过地理坐标转换到三维空间中进行计算。

$$d=\sqrt{(x_2-x_1)^2+(y_2-y_1)^2+(z_2-z_1)^2}$$

式中，x_i，y_i，z_i是地理坐标转换后的三维平面直角坐标。

(2) 曼哈顿距离(也称为城市街区距离)

曼哈顿距离是在标准坐标系中，两个点在标准坐标系上的绝对轴距总和。在地理空间中，它可以通过沿经纬度栅格进行计算，适用于某些特定类型的空间分析。

$$d=|x_2-x_1|+|y_2-y_1|$$

式中，x_i，y_i代表经纬度坐标。

(3) 时间距离

时间距离不是一个物理距离，而是基于某种移动方式(如驾车、步行等)从一点到另一点所需的时间。

计算方法依赖于具体的路径选择算法,如 Dijkstra 算法或 A^* 搜索算法,并结合道路网络的速度限制、交通状况等因素来确定最短时间路径,通常用于路径规划和导航系统中。

6.5　插值分析

6.5.1　概述

空间数据插值分析的核心在于通过对收集到的离散样点或样方数据进行深入分析,以探寻这些数据所蕴含的空间分布规律,进而利用这些规律将已知数据外推或内插至整个研究区域,从而生成连续的面数据。简而言之,空间数据插值即是基于已知区域的数据,通过数学或统计方法,求算出待估区域(未知区域)的数值。

在此过程中,所提及的样点或样方数据,指的是具有明确数值的地理空间点,这些点在插值过程中被视作控制点、已知点、样本点或观测点,它们共同构成了插值计算的基础数据集。

根据插值操作的定义,将插值过程划分为两类:内插与外推(图 6-11)。内插指的是在已观测点的覆盖区域内,通过插值方法估算出那些未直接观测到的点的数据值;而外推是将插值过程扩展到已观测点区域之外,对区域外的未知点进行数值预测。值得注意的是,由于内插过程是基于更为密集和可靠的观测数据进行的,因此其估算结果的精度往往要高于外推。

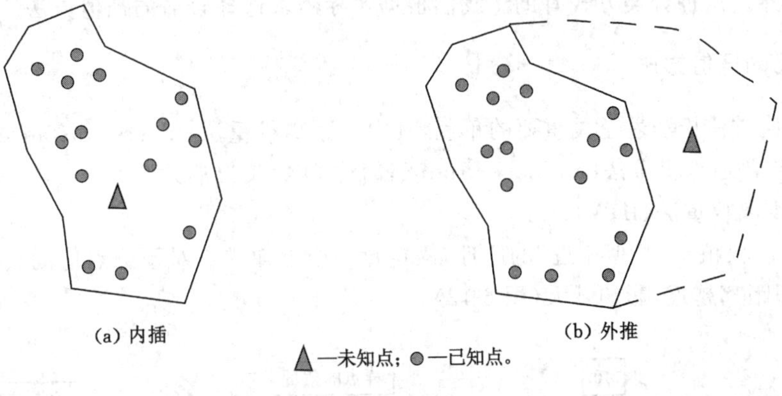

图 6-11　插值分析的示意图

6.5.2　插值方法的分类

(1) 依据处理内插点的方式,插值方法可划分为整体插值、局部插值以及逐点内插法三大类。

① 整体插值:此类方法着眼于研究区域的整体特性,利用区域内所有采样点的数据,通过构建一个全局性的数学函数来拟合整个地形曲面。具体而言,对于任何未测点的取值,均是基于区域内所有采样点的综合信息计算得出的,从而确保插值结果能够反映区域的整体趋势。

② 局部插值:相较于整体插值,局部插值更加注重于空间数据的局部特性。它通过将研究区域划分为若干子区域(或称为"块"),并为每个子区域内的未测点单独构建模型参数。这些未测点的取值仅依赖于其所在子区域内邻近的采样点,体现了空间数据的局部依赖性和变异性。

③ 逐点内插法:作为局部插值的一种特殊形式,逐点内插法以每一个待插值点为中心,划定一个合适的邻域范围。然后,仅利用落在此邻域范围内的采样点数据,通过特定的插值算法计算得出该未知点的值。这种方法在实质上强调了插值的局部性和针对性。

(2) 从数学原理的角度出发,插值方法可分为确定性插值和地统计插值两大类。

① 确定性插值:在地理现象运动规律较为明确的情况下,确定性插值方法使用数学函数进行插值计算。它主要基于区域内部的相似性原理或平滑度假设,通过已知样点来构建预测表面。这种方法强调了对地理现象内在规律的把握和数学模型的精确应用。

② 地统计插值(地质统计):是一种基于测量点之间统计关系的插值方法。它通过分析测量数据的统计特征(如均值、方差、协方差等),来推断整个区域的空间分布规律,并据此生成预测曲面。地统计插值方法不仅考虑了空间数据的随机性,还兼顾了其结构性特征,因此在处理复杂空间数据时具有独特的优势。

(3) 根据插值结果是否严格通过所有采样点,插值方法可分为精确性插值和近似插值两类。

精确性插值生成的曲面确保每一个控制点(即采样点)都被精确通过;而近似插值(或称非精确插值)则允许生成的曲面不完全通过所有观测点,其估算的点值可能与该点的已知值存在一定差异。这种分类方式有助于我们根据实际需求选择合适的插值方法。

6.5.3 常见的插值方法

传统插值方法扮演着至关重要的角色,其中反距离权重法(inverse distance weighting,简称 IDW)与普通克里金法(ordinary kriging,简称 OK)较为常见。

(1) 反距离权重法(IDW)

IDW 方法根植于"相似相近"的原理,假定每一个已知样点对预测点值的贡献均与其距离成反比,即距离越近,影响越大(图 6-12)。

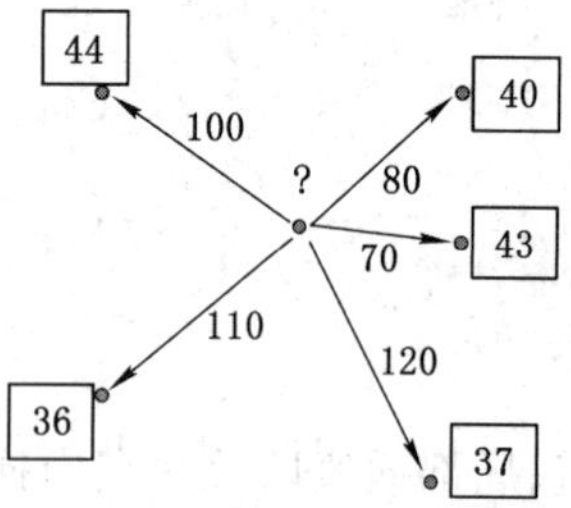

样点的数量 / 各样点的权重 / 预测值 / 观测值

$$Z(S_0)=\sum_{i=1}^{n} Z(S_i) * w_i$$

$$w_i=\frac{d_{i0}^{-p}}{\sum_{i=1}^{n} d_{i0}^{-p}}$$

观测值与预测值之间的距离

图 6-12 反距离权重法示意图

这一方法的参数特点鲜明:

① 距离敏感性:采样点对插值结果的影响随其与目标点距离的增加而逐渐减弱,因此,邻近样点被赋予更高的权重。

② 加权平均:待估点的值由邻近区域内所有数据点的距离加权平均值确定,体现了局部信息的综合考量。

因此,IDW 是一种局部插值方法,专注于待插值点周边的局部信息而非全局。其基于明确的数学公式构建,属于确定性插值范畴。理论上,IDW 可视为精确插值,即预测表面上的样点值与实测值完全吻合,但这在实际应用中可能受到数据精度和分布特性的限制。

IDW 的应用前提在于区域内采样点分布均匀,避免聚集现象,以确保插值结果的稳定性和准确性。其优势在于:简单易行,可根据具体问题改变和优化权值,改良了精度;内插得到的插值点数据在样点数据取值范围内。

当然,它也存在不足之处:精度受邻域(窗口)大小影响很大;由于对周围距离最近的样点进行移动平均,容易使区域变量本来尖锐和剧烈的变化平滑和缓和,使急剧变化模糊,不能反映真实情况。

(2) 普通克里金法(OK)

克里金法由 D. G. 克里格于 1951 年开创,后经 G. Matheron 发展完善,不仅考虑了待估点与已知样点间的距离,还深入探索了空间分布的方位特征,通过半方差分析和理论变异函数模型,实现未知点属性值的精准估算。该方法同样属于局部插值范畴(图 6-13)。

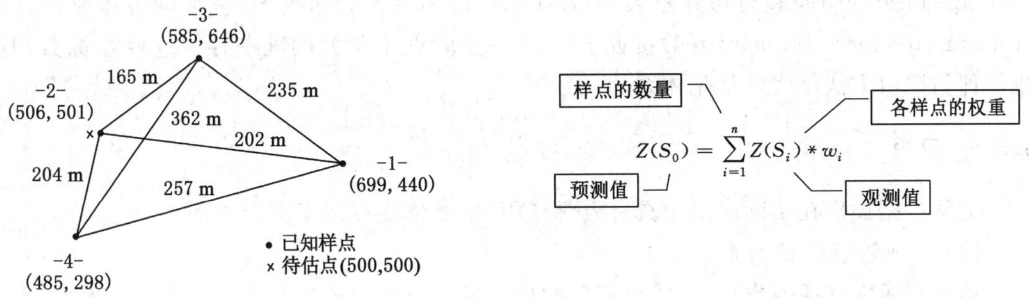

图 6-13　普通克里金法示意图

在克里金法中,预测结果不仅提供了预测表面,还附带了预测误差的量化信息,体现了其近似插值的特性。其实质在于利用区域化变量的空间统计特性,进行线性无偏最优估计,旨在最小化估计误差的平方和。

克里金法的前提假设包括空间自相关性和平稳性,要求数据在空间上连续分布、服从正态分布,并展现出一定的自相关性。其显著优势在于:能够全面考虑空间数据的分布结构和相关性,提升插值结果的准确性和可靠性;提供插值精度的量化评估,有助于用户理解预测结果的不确定性。

然而,克里金法也面临运算复杂、运算量较大、耗时长的挑战,因此不适合研究大范围的问题。

6.5.4　插值方法精度的验证方法

在评估插值方法的精度时,常采用两种主要方法:交叉验证法和“实际”验证法,以确保插值结果的准确性和可靠性。

(1) 交叉验证法

该方法的核心思想在于，将研究区域内的每一个测点暂时视为未知点，仅利用其周围其他样点的数据来进行插值估算。随后，将这些插值结果与每个测点的实际观测值进行比较，计算误差。通过这种方式，每个测点都经历了一次“未知-估算-验证”的过程，验证次数等同于测点的总数。通过对比不同插值方法得出的插值结果与样本点数据，我们可以直观地评估各种插值方法的精度和适用性。

（2）“实际”验证法（或称分割样本验证法）

在此方法中，我们首先将样本点集分为两部分：一部分作为“训练数据集”，用于构建插值模型并进行内插计算；另一部分则作为“验证数据集”，这部分数据在插值过程中保持独立，不参与模型构建。利用“训练数据集”得到的插值结果形成“测试集”，随后将“测试集”中的插值结果与“验证数据集”中的实际观测值进行对比分析，以此评价插值模型的预测效果。验证的次数直接对应于“验证数据集”中点的数量。

（3）精度评估指标

为了量化插值精度，常采用一系列统计指标，如平均值、均方根误差（RMSE）等。一个理想的插值模型应满足以下标准：标准平均值（mean standardized）接近于0，表明预测值与实际值偏差小；均方根误差（RMSE）尽可能小，反映预测精度的提升；平均标准误差（average mean error）接近均方根误差（RMSE），说明误差分布均匀；标准均方根预测误差（root-mean-square standardized）接近于1，进一步验证了预测的准确性。这些指标共同构成了评估插值方法优劣的量化体系。

6.5.5 应用

空间数据插值在实际应用中具有重要作用，主要体现在以下两个方面。

（1）生成连续完整的曲面

通过空间数据插值方法，可以将离散的样点或样方数据转化为连续的曲面。例如，在地形测绘中，通过对有限的测量点进行插值，可以描绘出整个区域的地形曲面，为工程建设、地理研究等提供基础数据。在气象学中，利用有限的气象观测站点的数据进行插值，能够生成大范围的气象要素曲面，如温度、湿度、气压等的分布情况。这种连续的曲面能够更直观、全面地展示数据的空间分布特征，有助于我们对研究对象的整体把握和深入理解。

（2）计算未知点的数值

在实际研究和应用中，常常会遇到需要获取未观测点数值的情况。空间数据插值为解决这一问题提供了有效的途径。例如，在资源评估中，对于未进行实地勘探的区域，可以通过周边已有的勘探数据进行插值，估算该区域的资源储量。在环境监测中，对于某些未设置监测站点的位置，可以利用附近站点的数据进行插值，推测其环境质量指标。通过插值计算未知点的数值，能够弥补观测数据的不足，为决策制定和进一步的研究提供重要的参考依据。

在选择空间内插方法时，一个核心原则是遵循统计学的基本假设，即样本的数量越多且分布越均匀，插值结果的可靠性往往越高。在数据资源充足且分布均衡的条件下，不同插值方法的应用往往能得出相近的结果，差异不显著。然而，当数据表现出强烈的空间关联性时，地统计方法凭借其捕捉空间变异性的能力，能够提供更高精度的插值结果。另一方面，若特定现象的空间过程或内在机理已被清晰认知，采用确定性的插值方法则更为适宜，因为它能基于这些已知条件直接构建数学模型。值得注意的是，空间内插并非孤立的数据处理手段，而应与地图制图技术、探索性数据分析等多种方法相结合，以全面、深入地理解数据特性，进而确保数据分析的准确性和有效性。因此，充分理解数据背景与特性，是选择和应用恰当插值方法、优化数据分析流程的前提。

6.6　章节总结

6.6.1　重点术语

空间分析　统计分析　叠置分析　缓冲区分析　空间插值

6.6.2　复习题

（1）缓冲区分析是一种常见的矢量数据处理方法，它通常用于解决哪类问题？并解释其在土地利用规划中的应用。

（2）在进行土地覆盖变化检测时，利用矢量数据的叠置分析，如何识别不同时间点的土地利用变化情况？

（3）讨论矢量数据的空间插值技术在土地评估和环境监测中的应用，以及这种方法对提高数据精度和可靠性的影响。

6.6.3　应用练习

实验6.1　超市选址分析

规划一个新的超市，超市建造适宜区有以下原则：必须避开建在特定的土地利用类型（未开发用地、商业用地和工业用地），且最好建在人口密度较高的区域，要离主干道较近，交通方便，远离现有超市以使资源均匀分配，需要制作该区域内建设超市的适宜等级分布图。

- 实验目的

掌握arcgis缓冲区分析和叠置分析的操作，以及分级赋值进行汇总统计得到最终评价结果并对结果进行等级划分，综合分析进行选址的适宜性评价。了解解决空间选址问题的一般过程，熟练掌握基于栅格的距离分析、邻域统计分析等多种空间分析方法。

- 数据说明

（1）土地利用数据landuse：Type字段指土地类别，包括未开发用地undeveloped、商业用地commerce、住宅用地residence、绿化garden、工业用地industry；PriceOrder字段指地价等级。

（2）主要居民楼数据buildings：floors字段指楼层数，average字段指每个楼层的平均住户人数。

（3）道路数据streets：hierarchy字段指道路等级。

（4）markets：现有超市位置数据。

（5）extent：区域范围数据。

- 操作步骤

Step1:筛选符合条件的地类。

(1) 首先,把已有地图数据添加到软件中,具体步骤为:【地图】→【添加数据】。

(2) 筛选未开发用地、商业用地和工业用地,具体步骤为:

右击“Landuse”图层→【属性表】→【按属性选择】→【表达式】→Where→【Type】→【等于】→【Undeveloped】→【添加字句】→【Or】→【Type】→【等于】→【Commerce】→【添加字句】→【Or】→【Type】→【等于】→【Industry】→【应用】。

(3) 把筛选的地类裁剪出来,具体步骤为:

【分析】→【工具】→【工具箱】→【分析工具】→【提取分析】→【裁剪】→【参数】→【输入要素或数据集】:Landuse →【裁剪要素】:Landuse →【输入要素或数据集】:Landuse_Clip(选择存储位置,也可以自己修改输出数据名称)。

(4) 通过唯一值分类显示对地价等级进行分类展示,具体步骤如下:

右击“Landuse_Clip”图层(即上一步裁剪出的图层)→符号系统→主符号系统→唯一值→【字段 1:PriceOrder】→选择配色。

Step2:对居民楼进行分配。

(1) 对居民楼进行多边形空间分析(创建泰森多边形),具体步骤如下:

① 【分析】→【工具】→【工具箱】→【分析工具】→【邻近分析】→【创建泰森多边形】。

② 【参数】→【输入要素】:buildings →【输出要素类】:buildings_CreateThiessenPoly(选择存储位置,也可以自己修改输出数据名称)→【输出字段】:所有字段。

③ 【环境】→【处理范围】→【如下面的指定】→【extent】→【运行】。

(2) 将生成的多边形按照 extent 的范围进行裁切,具体步骤如下:

① 【分析】→【工具】→【工具箱】→【分析工具】→【提取分析】→【裁剪】。

② 【参数】→【输入要素或数据集】:buildings_CreateThiessenPoly(即创建的居民楼泰森多边形)→【裁剪要素】:extent→【输出要素或数据集】:buildings_CreateThiesse_Clip(选择存储位置,也可以自己修改输出数据名称)。

(3) 对裁切后的图新建字段“area”,计算区域面积,具体步骤如下:

① 右击“buildings_CreateThiesse_Clip”图层(即步骤(2)裁剪的图层)→【属性表】→【添加】→【字段名】:area→【别名】:area→【数据类型】:浮点型→【数字格式】:数值→右击表头绿色部分→【保存】→关闭编辑字段模式。

② 右击属性表中的“area”字段→【计算几何】→【参数】→【几何属性】→【字段】:area→【属性】:面积→【面积单位】:平方千米→【坐标系】:NTF Lambert Ⅱ(当前地理位置)。

(4) 对裁切后的图新建字段“population”并计算,具体步骤如下:

① 右击“buildings_CreateThiesse_Clip”图层(即步骤(2)裁剪的图层)→【属性表】→【添加】→【字段名】:population→【别名】:population→【数据类型】:短整型→【数字格式】:数值→右击表头绿色部分→【保存】→关闭编辑字段模式。

② 右击属性表中的“area”字段→【计算字段】→【表达式类型】:Arcade→【表达式】:population= $feature.Floors * $feature.Average。

(5) 计算人口密度。

① 右击“buildings_CreateThiesse_Clip”图层(即步骤(2)裁剪的图层)→【属性表】→【添加】→【字段名】:density→【别名】:density→【数据类型】:浮点型→【数字格式】:数值→右击

表头绿色部分→【保存】→关闭编辑字段模式。

② 右击属性表中的“density”字段→【计算字段】→【表达式类型】:Arcade→【表达式】:density= $feature.Floors * $feature.Average/ $feature.area。

Step3:主要道路影响范围的建立。

(1) 筛选等级为1的道路,具体步骤如下:

【分析】→【工具】→【工具箱】→【分析工具】→【提取分析】→【选择】→【参数】→【输入要素】:streets→【输出要素类】:streets_Select(选择存储位置,也可以自己修改输出数据名称)→【表达式】:Where“Hierarchy”“等于”“1”→【运行】。

(2) 建立多环缓冲区,具体步骤如下:

①【分析】→【工具】→【工具箱】→【分析工具】→【邻近分析】→【多环缓冲区】→【参数】→【输入要素】:streets_Select(即上一步输出的数据)→【输出要素类】:streets_Select_MultipleRingBuffer(选择存储位置,也可以自己修改输出数据名称)→【距离】:100、200→【距离单位】:米→【运行】。

② 右击“streets_Select_MultipleRingBuffer”图层(即上一步中建立的道路多环缓冲区图层)→【符号系统】→【主符号系统】→【唯一值】→【字段1】:distance→选择配色方案。

Step4:现存超市影响范围的建立。

(1)【分析】→【工具】→【工具箱】→【分析工具】→【邻近分析】→【多环缓冲区】→【参数】→【输入要素】:markets→【输出要素类】:markets_MultipleRingBuffe(选择存储位置,也可以自己修改输出数据名称)→【距离】:200、500、1000→【距离单位】:米→【运行】。

(2) 右击“markets_MultipleRingBuffer”图层(即上一步中建立的超市多环缓冲区图层)→【符号系统】→【主符号系统】→【唯一值】→【字段1】:distance→选择配色方案。

Step5:叠置分析,求出同时满足四个要求的区域。

使用“相交”工具,将之前的土地利用类型、居民点人口密度、道路缓冲区、超市缓冲区进行叠置,具体步骤如下:

【分析】→【工具】→【工具箱】→【分析工具】→【叠置分析】→【相交】→【参数】→【输入要素】:Landuse_Clip、buildings_CreateThiesse_Clip、streets_Select_MultipleRingBuffer、markets_MultipleRingBuffer→【输出要素类】:Landuse_Clip_Intersect(选择存储位置,也可以自己修改输出数据名称)→【要连接的属性】:所有属性→【运行】。

Step6:对超市的区位条件进行评价。

(1) 属性赋值。

① 右击“Landuse_Clip_Intersect”图层→【属性表】→【添加】(字段)→“Landuse”“Buildings”“Streets”“Markets”→【数据类型】:短整型→【数字格式】:数值→右击表头绿色部分进行保存。

② “Landuse”字段赋值:右击“Landuse”字段→【计算字段】→【表达式类型】:Arcade→【表达式】:Landuse= $feature.PriceOrder →【应用】。

③ “Buildings”字段赋值:人口密度大于600赋值为1,人口密度大于200小于等于600赋值为2,人口密度小于等于200赋值为3,具体步骤如下:

【属性表】→【按属性选择】→【表达式】:Where“density”“大于”“600”→【应用】→右击“Buildings”字段→【计算字段】→【表达式类型】:Arcade→【表达式】:Buildings=1→【应用】。

【属性表】→【按属性选择】→【表达式】：Where“density”“大于”“200”→【添加字句】→“And”“density”“小于或等于”“600”→【应用】→右击“Buildings”字段→【计算字段】→【表达式类型】：Arcade→【表达式】：Buildings=2 →【应用】。

【属性表】→【按属性选择】→【表达式】：Where“density”“小于或等于”“200”→【应用】→右击“Buildings”字段→【计算字段】→【表达式类型】：Arcade→【表达式】：Buildings=3 →【应用】。

④ “Streets”字段赋值：对街道进行赋值，超市离主干道越近越好。100 m，赋值为 1；200 m，赋值为 2。具体步骤如下：

【属性表】→【按属性选择】→【表达式】：Where“distance”“等于”“100”→【应用】→右击“Streets”字段→【计算字段】→【表达式类型】：Arcade→【表达式】：Streets=1→【应用】。

重复上述步骤。

⑤ “Markets”字段赋值：对“distance_1” = 1000 赋值为 1；“distance_1”= 500 赋值为 2；“distance_1” = 200 赋值为 3。具体步骤如下：

【属性表】→【按属性选择】→【表达式】：Where“distance_1”“等于”“1000”→【应用】→右击“markets”字段→【计算字段】→【表达式类型】：Arcade→【表达式】：Markets=1→【应用】。

重复以上步骤。

(2) 对超市选址的适宜性分等级。

① 右击“Landuse_Clip_Intersect”图层→【属性表】→【添加】(字段)→“Sum”→【数据类型】：短整型→【数字格式】：数值→右击表头绿色部分进行保存。

② 右击“Sum”字段→【计算字段】→【表达式类型】：Arcade→【表达式】：Sum = $feature. Landuse + $feature. Buildings + $feature. Streets + $feature . Markets →【应用】。

③ 右击“Landuse_Clip_Intersect”图层→【符号系统】→【主符号系统】→【唯一值】→【字段 1】：Sum→选择配色方案→【类】→【标注】：修改为“一/二/三/四/五/六/七/八/九级选址”。

④ 右击“Streets”图层→【符号系统】→【主符号系统】→【分级色彩】→【字段】：Hierarchy→【方法】：自然间断点分级法(Jenks)→【类】：3→选择配色方案→【类】→【标注】：修改为“一级道路”“二级道路”“三级道路”。

⑤ 右击“buildings”“markets”图层→【符号系统】，可以修改符号。

第 7 章　栅格数据分析

7.1　概述

栅格数据模型是一种以规则的栅格(或像元)形式表示地理空间信息的数据结构,并在每个栅格单元内存储相应的属性信息。这些栅格单元通常被称为像元(pixel),每个像元代表地球表面上一个离散的空间单元。这种拥有固定像元空间属性的简单数据结构不仅便于计算,计算准确率高,还能够实现多种地理分析方法,如空间模式分析、地表特征提取等。栅格数据分析是地理信息系统(GIS)中的一种重要分析方法,它基于栅格数据模型,将地理空间数据表示为若干栅格,栅格由相同大小的像元所组成。栅格数据分析通常包括对栅格数据进行处理、分析和可视化,以获取关于空间关系、地理现象和地表特征的信息。

与基于点、线、面、几何对象属性信息的矢量数据分析不同,栅格数据分析基于像元和栅格数据模型,因此,栅格数据分析可以在不同的像元层次上进行,根据具体的分析目的和需求选择合适的层次进行分析和处理。栅格数据运算有的使用单一栅格数据,而有的则使用两个或更多栅格数据,尽管各种类型的数据以栅格数据格式存储,但栅格数据分析仅适用于受到 GIS 软件包支持的栅格数据。因此,在进行分析之前,必须对某些栅格数据进行预处理,例如数据清洗、投影转换、空间分辨率调整、数据裁剪等。

考虑像元数值类型是栅格数据分析过程中非常重要的一步,它直接影响了分析方法、结果解释、数据处理和数据可视化等方面。一些统计数据,如平均值和标准差,被视为数字型数据,而像元中的其他数值,例如出现频率最高的值(众数),既可以被视为数字型数据,也可以被视为类别型数据。在进行栅格数据分析时,通常涉及多个栅格数据集,因此需要精确地定义分析环境。这一过程包括指定区域范围和输出单元尺寸,以确保数据分析的准确性和可靠性。区域范围是指参与分析的特定地理区域。这可以是单个栅格数据集,也可以是由最小和最大的 x、y 坐标定义的矩形区域。此外,区域范围还可以由多个栅格叠置而成。对于栅格叠置分析,常用的命令包括联合(union)和求交(intersect)。联合命令将生成所有输入栅格的并集区域,而求交命令则将生成输入栅格的重叠部分所形成的叠置区域。这些命令的使用可以根据具体的分析需求进行灵活调整,以实现所需的空间数据操作。在栅格数据分析中,还可以使用分析掩膜来限定分析的区域范围。分析掩膜的数据源可以是矢量数据或栅格数据。以研究区的行政边界(一个要素图层)为例,可以作为分析掩膜,用以限定栅格数据分析的范围为研究区。而对于作为分析掩膜的栅格数据,必须确保目标区域内的像元值为有效数据,而其他区域的像元值则应设为 no data。如有必要,可以借助重新分类工具(reclassification)对区域以外的像元赋予 no data 值。需要注意的是,在进行栅格数据分析之前,必须先确定分析掩膜,并且在操作顺序上,分析掩膜应位于栅格数据分析之前。这一步可以将分析限制在特定的地理区域内。例如,要把森林覆盖率分析仅限于非城镇用地,可以通过对一个非城镇用地的要素图层或一个可以区分非城镇用地的栅格(如非城镇用地的单元值为 1,城镇用地无数据)进行分析掩膜,从而可以精确地控制数据分析的范围,使得分析结果更加准确和可靠。

总的来说,栅格数据分析涉及对地理空间数据进行精确定义和操作的过程。通过合理地指定区域范围、输出单元尺寸以及使用分析掩膜等方法,可以确保数据分析的准确性和可靠性,为地理信息系统应用提供强有力的支持。

需要注意的是,要根据实际需要来选择合适的比例尺以确定输出像元的大小,遵循输出分辨率应当至少等于输入栅格数据的最低分辨率的基本原则。通常情况下,输出像元大小应设置为大于或等于输入栅格数据中最大像元的大小。例如,如果输入栅格数据的像元大小范围在 10～30 m 之间,那么输出像元的大小应该设置为大于或等于 30 m。这样的设置有助于确保输出数据的分辨率与输入数据的最低分辨率相匹配,从而保持数据分析的准确性和可靠性。

7.2 局域运算

局域运算是栅格数据处理中的基本操作之一,它以像元为单位进行计算,是栅格数据分析的核心。在局域运算中,单个或多个输入栅格数据经过特定的算法或函数处理,生成一个新的栅格数据集。这个新的栅格数据集的每个像元值可以根据输入和输出栅格之间的关系函数进行计算,也可以通过分类表进行赋值。

局域运算的核心思想是针对每个像元,根据其周围邻域的像元值来计算新的像元值。这种逐像元的处理方式能够有效地捕捉到栅格数据中的空间特征和变化规律。在实际应用中,局域运算常用于图像处理、地形分析、环境模拟等领域,能够帮助分析人员更好地理解和利用栅格数据。

总的来说,局域运算是栅格数据分析中的关键步骤,通过对每个像元进行逐个处理,可以生成新的栅格数据集,从而实现各种空间分析和处理任务。

7.2.1 单一栅格的局域运算

假设使用单一栅格作为源数据,局域运算基于输入栅格的像元值进行计算。这种处理方式利用每个像元周围的邻域信息,针对每个像元进行计算,从而生成具有空间特征的输出栅格数据集。这种运算是栅格数据分析中常见的一种操作,它依靠对每个像元及其邻域信息的分析,来揭示栅格数据内在的空间特征和变化规律。表 7-1 列出了用于局域运算的数学运算函数。GIS 软件通常包含丰富的数字计算功能。

表 7-1　用于局域运算的数学运算函数

局域运算	运算函数
算术运算	+,-,*,/,绝对值,浮点型,整型
幂运算	平方,平方根,幂
对数运算	对数,指数
三角函数	sin,cos,tan,arcsin,arccos,arctan
统计函数	mean,median,standard
其他函数	向上取整、向下取整、四舍五入等

例如，将浮点型栅格转换为整型栅格的过程可视为一种简单的局域运算，通过逐个像元地应用取整(integer)函数对浮点数值进行取整操作。此外，将以百分比表示的坡度栅格转换为以度数表示的坡度栅格也是一种局域运算，尽管所需的数学表达式较为复杂。

如图 7-1 所示，用表达式[slope_d] =57.296 * arctan([slope_p]/100)，可以将以百分数表示的坡度(slope_p)转换为以度数表示的坡度(slope_d)。在三角函数的表达中，计算机软件包一般以弧度为单位，因此，在实际应用中，需要用常数 57.296($360/2\pi$，π 等于 3.141 6)把弧度转变为角度。这确保了我们得到的坡度以度数的形式呈现，便于理解和应用。

15.6	17.2	18.4
15.9	17.4	18.6
17.8	18.2	20.3

(a)

8.87	9.76	10.43
9.03	9.87	10.54
10.09	10.31	11.48

(b)

图 7-1　基于局域运算，将坡度栅格数据的像元值由百分数(a)转化为度数(b)

7.2.2　重新分类

栅格数据处理中的重新分类是一种局域运算方法，也称为再编码。它根据需求对数据进行分类或重新编码以生成新的栅格数据，以确保数据处理的准确性和有效性。重新分类方法主要有两种：第一种方法是一对一改变法，即在输出栅格中，一个像元值从输入栅格中被重新赋予一个新值。例如，可以将土地利用栅格数据中的林地像元赋值为 1。第二种方法是区间划分法，即对输入栅格中的一系列像元值进行重新赋值。例如，在教育设施栅格中，将教育设施密度为 0～50 个/4 km^2 的像元对应的输出栅格赋值为 1，以此类推。整型的栅格数据可以采用上述两种方法中的任意一种进行重新分类，但是浮点型栅格数据只能利用区间划分法进行重新分类。

进行重新分类有三个主要目的：一是，重新分类可以用来简化栅格数据。例如，可以使用数字来代表教育设施的密集程度，如用 1 表示 0～50 个/4 km^2 密度的教育设施栅格，用 2 表示 51～100 个/4 km^2 密度的教育设施栅格，以此类推。这种方式可以取代连续的密度值，使数据更易于解读。二是，重新分类可以生成包含唯一类别或数值的新栅格，有助于从原始数据中提取出特定的特征或范围。比如，可以创建一个新的栅格，表示教育设施密度在 51～100 个/4 km^2 范围内，以便根据需求进一步分析和应用。三是，重新分类还可以生成表示输入栅格像元值排序结果的新栅格。例如，通过重新分类和排序，像元值被重新映射到一个更直观的范围内，比如从 1 到 5，其中 1 表示最不适宜，5 表示最适宜，从而反映出像元值的适宜性排序。这种排序可以帮助决策者更好地理解数据的含义，从而进行相关的决策和规划工作。

7.2.3　多个栅格的局域运算

多个栅格的局域运算涉及像元之间的逐个计算或者统计，也涉及图层合成、地图叠置等操作，不过需要注意的是，最大值、最小值、值域、总和、平均值、中值和标准差等统计值只能应用于数值型栅格的度量，众数、少数和唯一值数目等统计值适用于数值型或者类别型数据栅格的度量。以上的操作可以在多个栅格图层之间进行，从而实现更深入的数据分析和处理。局域运算的本质相当于基于矢量的地图叠置操作，这意味着可以通过对每个栅格像元及其邻域进行逐个处理，将多个图层的信息合并或叠加在一起，也就使得我们能够获得更全面、更细致的地理信息数据，进而支持更准确的空间分析和决策制定。

还有一些局域运算不涉及任何数学和逻辑运算。例如，一种被称为组合(combine)的局域运算，它是以一个唯一值表示输入值的不同独特组合。假设一个坡度栅格有 2 种像元值 1 和 2，其中 1 代表 0%～50%，2 代表大于 50%；假设一个坡向栅格有 4 种像元值，1 代表东，2 代表西，3 代表南，4 代表北。Combine 运算生成的输出栅格，每种坡度和坡向的组合都有一个唯一值，例如 A 代表坡度为 0%～50%的东坡，B 代表坡度为 0%～50%的西坡，以此类推(表 7-2)。

表 7-2　坡度坡向的组合代码

组合代码	A	B	C	D	E	F	G	H
(坡度，坡向)	(1,1)	(1,2)	(1,3)	(1,4)	(2,1)	(2,2)	(2,3)	(2,4)

7.2.4　局域运算的应用

局域运算是栅格数据分析的关键，其用途很广，常用于卫星遥感图像的土地覆盖分类。例如，利用某城市行政边界划分出该城市遥感影像，接着通过使用分类或阈值方法，将栅格数据中的绿地区域与其他地物区分开，最后统计该城市内所有的绿地像素数量，并计算其占整个城市面积的比例，即可求出城市绿地覆盖率。

由于局域运算是基于栅格数据进行叠置的，误差传递问题可能会影响解译输出结果的准确性。栅格数据不会直接受到数字化误差的影响，但若栅格数据由矢量数据转换而来，此时数字化误差就会随着转换而被传递至栅格数据中。为避免上述问题，在进行局域分析前，要对栅格数据进行严格的质量检查，匹配和校正不同的数据源，确保数据的一致性，分析之后要及时对输出结果进行误差修正。

7.3　邻域分析

邻域分析，也被称为窗口分析，是针对栅格数据中的单个、多个栅格点或全部数据创建一个固定半径的邻域，也就是一个分析窗口，并且在这个邻域内进行各种统计计算，比如求取极值、均值等，或者与其他数据层面的信息进行必要的复合分析的方法。通过这种方法，能够有效地在栅格数据中进行水平方向的扩展分析。

地学信息在不同层面的因素之间相互制约，并且在空间上呈现一定的相关性。对于栅格数据描述的地学要素，其中的每个栅格通常会对其周围栅格的属性特征产生影响。精确且有效地反映这种空间联系的特点，是地学分析的重要任务之一。

7.3.1　邻域分析的类型

按照邻域的形状，可以把邻域分为四种类型。

(1) 矩形邻域：是以目标栅格为中心，分别向周围八个方向扩展一层或多层栅格，从而形成一个矩形形状的分析区域，如图 7-2(a)所示。

(2) 圆形邻域：是指以目标栅格为圆心，向外延伸一定半径的范围，形成一个圆形的分析区域，如图 7-2(b)所示。

(3) 环形邻域：是指以目标栅格为中心，形成由内部一个小圆和外部一个大圆之间的环形区域，如图 7-2(c)所示。

(4) 扇形邻域：是以目标栅格为起点，按照指定的起始角度和终止角度形成一个扇形状的分析区域，如图 7-2(d)所示。

需要注意的是，在所定义的邻域内，可能会有一些像元只被部分覆盖。针对这种情况，通常的处理方法是：如果该像元的中心位于该邻域内，则将其纳入分析范围。

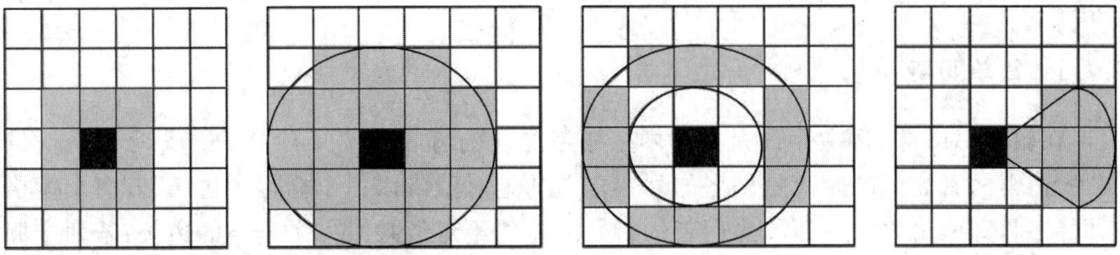

(a) 矩形邻域　(b) 圆形邻域　(c) 环形邻域　(d) 扇形邻域

图 7-2　邻域的四种类型

7.3.2　邻域运算

邻域运算一般用邻域内的单元值与中心点的单元值作计算或仅用邻域内的单元值作计算，然后把计算的结果值赋给中心单元。邻域运算的输出结果可显示概要统计量，主要包括以下九种类型：

(1) mean(平均值)：是指在进行分析窗口内的计算时，新栅格值被确定为分析窗口内原栅格值的平均值。

(2) maximum(最大值)：是指新栅格值被确定为分析窗口内原栅格值的最大值。

(3) minimum(最小值)：是指新栅格值被确定为分析窗口内原栅格值的最小值。

(4) median(中值)：是指新栅格值被确定为分析窗口内原栅格值中数的值。

(5) sum(总和)：是指新栅格值被确定为分析窗口内原栅格值的总和。

(6) range(值域)：指的是在分析窗口内计算出的统计值的区间范围。

(7) majority(多数)：是指在分析窗口范围内，出现频率最高的单元值被选定为统计结果。

(8) minority(少数)：是指在分析窗口范围内，出现频率最低的单元值被确定为统计结果。

(9) variety(种类)：是指在分析窗口范围内，统计值的不同种类数量。

中心点单元会逐步从一个位置移动到另一个位置，直到访问完所有单元，才能完成栅格数据的邻域运算。

7.4 距离分析

距离在许多分析应用中扮演着关键角色。在人文地理学领域，空间相互作用模型广泛应用于选址、零售市场分析等。而在自然资源环境研究中，诸如火灾情况监测、污染物扩散及病虫害传播分析等都需要与距离相关的空间模型。而栅格数据分析中的距离运算则是这些研究得以开展的基础工具。

在栅格数据分析中，距离通常有两种计算方法：一种是简单距离，即计算平面上两点之间的直线距离。另一种则是有效距离，考虑了实际环境中的各种障碍对距离的影响，如地形障碍（如山脉、河流）和道路条件（如交通流量、道路类型）。在计算有效距离时，需要考虑这些障碍对通行的影响，并相应地调整距离的计算方式，以更准确地反映实际环境下的距离关系。

7.4.1 简单距离

在栅格 GIS 中，简单距离是根据两个栅格之间的直线距离来计算的。若两个栅格位于同一行，则两者之间的距离是两者的列数之差的绝对值乘以一个栅格的边长；若两个栅格位于同一列，则两者之间的距离为两者的行数之差的绝对值乘以一个栅格的边长；若两个栅格既不在同一行也不在同一列，则其距离由勾股定理计算。

在栅格数据分析中，简单距离计算有两种主要方法：一种方法是计算一组表示特定类型地理实体的栅格与其他所有栅格之间的距离。输出的栅格图层中，每个栅格的值代表了与起始栅格的距离值。这些距离值经过分级处理，划分成若干等级，生成环绕起始栅格的等距离带，能够展现区域中每一点到特定类型地理实体的接近程度。另一种方法是根据距离将每个栅格分配给特定的地理实体中距离最近的一个实体。

7.4.2 有效距离

有效距离运算考虑了不同地点间的运动受到的各种限制和影响。例如，假设一个快递员驾驶车辆运送货物，他需要考虑道路状况、交通情况和车速限制等因素，而不仅仅是简单的行车距离。因此，有效距离需要根据行车时间或成本等指标进行计算。再比如，在一个自然保护区中，为了估算巡逻员从观察站到达区内不同地点所需的时间，以便进行野生动物的保护和管理，需要考虑不同地形对行动的影响。穿越丛林或沼泽地相对而言会更耗时且更困难。在有效距离的计算中，相对障碍，如各种地形和植被类型等，会减慢行驶速度和增加成本，而像悬崖、河流等则属于绝对障碍，会完全阻挡行动。因此，有效距离是考虑了各种障碍影响的综合体现。图 7-3 所示为有效距离运算的示例。

在栅格数据分析中，通常需要两个栅格图层来计算有效距离：一个栅格图层通过一组或几组栅格来表明距离计算的起始地点；另一个栅格图层则通过成本栅格来表示相同区域内每个栅格经过时所受到的障碍影响程度，成本即为障碍影响程度，包括通过一个栅格所耗费的费用、时间、能量等。在计算有效距离时，同行或同列的相邻栅格之间的距离取决于这两

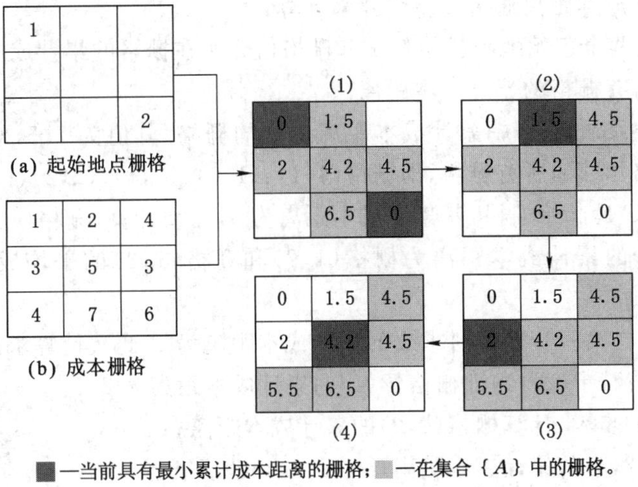

图 7-3　有效距离运算示例

个栅格的平均成本。而对角线上的相邻栅格之间的距离，则取决于这两个栅格的平均成本乘以 1.414 21。

如图 7-3 中的(1)所示，栅格(1,1)到栅格(1,2)的有效距离为：

$$(1+2)/2=1.5$$

栅格(1,1)到栅格(2,2)的有效距离为：

$$[(1+5)/2]\times 1.41421=4.2426$$

在栅格 GIS 中，有效距离运算涉及计算从起始地点到区域内每个栅格的最小累计成本距离。这个最小累计成本距离通过累加每个相邻栅格之间的有效距离得到，从而形成一条路径。针对任意两个点之间可能存在多条路径，其中有效距离的最小值称为最小累计成本距离。这一过程通常借助最短路径算法来实现，最终得到的新栅格图层中的每个像元值代表从起始地点到相应栅格的最小累计成本距离。

7.4.3　最小累计成本距离算法描述

(1) 在最小累计成本距离计算中，首先将起始地点所在的栅格的有效距离设为 0。随后，计算起始栅格到每个相邻栅格的有效距离，即起始栅格到相邻栅格的累计成本距离。接着设这些相邻栅格为集合$\{A\}$。

(2) 首先，从集合$\{A\}$中选取具有最小累计成本距离的栅格，将其累计成本距离设为∞。接着，计算出最小累计成本距离的栅格到周围相邻栅格的有效距离，将∞与这些有效距离相加即可求出每个相邻栅格自起始地点的累计成本距离。如果某相邻栅格已在集合$\{A\}$中，此时该栅格至起始栅格可以通过另一条路径到达。在该情况下，将先前求出的累计成本距离与当前求出的累计成本距离相比较，将较大的值舍弃，并将较小的值赋予该栅格。当求出所有相邻栅格的累计成本距离后，把它们也加入集合$\{A\}$中。

(3) 重复上述操作，直至求出所有栅格到起始地点栅格的最小累计成本距离。

图 7-3 通过一个示例展示了有效距离的计算过程。该示例涉及两个起始点，即起始点栅格(a)中的栅格值 1 和栅格值 2；另一个是成本栅格(b)。接下来，每个栅格与两个起始地

点之间的最小累计成本距离通过以下步骤来计算：

① 首先，假设两个起始地点栅格值 1 和栅格值 2 所在栅格的累计成本距离是 0，然后计算与它们相邻的所有栅格的累计成本距离。

② 找出所有相邻的栅格中累计成本距离最小的栅格，其值为 1.5，对应于栅格(1,2)。接着计算与该栅格相邻的所有栅格，即栅格(1,1)、(1,3)、(2,1)、(2,2)、(2,3)的累计成本距离。由于栅格(1,1)是起始栅格，其累计成本距离为 0，无须计算，栅格(1,2)为其本身，也无须计算，栅格(1,3)的累计成本距离为栅格(1,2)和栅格(1,3)的平均成本距离加 1.5，即 (2＋4)/2＋1.5＝4.5。

③ 栅格(2,1)在第一步计算时求出的累计成本距离为 2，此次计算求出的累计成本距离为 5，要将较小的值赋予(2,1)，即栅格(2,1)的累计成本距离为 2。

④ 和③一样的步骤，计算栅格(2,2)的累计成本距离；

⑤ 计算栅格(2,3)的累计成本距离；

⑥ (2,1)成为累计成本距离最小的栅格，其值为 2，计算其所有相邻栅格的累计成本距离；

⑦ (2,2)成为累计成本距离最小的栅格，其值为 4.2，计算其所有相邻栅格的累计成本距离。

在一些地理信息软件中，进行有效距离计算时，还会生成方向栅格。每个格子上的方向值指向能够以最小累计成本距离回到起始地点的相邻栅格。方向栅格上的方向值使用字母从 a 到 h 表示不同的相邻方向，而起点则用 x 表示。例如，a 表示右侧相邻格子，b 表示右下方相邻格子，以此类推(图 7-4)。通过跟踪方向栅格上的方向值，从一个格子出发直到返回起点，可以找到该格子与起点之间的最佳路径，即最小累计成本距离路径。图 7-5 展示了使用图 7-3 中的数据生成的方向栅格，并据此找到了一个格子到其中一个起点的最小累计成本距离路径。

f	g	h
e	x	a
d	c	b

图 7-4　方向值示意

图 7-5　分析栅格和最佳路径(以箭头表示)

7.5　分区运算

分区运算是一种以区域为单位，用来处理像元分组的技术，这些像元可能具有相同的值或者相似的属性。在这种方法中，图像或栅格数据被分为若干组，每个组作为一个分区，一个分区中可以是一系列相邻的栅格，也可以是一组非相邻但具有相同属性的栅格，这意味着这些分区的特性可以是连续的，也可以是不连续的。连续性分区中的像元在空间上互相连接在一起，而非连续性分区的像元在空间上被分隔开。

举个例子来说，流域栅格展现了连续性分区的典型特征。在流域栅格中，具有相同水流归属的像元在空间上相连，形成了一片连续的区域。而非连续性分区的一个例子则是全国水稻种植区，它呈现了全国水稻种植的空间分布情况。在水稻种植区栅格中，水稻可能分布在不同的区域，这些区域之间可能不相连。

7.5.1　分区统计量

分区运算可以应用于一个或两个栅格的处理。如果针对单个输入栅格进行分区运算，它可用于测量每个分区的面积、周长、宽度和重心等几何特征。其中，面积是指分区内所有像元面积的总和，可由单个像元面积乘以像元数量求出。对于连续性分区，周长即为其边界的长度，可由单个像元边长乘以外围像元边的数量求出，而对于非连续性分区，如图 7-6 所示，周长则是指各部分区域周长的总和。宽度指的是以像元为单位在每个分区内能绘制的最大圆的半径。重心是能包含整个区域的最小椭圆的长轴与短轴的交点，代表分区的几何中心。

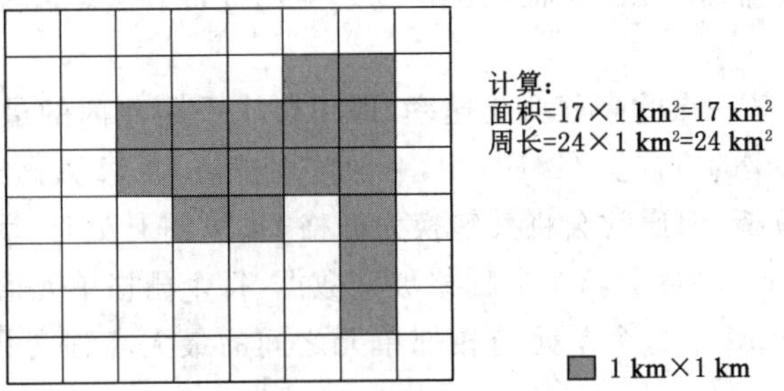

图 7-6　非连续性分区面积与周长的计算

如图 7-7 所示，(a)为输入栅格，显示了区域中每个像元的值，(b)为分区栅格，有“1、2、3”三个区域，(c)是输出栅格，它以输入栅格为基础，并且以分区栅格为计算范围，求出各分区的平均值。除了平均值外，还可以求出各分区的最大值、最小值、和、值域、标准差、平均值、面积、少数、众数、中位数、种类数，需要注意的是，若输入栅格类型是浮点型，则无法计算后四种值。

1	3	8	1
5	2	5	7
4	7	2	3
1	3	1	9

(a) 输入栅格

1	1	1	2
1	1	1	2
3	3	3	2
3	3	3	2

(b) 分区栅格

4	4	4	5
4	4	4	5
3	3	3	5
3	3	3	5

(c) 输出栅格

图 7-7　分区平均值计算

7.5.2　分区运算的应用

在景观生态学研究中，通常利用几何特征如区域面积、周长和宽度等对景观类型进行定量表达和分析。例如，周长与面积比被广泛用于度量形状的复杂度。利用分区运算可以得出用于比较的描述性统计值。以 K. Malugu 等(2018)的研究为例，他们利用遥感影像数据对坦桑尼亚达累斯萨拉姆市的绿地进行分类。通过将不同植被类型的栅格作为分区栅格以及将不同植被类型的高程和光谱信息作为输入栅格，运用分区运算分析得出不同植被类型的高程分布和光谱特征。陈波(2021)在其研究中以研究区内的县市作为分区栅格，以 1990 年至 2019 年的水稻种植面积为输入栅格，通过分区运算求出各分区每年的水稻种植面积，从而揭示水稻种植面积变化的趋势及影响因素。

7.6 地形与视域分析

7.6.1 地形分析

地形分析是一种利用 GIS 技术，以数字高程数据为基础，对地理信息数据进行收集和处理，以深入研究地表状态、地形特征及其演变趋势的分析方法。坡度分析和坡向分析是其最常用的手段。

坡度描述了地表某一点的高程变化速率，即单位水平距离内的最大高程变化。而坡向则指示了这种高程变化的方向。在 GIS 中，一般使用栅格 DEM 数据进行坡度和坡向分析。尽管 TIN 也可用于分析，但通常会将其转换为栅格 DEM 进行处理，因为栅格 DEM 的结构更简单，算法直观易行。坡度分析生成栅格坡度数据，每个栅格单元值表示其坡度。这一分析是通过测算栅格 DEM 中每个单元与相邻单元之间的最大高程变化率完成的，即找出最大的 ω 值变化率。

通常情况下，栅格 DEM 数据中的栅格单元除非处于数据边界，否则每个栅格单元都会有其周围 8 个相邻的栅格单元，一般的做法是利用该栅格单元以及其周围 8 个栅格单元的高程数值来计算坡度。

如图 7-8 所示，栅格单元"1"周围有 8 个相邻的栅格单元，因此计算栅格单元 A 的坡度时，需要使用这 3×3 共 9 个栅格单元的高程数值。然而，对于边界上的栅格单元"2"和角落上的栅格单元"3"，情况稍有不同。栅格单元"2"只有 5 个相邻栅格单元，而栅格单元"3"只有 3 个相邻栅格单元。在这种情况下，我们将栅格单元"2"和"3"自身的高程数值视作缺失相邻栅格的高程数值，以便计算坡度。

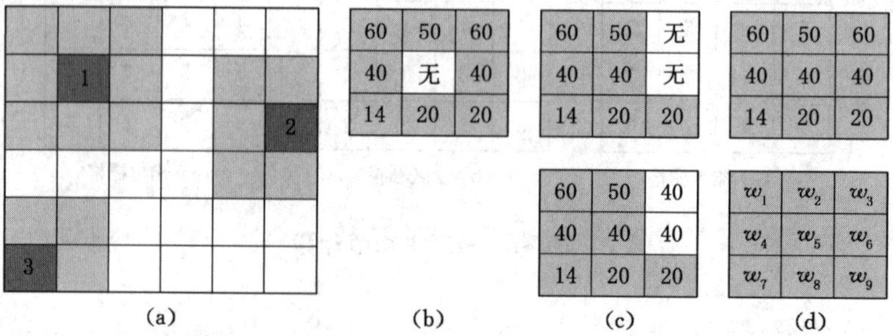

图 7-8 基于栅格 DEM 数据进行坡度分析的情况

另一个特殊情况是存在“无数据值”的栅格单元，这些单元本身不包含高程数值，可能因为它们位于研究区之外或者由于某些原因未采集到高程数据。针对这种情况，我们采用以下两种方法进行处理：一是如图 7-8(b)所示，如果要计算的栅格单元本身没有数据，那么该单元就不用于坡度计算，输出的坡度仍然是“无数据值”；二是如图 7-8(c)所示，如果要计算的栅格单元周围的 8 个相邻栅格单元中有缺失数据的情况，则使用中心栅格单元的高程数值替代相邻栅格单元的缺失数据，以确保坡度的计算。

坡度的计算方法有多种，它们的核心理念相近，都有考虑栅格单元在水平 α 方向和 β 方向上的高程变化率。最终确定栅格单元的坡度采用以下公式：

$$\text{slope\_radians}=\arctan\left\{\sqrt{\left(\frac{\partial\omega}{\partial\alpha}\right)^2+\left(\frac{\partial\omega}{\partial\beta}\right)^2}\right\} \tag{7-1}$$

通过该公式计算得到的坡度以弧度为单位，如果要将其转换为角度单位，需要将其先乘以 180，接着再除以 π。此外，坡度也可以转换为坡度百分比，即将坡度的正切值乘以 100，表示在水平方向上平移 100 m 所引起的垂直方向上的高程变化。

在式(7-1)中计算导数时，一般是在局部 3×3 共 9 个栅格单元范围内计算中间栅格单元的坡度，如图 7-8(d)所示，其基本思想是利用这 9 个数值来模拟局部地表面，然后计算中心栅格单元 ω_5 的坡度数值。不同的算法在计算中会对 9 个栅格单元的高程数值采用不同的权重，而其中最常用的计算公式为：

$$\frac{\partial\omega}{\partial\alpha}=\frac{(\omega_1+2\omega_4+\omega_7)-(\omega_3+2\omega_6+\omega_9)}{8s_\alpha} \tag{7-2}$$

$$\frac{\partial\omega}{\partial\beta}=\frac{(\omega_7+2\omega_8+\omega_9)-(\omega_1+2\omega_2+\omega_3)}{8s_\beta} \tag{7-3}$$

式中，ω_1 到 ω_9 是栅格单元的高程数值；s_α 和 s_β 是栅格单元在 α 和 β 方向上的大小。

另一种地形分析方法是坡向分析，与坡度分析密切相关。坡向代表坡度最大高程变化率的方向，其计算公式如下：

$$\text{aspect}=\arctan\left\{\frac{\partial\omega}{\partial\beta}\bigg/\frac{\partial\omega}{\partial\alpha}\right\} \tag{7-4}$$

坡向分析是从输入的栅格 DEM 中生成栅格形式的坡向数据。与坡度分析相似，它的输入是栅格 DEM 中每个栅格单元的高程。输出结果是坡向栅格数据，其中每个栅格单元的属性数值代表其坡向方向。

7.6.2　视域分析

一种与地形分析相关的方法是视域分析，又称为可视性分析。这种分析描述了将人眼对目标物体的视觉感知转化为地理信息的过程，其核心概念是目标物体是否可视。这一分析可以延伸为研究目标对象之间是否可见的通视性分析。通视性分析是以某个点为观测点，研究某个区域是否通视的情况，这通常通过利用数字高程模型来判断地形上的两个点是否相互可见。通视性分析包括视线通视性分析和视域通视性分析。视线通视性分析假设观测点和目标点的个数都为 1，用于判断地形中观测点与目标点之间是否可见。而视域通视性分析则用于判断地形中一个观测点与多个目标点是否可见，且视域通视性分析可以将观测点视野范围内所有可见的目标点找出并组成一个范围的集合。

图 7-9 和图 7-10 展示了观测点与目标点之间的通视与非通视情形。在这些图中，观测

点位于高度为 z_1 的位置，而目标点则分别位于两个不同的位置，其高度均为 z_2。视线是一条直线，从观测点①向目标点②延伸。通视情况下，①、②之间的视线无障碍物，因此观测点①能够直接观测到目标点②；非通视情况下，由于存在障碍物，视线相交于③点，阻挡了观测点①对目标点②的直接视线。

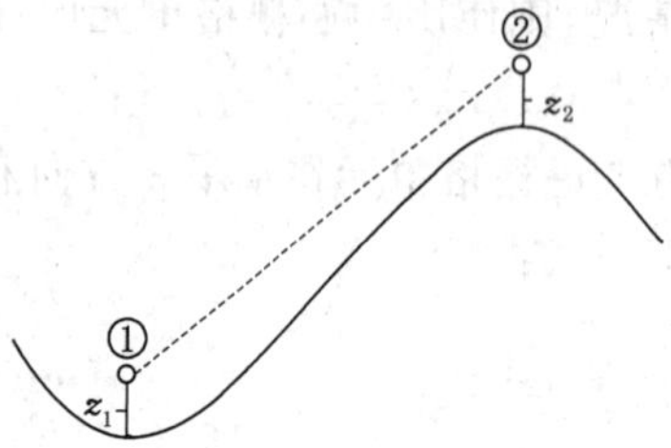

图 7-9　两点之间通视情况示意图

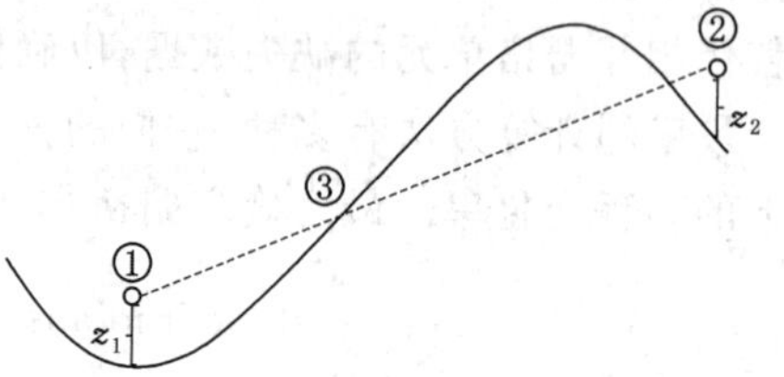

图 7-10　两点之间不通视情况示意图

可视域指的是观测者可见的实际区域范围，即观测者对于这个范围内的每个点都具有视觉可达性。可视域分析在可视性分析中扮演着重要的角色。

图 7-11 展示了观测点①的可见区域和不可见区域。要确定可见区域，首要条件是确保该区域内的所有目标点都是通视的，这些通视的区域组成了可视域。从图中可以观测到，在高度为 z_1 的位置，观测点①的可见区域的视线都是直接可达的。相反，图 7-11 中那些视线不可达的区域则被确定为不可见区域，即非可见区域。

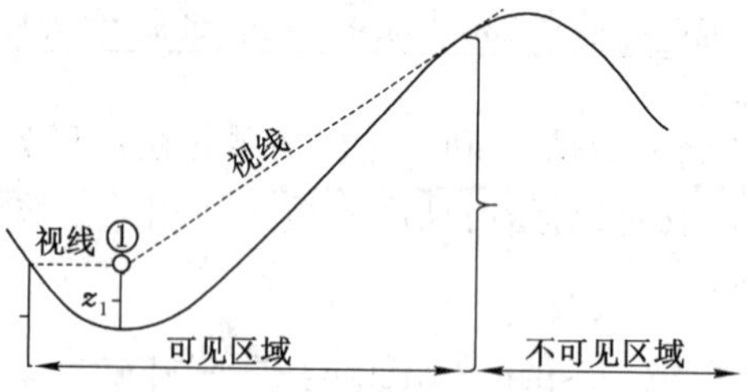

图 7-11　可视域划分示意图

7.6.3　可视域应用

可视域分析在选址规划、路径规划以及景观分析等领域都有广泛应用。

首先，基于可视域的选址规划在多个领域得到了广泛应用，包括军事、森林防火和建筑规划等。在军事方面，选址规划直接关系到哨所的布设，而哨所位置选择的是否合理可直接影响战局。在森林防火方面，选择适宜的监控点位置至关重要，不仅可减少监控设备的数量，还能最大限度地覆盖监控范围，早发现火情并采取措施，以减小损失。基于可视域的选址规划通常涉及覆盖问题，即确保选址能覆盖尽可能大的区域。

其次，可视域在路径规划中主要应用于地形可视域路径。路径的可视信息取决于每个地形点的可视性，所以可视域的路径规划是一种空间决策问题。在军事行军路线设定中，需要评估每个点与敌军的可视关系，以确保选定路线的安全性。兰泽多等(2023)通过采集典型路段的地形、可视域等安全因素特征值和安全行驶速度数据，基于随机森林算法构建安全行驶因素与速度之间的映射模型。通过使用该模型，制定了山西某山区道路的安全路径规划方案。结果表明，该模型能有效避开陡坡和视域差的路段，提供较为合理和安全的线路。

最后，在旅游景区的开发中，在选择自然景区的观景点位置时，必须借助可视域景观分析方法来确定适宜的位置，以确保观景点不仅能观赏到特定区域的景观特色，还能够获得更广阔的视野。在景观生态修复中，可视域也发挥着重要作用。刘韬等(2009)通过对抚仙湖环湖公路进行空间可视域分析，并将分析结果与景区植被、坡度、坡向等相结合，制定出合理的生态修复方案，改善了环湖公路可视范围内的景观。

7.7　空间相关分析

7.7.1　基本概念

空间相关性是指一系列空间对象之间的特殊统计联系。通常，距离近的数据点之间具有较强的相关性，而距离远的数据点之间的相关性则较弱。此外，空间相关系数呈现出聚集趋势。利用相关数据指标来度量空间相关性的方法被称为空间相关性分析。这种分析对于理解空间数据的分布特征、进行空间估值和预测非常重要，因此在理论和应用上都具有重要价值。

在某一地区内，建筑物的分布通常并不均匀，城区的建筑物往往呈现密集分布的特点，而乡村地区则相对稀疏。类似的情况也出现在人口的空间分布上，从乡镇到城市郊区再到城市中心，呈现出聚集的趋势。如图 7-12 所示，尽管地理现象都具备空间相关性，但不同区域的地理要素的相关性却不尽相同，可能有的呈正相关，而有的呈负相关。

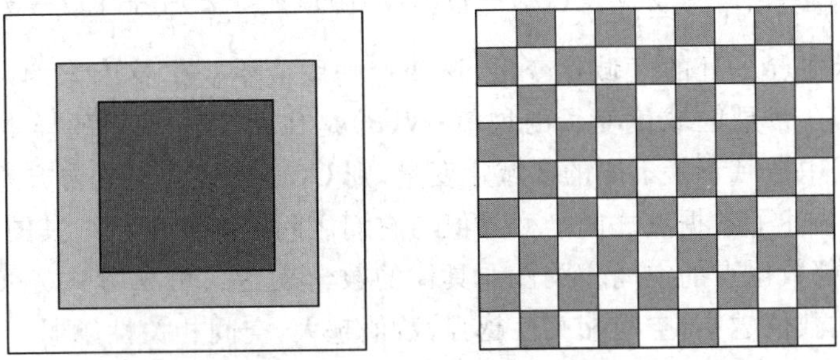

(a) 空间正相关　　(b) 空间负相关

图 7-12　空间相关性差异

空间自相关指的是同一变量在空间上的相互关联，主要用于衡量该变量在空间分布上的聚集情况。以居民区分布的聚集情况为例，这是空间自相关分析的一个经典案例。但是，对居民区分布与 GDP 或人口等分布之间的关系进行分析则不属于空间自相关分析的范畴。空间自相关分析可以根据研究对象的范围分为全域性自相关分析与区域性自相关分析，同时自相关性可能在不同方向上呈现出各向同性或各向异性。如图 7-13 所示，莫兰指数是各向同性的自相关分析中常用的方法。

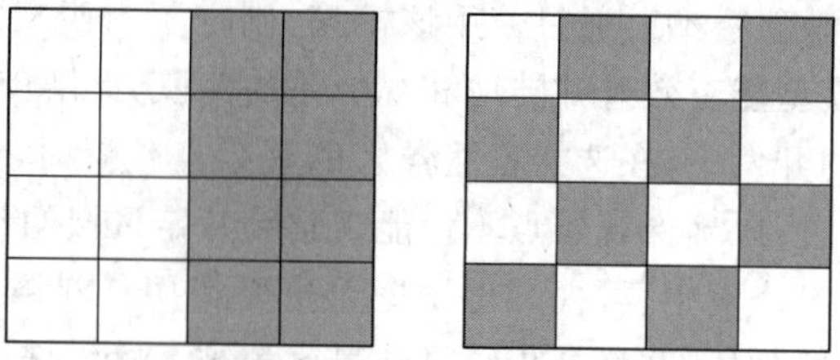

图 7-13　莫兰指数在自相关分析中的应用

7.7.2　基本方法

地理统计学专注于研究区域化变量的空间分布特征,并深入探讨自然现象或事物的空间变异与结构特点。区域化变量是指在空间上具有一定的分布规律,能够反映某种特征或现象的空间分布特征的变量。举例而言,土地利用类型就是这样的典型区域化变量,能够反映土地利用在地域间的差异和变化趋势。区域化变量具有随机性、结构性、空间局限性、连续性等特点,其中,最显著的特点在于同时具备随机性和结构性。在微观层面上,不同空间位置上的变量呈现出随机取值的特征;而在宏观层面上,区域化变量则呈现出一定的空间结构,例如,某些地区的变量取值高于另一地区。对这些特点进行深入研究不仅有助于更好地理解自然现象在空间上的分布规律,也为地理信息系统和空间数据分析提供了重要的理论基础和方法支持。

两个随机变量之间的不同使用协方差函数来描述,见式(7-5):

$$C(d)=\frac{1}{N(d)}\sum_{i=1}^{N(d)}[H(x_i)-\overline{H}(x_i)][H(x_i+d)-\overline{H}(x_i+d)] \tag{7-5}$$

式中,$H(x_i)$表示在点 x_i处的区域化变量,该变量的取值不受位移因素的影响;d 表示样本点的空间距离;$\overline{H}(x_i)$是区域化变量的均值;$N(d)$是在距离为 d 处的样本量。若 $H(x_i)$、$H(x_i+d)$在公式中被赋予了不同的区域化变量,则 $C(d)$就成为交叉协方差函数。

半变异函数描述了数据点之间半变异值与它们之间距离的关系。其图形描述能够清楚展示数据点与相邻数据点的空间相关性。具体的数学表达式可参考式(7-6)。需要注意的是,半变异函数的数值越小,空间相关性越强,数值越大,空间相关性越弱。

$$\gamma(d)=\frac{1}{2N(d)}\sum_{i=1}^{N(d)}[H(x_i)-H(x_i+d)]^2 \tag{7-6}$$

式中,$H(x_i+d)$表示变量在空间位置 x_i+d 上的观测值。

充分了解空间相关性规律,可通过插值运算推断未知点的数值。克里金插值法的理论基础是半变异函数,用最优估计的方法对有限区域内的区域化变量进行插值。

如式(7-7)所示,该方法为了获取更准确的估算结果,从空间结构的角度考虑了待测点与周围样点数据之间的距离关系,同时也综合考虑了各样点的空间位置关系。克里金插值法的应用领域十分广泛,可用于估算土壤成分、植被覆盖率、地表温度等指标。

$$f(a)=\varepsilon(a)+\varphi(a)+\gamma(a) \tag{7-7}$$

式中,$\varepsilon(a)$代表空间变量 a 的变化趋势;$\varphi(a)$代表随机变量,需要利用半变异函数分析确定;$\gamma(a)$代表随机噪声。

莫兰指数是空间自相关的重要度量指标，可以评估邻近区域单元属性值的相似性和差异性。式(7-8)所示为全局莫兰指数的计算方法，其中 $H(d)$ 位于[−1,1]区间，正值表示正相关，负值表示负相关。$H(d)$ 的绝对值越大，相关性就越强，即聚集分布越显著；$H(d)$ 趋近于 0 则表示随机分布。式(7-9)所展示的是区域莫兰指数的计算方法，式(7-10)展示的是标准化统计量 Y 的计算方法，可以检验各区域的自相关性质。除了莫兰指数的散点图，还可以使用 Geary's C 法和 Getis 统计法进行空间自相关分析。

$$H(d)=\frac{n\sum_{i=1}^{n}\sum_{j=1}^{n}W_{ij}(d)(x_i-\bar{x})(x_j-\bar{x})}{\sum_{i=1}^{n}\sum_{j=1}^{n}W_{ij}(d)\sum_{i=1}^{n}(x_i-\bar{x})^2} \tag{7-8}$$

$$H_i=\sum_{j=1}^{n}W_{ij}(x_i-\bar{x})(x_j-\bar{x}) \tag{7-9}$$

$$Y=\frac{H-E(H)}{\sqrt{\mathrm{VAR}(H)}} \tag{7-10}$$

而多元统计方法在空间自相关分析中也不可或缺，主要用于处理分类数据和进行综合评估，以全面理解地理现象的空间自相关规律，主要包括主成分分析法、层次分析法和聚类分析法等。

7.7.3　空间自相关的应用

空间自相关分析在 GIS 和城市规划等领域都有着巨大的应用价值。

空间自相关分析在 GIS 中可进行空间数据挖掘和模式识别，以研究地理现象的空间聚集区域和分布规律。例如，王腾(2017)运用网络空间自相关分析方法，研究了道路路段上商业设施的活跃程度，以探索商业设施在道路网络中的聚集情况，同时揭示了这一活跃度的空间自相关特征。刘大均等(2014)综合运用全局自相关与局部自相关的空间自相关分析方法，从全国尺度和省际尺度探究中国传统村落空间分布的局部空间特征，为传统村落的开发保护政策制度提供了参考。

空间自相关分析在城市规划领域可以帮助了解土地利用类型、道路网络、经济活动的空间分布及特征，为城市的可持续发展提供科学依据。例如，夏圣洁等(2024)以 Landsat 遥感影像为数据源，对山西中部城市群的生态用地和热环境的空间分布及演变特征进行空间自相关分析，研究得出各类生态用地对热效应的贡献程度及影响因素，并且对山西中部城市群的发展规划提出中肯建议。张文会等(2024)在公交车辆卫星定位数据的基础上，通过使用全局与局部莫兰指数，精准识别出公交车辆事故多发路段，为公交安全驾驶和城市道路规划提供了参考；孟斌等(2005)通过利用莫兰指数对中国各省的可利用土地、人口、国内生产总值等社会经济发展指标进行空间自相关分析，揭示了中国各地区经济发展的差异及规律。

7.8　章节总结

7.8.1　重点术语

分析掩模　局域运算　重新分类　邻域运算　简单距离　有效距离　分区运算　地形

分析　坡度　坡向　视域分析

7.8.2 复习题

(1) 什么是GIS的空间分析？两种常见的空间分析的分类方法是什么？

(2) 在单一栅格中使用分区运算可以导出哪些类型的几何量测值？

(3) 数字高程模型可以分为哪几种具体的地形数据表达方法？

(4) 坡度分析和坡向分析分别是什么？

(5) 试解释简单距离与成本距离的差异。

(6) 为什么栅格数据运算中使用分析掩模可以节省时间和工作量？

(7) 流域分析通常有哪些步骤？

(8) 试比较矢量数据结构和栅格数据结构各有什么特征。

(9) 为什么局域运算又被称为逐个像元运算？

(10) 试述邻域运算中的常用邻域类型。

(11) 请说明视域分析有哪些可能的应用情景。

(12) 用两个栅格进行分区运算时，首先必须定义其中一个为分区栅格。分区栅格是什么？

7.8.3 应用练习

实验 7.1 执行局域运算

· 实验目的

将北京市 2020 年的土地利用分类成耕地、园地、林地、草地、商服用地、住宅用地等 12 类。

· 数据说明

北京市 2020 年中国科学院土地利用分类栅格数据。

· 操作步骤

(1) 启动 ArcMap，添加数据框并更名为“任务 1”，将北京市 2020 年土地利用分类栅格数据“beijing2020”加入。

(2) 确认是否选择扩展模块的许可。“自定义菜单(Customize)”中的“扩展模块 Extensions”功能对话框中的 Spatial Analyst 均已勾选。

(3) 在 ArcToolbox 中选择“Spatial Analyst”工具中的“重分类”下的“重分类”。“beijing2020”作为输入栅格，重分类字段为“value”，将旧值 11～13 的新值输入为 1，旧值 21～24 的新值输入为 2，旧值 31～37 的新值输入为 3，旧值 41～44 的新值输入为 4，以此类推，输出栅格为“Reclass_1”。

问题 1：如何将北京市 2020 年的土地利用分类成农用地、建设用地、未利用地三大类？

实验 7.2 执行邻域运算

· 实验目的

使用 5×5 的矩形邻域对土地利用分类数据进行滑动平均处理。具体实现方法是通过块统计，这种方法在邻域操作中使用一组固定的、非重叠的窗口，在每个邻域内计算输入像元的统计数据，如最大值、最小值、平均值或总和等。该方法能确保每个邻域中的所有像元都参与统计计算，从而生成新的数据结果。

· 数据说明

与实验 7.1 相同。

· 操作步骤

(1) 在 ArcMap 中插入数据帧，并命名为“任务 2”，并把上一个任务的输出结果“Reclass_1”添加到任务 2 中。

(2) 从“Spatial Analyst”工具选择邻域分析“Neighborhood analysis”中的块统计“Block Statistics”，设置统计值为 Mean(平均值)、邻域设置为 5×5 的正方形。

问题 2：在“Spatial Analyst”中，除平均值之外还有哪些可用的邻域统计值？

实验 7.3　执行分区运算

· 实验目的

统计北京市各区的土地利用情况。

· 数据说明

“Reclass_1”，北京市各区行政界限。

· 操作步骤

(1) 在 ArcMap 中插入数据帧，并命名为“任务 3”，并把“Reclass_1”和北京市各区行政界限图层“Beijing_region”添加到任务 3 中。

(2) 在 ArcToolbox 的“Spatial Analyst”工具中，选择“区域分析”中的“Zonal Statistics as Table”工具。设定分区区域为北京市各区的行政界限，使用属性字段“Name”作为区域标识，分析栅格数据“Reclass_1”。输出结果命名为“北京市各区统计”，包括计数、面积、最小值、最大值、范围、平均值、标准差及总和等统计信息。由于输入栅格为浮点型，不会计算众数、少数、中值和变异度。

问题 3：通过分析运算，统计北京市哪个区建设用地类型的区域平均值最高？哪个区最小？

实验 7.4　执行距离运算

· 实验目的

以栅格单元为基础，依据土地利用类型生成分级的栅格成本数据。接着，计算每个栅格单元到地铁站点的累计成本距离，评估区域的可达性。根据不同的时间成本等级，确定公共服务设施的空间可达范围。

· 数据说明

北京市行政边界，“Reclass_1”，北京市 2020 年地铁站点数据。

· 操作步骤

(1) 根据土地利用分类数据，对不同空间对象设定出行时间成本，并以时间成本数值进行标示。数值越大，表示通行时间越长。本实验中，对不同土地利用类型的通行成本不予考虑，将水域去除后，所有地类统一采用 0.017 min/m 作为通行成本。

(2) 在北京市行政边界“Beijing_city”的数据表中新增步行时间成本字段,并将步行时间设定为 0.017。使用面转栅格“Polygon to Raster”工具将北京市的矢量数据转换为包含成本值属性的栅格数据。像元大小可以根据需求自行设定,像元越小,计算结果越接近实际情况。本实验要求将像元大小设定为 50 m×50 m,从而生成北京市的步行成本栅格。

(3) 将步行成本栅格和地铁站点输入系统,生成每个像元到地铁站点的最小累计成本距离栅格。接着,根据步行时间将地铁站点成本距离栅格图分为四个等级:5 min、10 min、15 min 及超过 15 min。最后,生成分级后的成本距离栅格图。

问题 4:通过距离运算,获取北京市各区建设用地到地铁站点的成本距离,进行各区建设用地的可达性分析。

实验 7.5　执行视域运算

· 实验目的

求出行人在观察道路上所能看到的绿化范围。

· 数据说明

北京市 DEM 数据,“Reclass_1”,一条观察道路的矢量数据。

· 操作步骤

条件:假设行人的身高为 1.6 m。

(1) 在 ArcMap 中打开 DEM 数据以及观察道路矢量数据,使用要素折点转点“Feature Vertices To Points”工具将观察道路的线要素转换成点要素,生成新的矢量图层命名为“驻足点”。在 ArcToolbox 的“Spatial Analyst”工具中,选择“提取分析”,选择“多值提取至点”工具,“驻足点”作为输入点要素,北京市的 DEM 数据作为输入栅格,输出字段名为“H”,表示驻足点的高度;接着在“驻足点”属性表中添加字段“h”,表示视线高度,在字段计算器的表达式框中输入如下表达式:(h=[H]+1.6),从而计算得出视线高度。

(2) 在 ArcToolbox 的“Spatial Analyst”工具中,选择“表面分析”,选择“视域 2”,北京市的 DEM 数据作为输入栅格,“驻足点”为输入观察点,输出栅格命名为“累积视域”,观察点高程字段为“h”,观察点偏移的线性单位为道路宽度的一半,即 0.75 m,外半径线性单位为平均视距,即 3 000 m,水平起始角为“0”,水平终止角为“360”,垂直上角为“90”,垂直下角为“−90”,计算得出“累积视域”。

(3) 在 ArcToolbox 的“Spatial Analyst”工具中,选择“条件分析”,选择“条件函数”输入条件栅格数据为“累积视域”,表达式为“value>=1”,输入条件为 true 时所取的栅格数据或常量值为“1”,输出栅格为“绿化范围”,从而求出行人站在观察道路上所能看到的绿化范围。

实验 7.6　执行空间自相关分析

· 实验目的

求出中国 2022 年传统村落分布是否存在空间相关性。

· 数据说明

中国 2022 年传统村落矢量数据。

· 操作步骤

(1) 在 ArcToolbox 的“Spatial Statistics Tools”工具中,选中“分析模式”里面的空间自

相关(莫兰指数)"Moran's I"工具,将中国2022年传统村落矢量数据作为输入要素类,选中"生成报告",从而生成空间自相关分析报告。

(2) 根据报告中的莫兰指数值与 z 值判断中国2022年传统村落分布是否存在空间相关性,是正相关还是负相关。

问题5:北京市2022年传统村落分布是否存在空间相关性?

第 8 章　土地信息可视化与地图制图

8.1　土地信息可视化

8.1.1　LIS 与地图

地图在土地信息系统(LIS)中扮演着至关重要的角色，既是系统的输入也是输出。LIS 作为一个多学科交叉的领域，涵盖了计算机科学、地理学、地图学、摄影测量与遥感技术等学科，它处理的数据形式丰富多样，包括一维、二维和三维的矢量数据以及图形和图像数据。地图与 LIS 之间的关系紧密相连，地图作为一种视觉工具，能够有效地总结和传达 LIS 操作输出的结果，特别侧重于地理位置或数据分布模式的展示。根据国际制图协会的定义，地图是地球表面或与之相关的某些物质或抽象特征的选择性表征，通常以比例形式展示在平面媒介上。地图作为 LIS 数据处理流程(图 8-1)的最终输出，经历了从数据收集、编辑、数据管理到分析的各个环节，每个步骤都将 LIS 数据库逐步转化为适合在特定技术平台上展示的形式。对于不同的地理现象，土地信息可视化以地图作为重要的表达方式，能够直观、明显、具体地呈现土地数据的表层信息。同时，通过土地数据分析和空间分析，还可以进一步揭示数据背后隐含的内在信息。随着科学计算可视化向地理空间信息可视化技术的演进，地图的呈现形式也在不断创新，出现了主题地图、多变量地图、三维地图、系列地图和动态地图等多种新型的土地信息地图可视化表达形式。

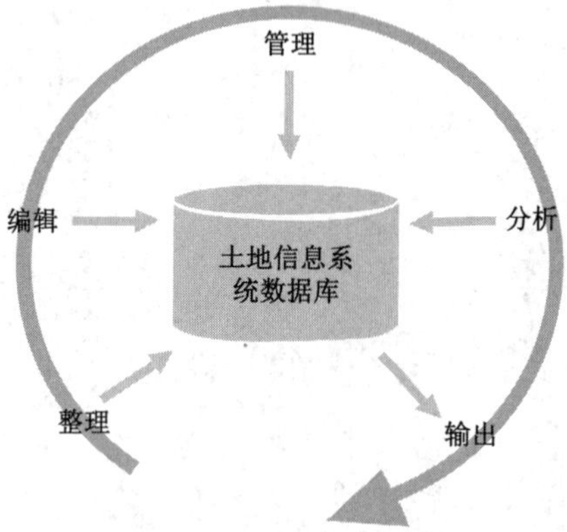

图 8-1　需要进行地理信息系统处理转换才能创建地图

随着图形用户界面(GUI)的地理信息系统(GIS)软件包技术的日益成熟，GIS 数据显示的质量和效率均得到了显著提升。在实际应用中，制图过程本质上是对地图元素进行精心组装的过程，这一流程应当受到明确且富有创意的地图设计理念的指导。一个设计精良的地图不仅要在视觉上令人愉悦，更要能够充分展现数据的丰富性，确保空间对象及其属性在GIS应用程序中得以清晰、准确地解读。在符号的选择上，制图者通常从软件提供的符号集中挑选合适的元素。然而，值得注意的是，如果直接采用ArcGIS Pro等GIS软件中的“默认选项”，如符号样式和颜色配置，可能会给地图观察者带来视觉上的混淆，甚至可能误导信息解读或引发数据质量方面的疑虑。为了避免这种无意或有意的误传，地图的创建通常遵循一系列复杂的规则、符号和视觉约定。这些约定旨在确保地图信息的准确性、可读性和易用性，从而为用户提供更加可靠和有效的地理信息支持。

在设计一张关于特定主题的地图时，关键在于精心挑选与主题紧密相关的地理现象，并运用恰当的模型将这些现象转化为直观且富有意义的地图符号。数据可视化的整个流程都受到“地图面向的用户是谁以及地图表达效果如何”这一核心问题的指引，这一原则也深深植根于地图传播的基本理念之中(图 8-2)。这种视觉化的思考方式旨在确保地图观察者能够轻松解读和理解地图上的符号，从而获取所需的信息。以下是设计良好的地图的五个基本特点：

(1) 在设计地图时，必须始终将满足用户需求(包括充分考虑预期受众的期望和需求)作为首要考虑因素。

(2) 地图的设计应确保用户能够相对容易使用和理解，同时应竭力避免任何可能导致混淆的元素。

(3) 在地图设计中，准确性至关重要。其准确性受到多方面因素的影响，包括分辨率的高低、源数据的质量优劣、地图比例尺的精准度以及图形是否发生扭曲等。这些因素共同决定了地图呈现结果的精确性。

(4) 在地图制作过程中，要确保数据的正确呈现。这包括选择正确的地图类型，使用适当的符号、合理的分类、准确的比例尺以及适宜的投影方式等，以确保地图能够准确地反映地理数据的本质和特征。

(5) 在地图的制作过程中，审查者能够与地图进行互动，这种交互性有助于确保地图内容的准确性和完整性。通过这种方式，用户能够全面理解地图所传达的信息，从而实现信息的正确传递。

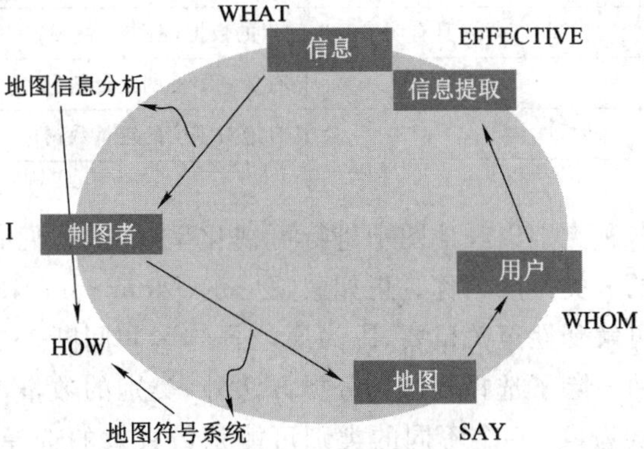

图 8-2　地图传播过程

为了确保能够清晰地区分不同要素之间的关系，我们需要根据展示平台（如页面或屏幕尺寸）选择适当的比例尺来制作地图或展示数据。地图比例尺反映了地图上的距离与地球上实际距离之间的对应关系，即地图上的长度与实际长度的比例。比例尺的选择主要取决于地图的预期使用目的。例如，若我们希望在宽度为 20 cm（即 0.20 m）的屏幕上展示一个覆盖 20 km（即 20 000 m）的区域，那么所选的地图比例尺应接近 0.20 至 20 000，也就是 1∶100 000。然而，在此比例尺下，可能无法清晰展示所有的城市和城镇。因此，为了更精确地查看各要素之间的关系，我们可能需要考虑使用更大比例尺（即数值更大）的地图。在大多数地理信息系统（GIS）软件界面中，随着地图比例尺的减小，地图的分辨率也会相应降低。这是因为为了保持地图的清晰度和可读性，一些要素可能会被平滑、简化甚至完全不显示。相反，在较大比例尺的地图上，要素会显得更大，展示的细节也会更多，但所覆盖的地理区域会相对较小。

8.1.2 制图数据分类

为了确定地图上的最佳符号表达，首要任务是对地图数据进行全面的分析，以明确其可视化策略。我们首先需要识别数据中的共同特征，这些特征将作为地图标题的核心。接下来，我们将深入探索数据的各个组成部分，并通过地图示例来直观展示它们。在数据分类方面，通常存在两种主要类型：定性数据（也被称为名义数据）和定量数据。定性数据基于专业领域的知识进行分类，如土壤质地的不同分类方案。而定量数据则是可测量的，它们遵循区间或比例尺的标准。此外，在定性和定量数据之间，还有一种特殊的数据类型，即序数数据。序数数据按照层次结构进行分级，比如变量的值“更多”意味着它比另一个值更高一级，如温度从凉爽到温暖的变化，或是道路类型的不同等级。通过仔细分析这些数据类型，我们可以选择最恰当的符号和可视化方法来呈现地图数据，确保地图既准确又易于理解。各种类型的数据在表 8-1 中进行了说明。

表 8-1 数据的本质及其测量尺度的差异

测量尺度	数据本质
名义	不同性质/事物的身份（定性数据）
序数	具有明确顺序元素的数据，但未定量确定（有序数据）
区间	具有任意零度的定量信息
比率	具有绝对零度的定量数据

在将数据解析成各种类别以在地图中进行可视化呈现时，我们必须意识到不同的地图制作软件提供了不同的分类方法名称。正如蒙蒙尼尔（Monmonier，2006）所强调的，所选的分类方法对于地图的可解释性至关重要，因为通过具体区间间断来显示的视觉模式可能会被不恰当的分类所扭曲。除了选择合适的分类方法外，类别的数量也是影响用户对地图解读的重要因素。通常认为，4～6 个不同的类别可能是最有效的选择。如果类别过多，可能会导致视觉上的重叠和混淆；而类别过少，则可能掩盖数据中重要的趋势和模式。因此，在进行地图可视化时，需要仔细权衡类别数量，以确保地图能够清晰、准确地传达数据中的信息。常用的分类方法如图 8-3 所示。

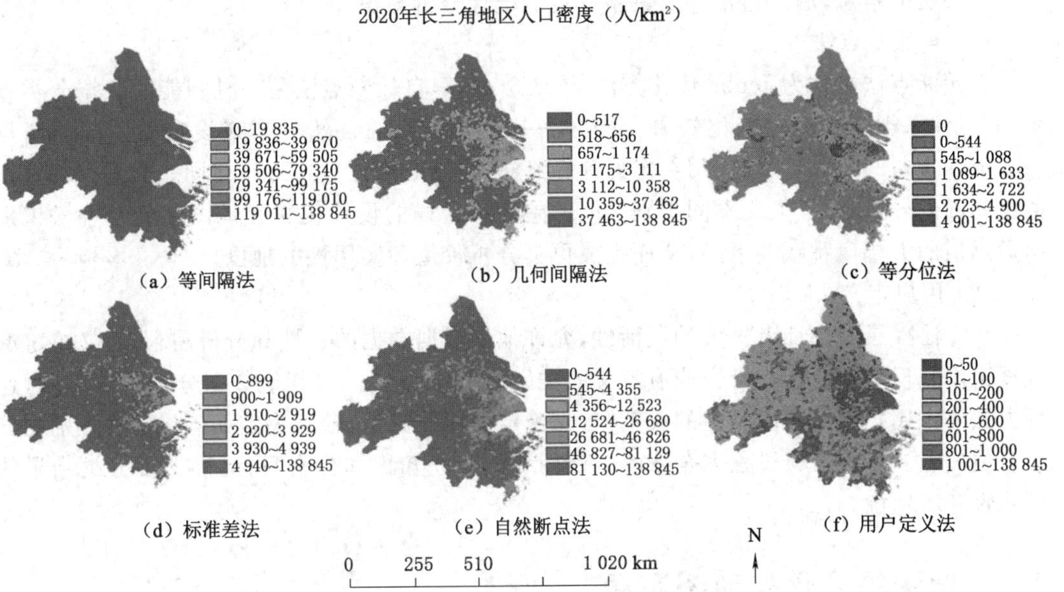

图 8-3　常用的分类方法

（1）等间隔法

这种分类方法采用的是等间隔划分法，它将数据均匀地分成一系列连续且不重叠的区间，例如将数据划分为 0～100、101～200、201～300 等区间。这种方法在数据范围连续且被广泛了解和熟知的情况下尤为有效，例如温度和降水量等常见的气象数据。通过等间隔法，我们能够公正且简单地分割数据，确保每个区间内的数据具有相似的特性，从而便于在地图上进行可视化呈现和解读[图 8-3(a)]。

（2）几何间隔法

这种方法是为了应对连续数据中的非线性变化（如对数增长或衰减）而设计的[图 8-3(b)]。它并不基于数据值本身来设定类别边界，而是努力确保每个类别中包含相同数量的数据点，从而处理数据的非均匀分布。这种方法允许我们更均匀地展示数据的分布情况，尤其适用于那些数据点在某些范围内密集而在其他范围内稀疏的情况。

（3）等频率或等分位法

这种方法是通过将数据值的总数均匀地分配到各个类别中，确保每个类别都包含相同数量的数据值[图 8-3(c)]。它在数据呈现线性分布时最为有效，能够创建出视觉上均衡且令人愉悦的地图，因为每个类别都包含了等量的数据要素。然而，这种方法的一个潜在缺点是它可能会扭曲数据的自然分布，进而影响对整体属性数据的准确分析。因此，在选择这种分类方法时，需要权衡其美观性和对数据准确性的影响。

（4）均值和标准差法

这种分类方法依据数据的标准偏差来设定类别的间断点，通常选择在平均值以上或以下的特定标准偏差单位（如 0.5 和 1.0）处[图 8-3(d)]。这种方法特别适用于符合正态分布的数据集，因为它基于健全的统计理论。通过将间断点设置在标准偏差的特定位置，用户能够直观地在地图上比较数据相对于平均值的高低情况。然而，值得注意的是，要全面解释这类地图背后的信息，用户通常需要具备一定的统计分析知识。

（5）自然断点法

自然断点法也称为Jenks优化方法[图 8-3(e)]。自然断点法是一种智能的数据分类技术，它专注于类别的视觉变化效果。该方法基于数据值的自然分布来设定类别的间断点(Kang-tsung,2018)。通过应用特定的计算算法，自然断点法旨在最小化同一类别内部数据值之间的差异，同时最大化不同类别之间的差异。这样的设计使得在地图上能够轻松识别出数据值的大幅度跳跃或下降，从而生成更具分析价值和实用性的地图。

（6）用户定义法

该方法赋予了设计者极大的灵活性，允许他们根据数据的特性和分析需求，定义特定的数据范围来反映用户认为恰当或有意义的类别[图 8-3(f)]。与其他数据分类方法不同，这种方法要求用户进行两次关键的决策：首先确定类别的数量，随后决定如何将这些类别划分成合适的组。整个分类过程完全依赖于使用者的专业知识和分析目标，确保了分类结果的针对性和实用性。

8.2 地图符号化与地图布局

8.2.1 地图符号化

地图符号是表达地图内容的基本手段。地图符号由形状不同、大小不一和色彩有别的图形和文字组成。地图符号具有地图语言功能，它不仅能表示事物的空间位置、形状、质量和数量特征，而且还可以表示各事物之间的相互联系及区域总体特征。根据地物分布的特点，地图符号有面状、点状和线状之分(图 8-4)。

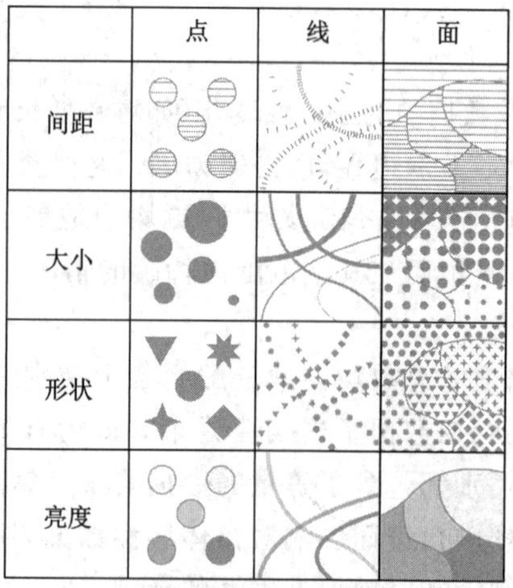

图 8-4　变量的视觉符号化

（1）点状符号

点状符号主要用于描述离散的空间现象。事物的性质通过点状符号的形状和颜色表示，事物的等级或数量特征通过点状符号的大小反映，宝塔、寺庙等独立地物通常用点状符号表达。

(2) 线状符号

线状符号主要用于描述呈线状和带状延伸分布的地物，事物的质量特征通过线状符号的形状和颜色表示，事物的等级或数值通过线状符号的宽度反映，河流、铁路、境界线等地物通常用线状符号表达。

(3) 面状符号

面状符号主要用于描述事物的分布范围。面状符号可以通过颜色或者纹理差异来表示，不同事物的性质和数量，其形状与事物的平面图形相似，耕地、街区、湖泊等地物通常用面状符号表达。

地图符号的视觉变量是指地图上能够引起视觉变化的基本图形和色彩因素，是构成地图符号的基本元素，它包括形状变量、尺寸变量、方向变量、颜色变量和网纹变量。形状变量通过独特的几何形态来描绘地理实体的轮廓和特性，从而在视觉上加以区分。尺寸变量则侧重于反映符号的物理维度，如直径、宽度、高度、面积或体积的变动，以体现其大小的变化。对于长形或线性的符号，方向变量尤为关键，它明确指示了符号的方位和指向。颜色变量在地图符号中扮演着重要的角色，它可以从色相、亮度和饱和度三个维度展现符号色彩的多样性。而网纹变量则通过重复和交替使用特定的网纹样式、尺寸和排列方式，为符号内部增添了丰富的纹理和层次感。在处理不同地理类别时，巧妙地结合这些视觉变量能够极大地提升地图的可读性和解释性，避免混淆和误解。而每个地理实体最佳的符号设计，包括其大小、图案、形状和颜色，都需要考虑观察者的距离、地理实体的数量、分布密度、类型以及地图的具体用途。ArcGIS Pro 不仅提供了丰富的默认符号选择，还允许用户根据自己的需求和创意，自定义设计地图符号，使地图的呈现更加多样化和个性化。

8.2.2 地图布局

设计精良的地图能够有效地将相关信息传递给观众，制作一个完整的地图包含多种元素。每幅地图通常应在地图主图体旁边加上标题，向观众介绍可视化的主题。此外，图例作为解读地图的指南，是不可或缺的辅助工具，帮助观看者理解地图上符号所代表的意义。其他元素包括比例尺、用于定向的指北针、栅格/经纬网、标注、致谢、来源注释、文献信息/作者、补充信息(使用的地图投影、地图绘制日期)、整齐线/地图边框、插页地图(图 8-5)。

(1) 主图体

主图体包含用于直观显示空间信息的所有特征和符号。制图区域通常以整齐的线条为边界，是整个地图的主要地理组成部分。

(2) 图例

图例为地图上使用的所有符号提供了解释。一个有效的图例应该包括各个符号的样例，并对每个符号所代表的信息提供既明确、简洁又全面的文字说明。这样的设计确保了读者能够迅速理解地图上各种符号所代表的含义。

(3) 标题

地图标题反映了地图的主题。一般来说，为了避免显得过度冗长或缩写太难懂，标题应该限制在一行之内，并清晰、简洁地解释地图意图，告知读者地图的地理名称、图层名称和指标名称。地图标题通常放在地图的顶部中央或图例的上方。

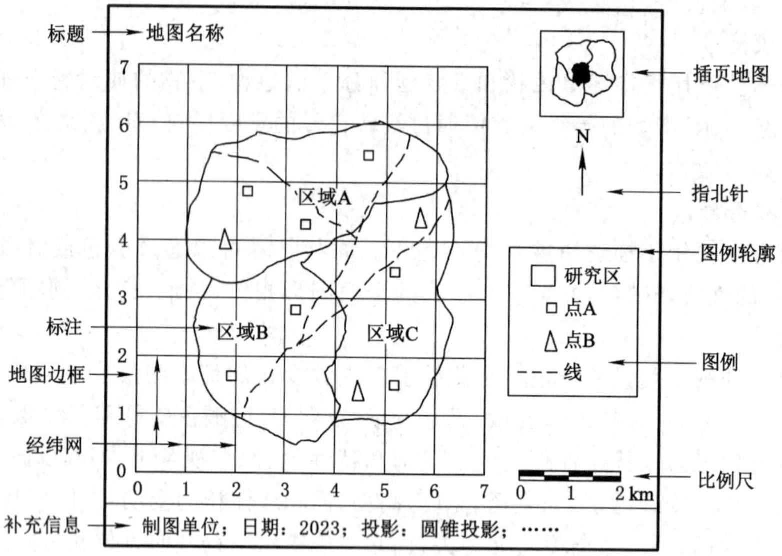

图 8-5　地图布局示意图

(4) 插图

插图是一张较小的地图，显示与主地图的关系，位于主地图的侧面或角落。插图通常以较大的比例显示主地图的特定区域，能够提供更多细节或增加对感兴趣区域的强调。例如，主地图显示的是县内当地公园的植被分布，插图则可能在更大比例尺上更详细地关注几棵树。

(5) 比例尺

比例尺描述了地图的尺寸，通常用分数表示一个比率。比例尺将地图上的单位距离与现实世界中的相应距离联系起来，允许用户测量地图上的距离。

(6) 方向指示器

地图的方向是地图上显示的方向与现实中指南针方向之间的关系，它可以通知用户地图的方向性，最常用的是指北箭头。例如，谷歌地图总是将北方指向屏幕顶部。

(7) 来源注释

来源注释向查看者显示地图上显示的信息来自何处。来源注释在地图中使用相对较小和简单的字体，使查看者能够理解数据的来源。最好在此元素之前加上"来源："以避免与其他排版文本混淆。

(8) 文献信息/作者

该元素旨在告诉查看者，谁创建了地图、地图创建时间以及应用了哪些工具或投影的信息。对于个人来说，源图形可以只是一个带有它们名字的下标，它通常是一个标志。

(9) 整齐线/地图边框

整齐线/地图边框是环绕单个地图元素的边界线。它通常由细线和粗线构成，并可以根据单个地图的特定用途进行调整。

在地图布局中，具备以上这些要素是必不可少的。

这些地图元素的呈现方式应基于其重要性来决定其大小和位置布局。通常，最为关键的数据面板会占据中心且尺寸显著，而其余元素则会被设计成较小的形态，巧妙地融入主要数据面板之内。一个精心设计的地图组合会巧妙地组织相关元素，并利用空白空间来增强视觉效果。这样的布局和设计无疑会给查看者留下关于地图质量的深刻印象。多数软件都为用户提供了丰富的地图元素和符号选项可供选择。然而，值得注意的是，仅仅遵循设计规则构建的地图并不一定具有吸引力，有时反而可能显得单调乏味。因此，在地图最终输出之前，制图师可以根据需要手动调整和优化自动生成的地图符号的选择及布局。此外，地图设计的标准并非一成不变，这意味着您所看到的元素可能与过去有所不同，并且这些元素在未来也可能会随着新的设计理念和标准而发生变化。想要创建有效的地图布局，遵循以下五个步骤：

(1) 明确地图需要传递的信息，确定所要探索的主题，进而收集数据决定地图布局。

(2) 选择地图的类型，不同的地图类型适合显示的信息不同，例如，参考地图主要用于显示地理区域的相对位置和形状，而主题地图则侧重于展示特定主题的数据或信息。在选择地图类型时，还需要考虑数据的类型和性质。例如，如果数据是定量的，那么可能需要选择能够显示数值差异(如颜色深浅、大小等)的地图类型；如果数据是定性的，那么可能需要选择能够显示分类或区域的地图类型。

(3) 考虑地图元素的选择，这些元素取决于地图的目的和受众。在选择地图元素时，还需要考虑它们的可读性和视觉吸引力。例如，图例应该清晰易懂，标题应该简洁明了，而地图投影应该能够准确地表示地理区域的形状和大小。

(4) 建立视觉层次，视觉层次结构的建立并不仅仅是将最重要的元素放在顶部，而是要根据元素的重要性和相关性来组织它们。在地图上，最重要的元素通常是地图主体(即地理区域和数据表示)，应该占据最显眼的位置。其次是标题和图例，它们应该位于容易看到的位置，但不应过于显眼，以免分散对地图主体的注意力。上下文信息(如比例尺、指南针等)可以放在较不显眼的位置。视觉层次结构的建立还需要考虑颜色的使用。例如，可以使用对比色来突出显示重要的地理区域或数据点，使用渐变色来表示数值的差异等。

(5) 决定设计元素，设计元素是地图布局的重要组成部分，包括颜色、字体、轮廓、边框和笔画宽度等，这些设计有助于人们更方便快捷地理解地图。

8.3　地图类型

地图类型不仅取决于地图的特征，还可以根据具体的使用场景和需求来确定。地图可以根据各种标准和方法进行分类，例如比例尺、范围、内容、用途和形式等。在这里，我们总结了几种常见的地图类型，包括参考地图、主题地图、多变量地图、三维地图、系列地图和动态地图。

8.3.1　参考地图和主题地图

参考地图通常是指用于展示地理要素位置和分布的标准地图，如地形图、政区图等，其主要目的是提供准确的地理信息。而主题地图则专为特定目的而设计，它描述了一个或多个显式主题的空间模式，即地理属性数据集(例如公交车站地图和带有温度的气象图)。换句话说，主题地图提供了一种定义数据属性的手段，这种手段在数据表中无法完全体现，它传达与其信息目标有关的地理信息。一般来说，主题地图可以提供定性信息或定量信息。鉴于主题地图应用的广泛性，下面将讨论 4 种主要的主题地图类型，即分级统计地图、分级符号地图、点密度地图和等值线地图(图 8-6)。

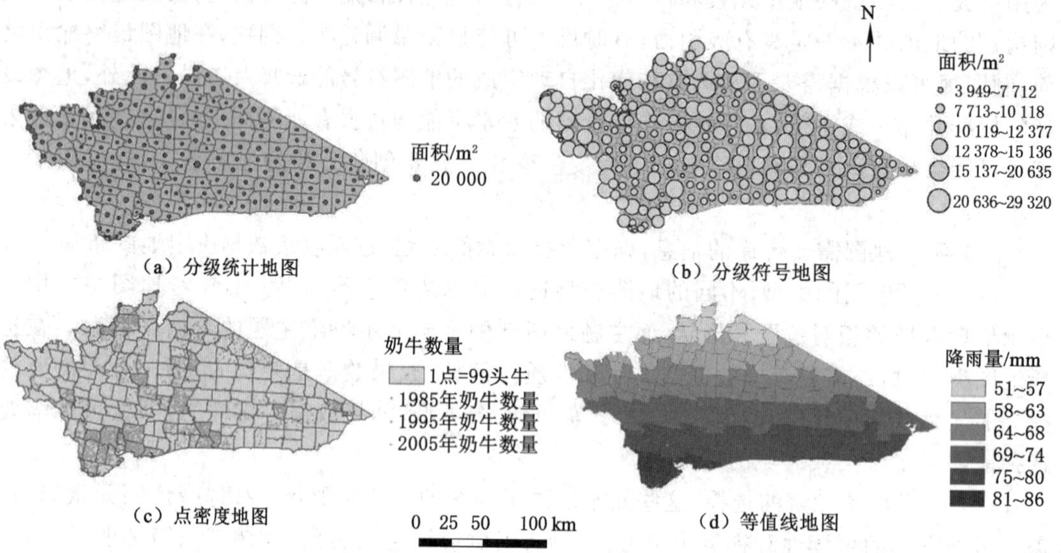

图 8-6 主题图示例

(1) 分级统计地图

分级统计地图又被称为渐变色地图[图 8-6(a)]，它通过精心设计的着色和颜色/值对应关系，在有明确边界的区域(如人口普查区、县、州或国家等，由多边形定义)中直观地展示主题(定量)信息。在这类地图中，特定的颜色或着色被分配给某个值或一系列值(即数据类别)，以便用户能够一眼识别出不同区域的数据差异。然而，当分级统计地图中使用的颜色和唯一颜色属性的数据类别过多时，地图的可读性和理解性可能会受到影响。为了避免这种情况，分级统计地图的颜色通常按照特定的约定进行分配，通常不会超过 8 个数据类别。遵循的经验法则是：颜色越深，代表的值越大；颜色越浅，代表的值越小。为了提供清晰易懂且富有潜力的分级统计地图，用户可以选择预定义的颜色梯度方案。这些方案经过精心设计，旨在通过颜色的变化和对比，准确地反映空间分布中数据的差异和趋势，从而帮助用户更好地理解和分析地理现象。

(2) 分级符号地图

分级符号地图[图 8-6(b)]的功能与分级统计地图相似，但其独特之处在于使用符号(如点或圆)而非色彩填充来展示信息。这种地图类型特别适用于通过不同大小的符号来直观表示与地理位置相关联的某一现象的数量或规模。在分级符号地图中，有一个普遍遵循的经验法则：符号的大小与所代表的值成正比，即符号越小，代表的值越小；符号越大，代表的值越大。除了传统的分级符号地图外，根据所表示值的特性和需求，还可以使用与比例圆、饼图和条形/柱形图相关的变体。这些变体能够进一步丰富地图的表达方式，帮助用户更全面地理解和分析地理现象。

(3) 点密度地图

点密度地图[图 8-6(c)]是另一种常用的地图形式，用于展示定量数据，它展示了特定主题元素或事件的空间密度。这类地图特别适用于分析面积与主题之间的关系，并揭示有界区域内元素集中分布的模式。不同于其他地图类型，点密度地图上的点始终保持着相同的视觉表示，代表特定地理位置上一定数量的主题元素。在点密度地图中，点被均匀地分布在各个多边形区域内，点的数量直接反映了该区域的总值大小。这种方法为我们在整个地理区域内直观展示属性的密度提供了有效手段。然而，需要注意的是，当点的数量对于给定的人口或地区而言过于密集时，可能会给人一种该地区元素过度丰富的错误印象。因此，在使用点密度地图时，我们需要谨慎解读，并结合其他数据和信息进行综合分析。

(4) 等值线地图

等值线地图[图 8-6(d)]也被称为等值线图或等高线图，是展示地理空间中具有相同数值的连续线的地图。它通过颜色或着色的连续变化来直观地呈现连续或几乎连续的数据分布。与分级统计地图类似，等值线地图也将数值分解为不同的数据类别，并通过颜色梯度来区分这些类别。在等值线地图上，通过连线将相同数据类别的点连接在一起，从而勾勒出整个地理区域内同一数据类别的区域。这种地图类型特别适用于展示如降雨量、高程、排放量和温度等连续变化的数据特征。值得注意的是，在等值线地图上，通常不会出现交叉的等值线，因为同一位置不能同时具有两个不同的数值。然而，在描绘复杂地形时，如悬崖或峭壁，可能会出现较低海拔的等值线“穿过”较高海拔的等值线的情况，以准确地展示地形的陡峭变化。

8.3.2　多变量地图和三维地图

在地理信息系统(GIS)的语境下，地理空间数据集中的属性，如站点位置和温度数据，通常被称为“主题”。这些主题构成了不同主题地图的基础，使我们能够展示数据的各种变化形式。当涉及多个变量时，主题地图能够同时呈现定性和定量数据，为数据分析和可视化提供了强大的工具。对于在地图中操作特定数据属性，一个简单而高效的方法是应用主题图层。这些图层可以包含自然或人工对象的特征，可能位于地形之上或之下。通过与地理数据进行精确的地理参考，图层结合基础地图或高分辨率的卫星图像，为用户提供了丰富的地理背景信息，包括道路网络、采样点位置以及植被类型的分布等。在 GIS 软件中，用户可以轻松打开或关闭不同的图层，以根据需要显示或隐藏特定的地理数据。同时，图层也可以根据重要性或相关性进行优先级排序，以确保关键信息在地图上得到突出显示。图层能够以特征和表面的形式展示数据属性，这些特征和表面与地理位置紧密相关。通过样式设置(如颜色、大小、图案等)，我们可以清晰地传达数据的特征和模式。这在制作多变量信息地图时尤为重要，因为通过对比和组合不同的图层，用户可以更直观地理解不同变量之间的关系。在地图上，每个特征(如站点或区域)都有一个明确的地理空间位置，并通过特定的形状(如点、多边形或线)来表示。同时，这些特征还通过符号来代表其一个或多个关键属性(如温度级别)。通过图 8-7 的示例，我们可以看到多变量地图如何有效地展示两个或更多变量，从而为用户提供更全面的地理空间信息。

三维地图不仅为我们提供了一种新颖的方式来呈现建筑形态(图 8-8)，还通过谷歌的虚拟球体技术，基于广泛可用的高精度航空仪器高程数据，为我们带来了逼真的地理视觉体验。为了更直观地展示这些高程信息，我们经常使用等高线地图，并巧妙地利用色彩填充等

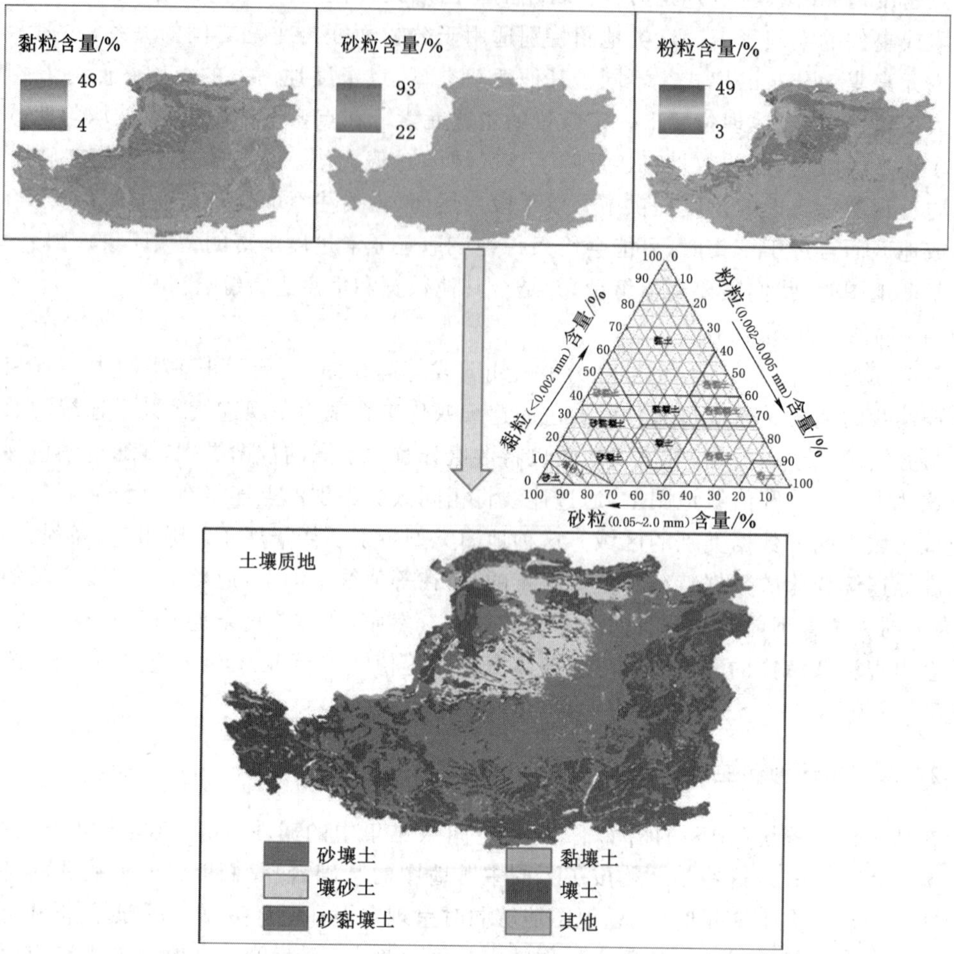

图 8-7 中国黄土高原的土壤质地图

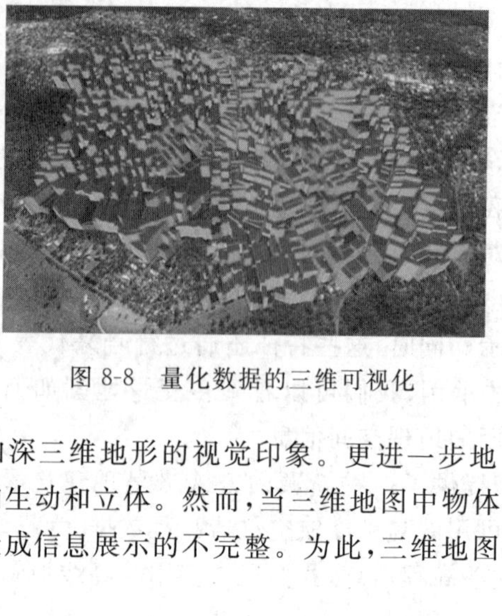

图 8-8 量化数据的三维可视化

高线之间的区域，以此来加深三维地形的视觉印象。更进一步地，我们还可以引入阴影效果，使地形高程的展示更加生动和立体。然而，当三维地图中物体密集时，一些物体可能会隐藏在其他物体的背后，造成信息展示的不完整。为此，三维地图提供了丰富的交互功能，如平移、放大、旋转和缩放，使用户能够灵活地调整视角，确保所有重要信息都能被清晰地展示。除了地形高程，三维地图还能以三维形式展示各种主题数据，这些视觉上的创新可能会产生令人震撼的效果，给地图观察者留下深刻的印象。

8.3.3　系列地图和动态地图

地图设计的一般原则同样适用于单个地图或同一区域或主题的多个地图集合。例如，许多组织为一个州或国家创建地形图或主题图系列（图 8-9）。系列地图通常具有一些共同元素（例如投影、一般布局和符号），并且已经开发出一系列技术来自动化生产地图系列的过程。许多类似的地图可以从包含所有公共元素的通用地图模板中高效地创建。

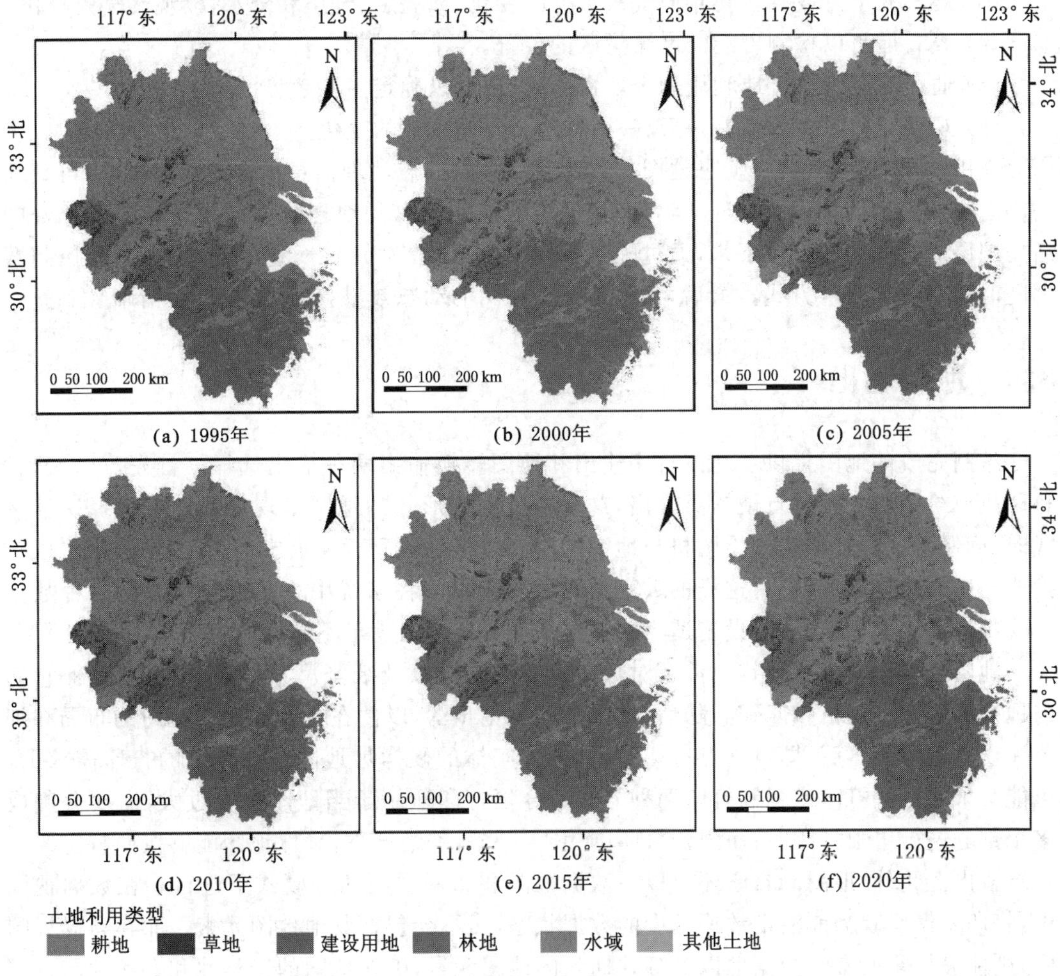

图 8-9　长三角地区不同年份的土地利用分类图

该地图仅显示静态情况。动态地图是地理可视化的一种形式，它展示单个地图或多个地图层的动态变化，为观众提供直观的视觉比较体验。这种地图形式特别适合描绘地理运动，比如追踪飓风或其他天气现象的发展轨迹，以及揭示土地利用和土地覆盖等地理特征随时间推移的变化趋势。动态地图的呈现方式能够聚焦于模式变迁或特征随时间的迁移，使复杂的数据变化过程变得直观易懂。动态地图以其独特的方式,如同播放视频一般,通过连续展示一系列精心挑选的地图快照,让观察者能够直观地感知到地理数据中的动态变化。这种动态地图的制作并非基于简单的空间序列排列(如系列地图),而是通过捕捉和展示地图图像本身的"变化"来实现的。在欣赏动态地图的过程中,观众往往会被其动态性所吸引,进而引发诸多关于地理现象和变化模式的思考。这种动态呈现的方式不仅增强了地图的吸引力和互动性,同时也为地图设计提供了更多的可能性,使得设计师能够灵活地展示空间数据中的一个或多个变化组件。下面是一些可能的动态地图用途:

(1) 跟踪野火等天气相关现象的移动。

(2) 跟踪带有内置 GPS 装置的送货车辆的移动。

(3) 观察几个月或甚至几年内气候数据的变化,如温度、气压和降水,以观察气候变化。

(4) 查看航班以检测可能的高流量区的位置。

(5) 通过时间观察土地利用和土地覆盖的变化,以确定主要趋势。

(6) 观察犯罪"热点"随着一天、一周或甚至不同季节的变化。

使用 ArcGIS Pro 制作动态地图的过程是一个将静态地理信息数据转化为生动、可交互的动态视觉表达的过程。首先,需要准备好包含时间信息的地理数据,并在 ArcGIS Pro 中启用图层的时间功能。接下来,通过配置时间滑块,设置时间步长和范围,用户可以控制数据随时间变化的展示方式。最后,预览并调整地图的动态效果,确保信息展示清晰、准确。

8.4 地图输出

编制完成的地图提供了地图打印输出和地图转换输出两种输出选择。首先,可以通过打印机或绘图机直接进行硬拷贝输出,这是一种实体形式的地图呈现方式。在选择这种方式时,确保所选的打印机或绘图机与地图的编制规格相匹配至关重要。其次,地图也可以转换成通用的栅格图形格式,这样的数字形式地图能在多种系统中灵活应用。对于这种数字形式的地图输出,关键在于设定适当的栅格采样分辨率以满足不同的应用需求。

地图的打印输出流程首先涉及对打印机或绘图机以及纸张尺寸的精心设置,确保它们与地图的尺寸和规格相匹配。随后,进行打印预览步骤,以便在打印前确认地图的布局和细节无误。完成预览后,即可进行打印输出,得到实体的硬拷贝地图。在特定的打印需求下,可能会采用分幅打印或强制打印两种方式。分幅打印适用于当地图内容过大,需要分割成多个部分进行单独打印时;而强制打印则用于某些特殊情况下,确保地图能够按照特定要求进行输出。此外,地图的打印还可以在数据视图和布局视图两种模式下进行。在数据视图中,打印将仅反映当前活动数据框中的数据状态,而不会包括其他地图元素。而在布局视图中,则能够打印所有的数据框以及额外插入的地图元素,确保地图的完整性和专业性。

地图转换输出的核心过程实际上是将 ArcGIS Pro 系统内的地图文档转换为适用于其他软件或平台的文件格式。由于地图文档是 ArcGIS 特有的文件格式,它依赖于 ArcGIS Pro 环境才能正常显示和编辑。然而,为了方便在其他环境中使用这些地图,ArcGIS Pro 提供了丰富的输出文件格式选项。这些输出格式包括但不限于 EMF、BMP、EPS、PDF、JPG、TIFF 和 GIF 等,它们分别代表了不同的图像或矢量数据格式。通过将这些 ArcMap 地图文档转换为这些通用格式,用户就可以轻松地在其他软件或平台上展示、编辑或分析这些地图数据,从而实现地图数据的跨平台共享和应用。

8.5　章节总结

8.5.1　重点术语

土地信息可视化　数据分类　主题地图　地图符号化　动态地图

8.5.2　复习题

(1) 列举四种热点地图类型。

(2) 制图数据是如何分类的?

(3) 设计主题地图应该考虑哪几个方面?

(4) 地图布局时,都应该包含哪些主要地图元素?

(5) 系列地图和动态地图之间有什么区别?

8.5.3　应用练习

实验8.1　长三角地区行政区划图制作

实验目的:掌握基本的符号化方法、栅格设置、图幅整饰以及地图输出操作,了解符号化、注记标注、栅格绘制以及地图整饰的意义,对ArcGIS Pro地图制图有初步的认识。

数据说明:加载长三角地区矢量地图,数据包括:① 点图层:中心城市(中心城市.shp);② 线图层:铁路(铁路.shp)、高速公路(高速公路.shp);③ 面图层:市界(市界.shp)、水域(水域.shp)。

操作步骤:

(1) 数据符号化

① 打开ArcGIS Pro。

② 将数据全部加载,图层从上到下的顺序是:中心城市、高速公路、铁路、水域和市界。

③ 在市界面图层上右键打开【符号系统】界面。在主符号系统中选择字段1【市】标注此图层中的要素。

④ 分别在高速公路和铁路线图层上右键打开【符号系统】界面,选择合适的高速公路和铁路符号,也可以在【属性】中对高速公路和铁路符号的颜色和线宽度进行设置。

⑤ 在中心城市点图层上右键打开【符号系统】界面,在【图库】选择星型符号,在【属性】中对中心城市点的形状填充颜色、轮廓颜色和轮廓宽度进行设置。

⑥ 在水域图层上右键打开【符号系统】界面,在【图库】选择水(域)符号。

(2) 设置栅格

单击工具栏上的【新建布局】选择【A4布局】,单击工具栏上【地图框】下的【底图】选择我们绘制的行政区划图,单击工具栏上【地图框】下的【栅格】选择【黑色垂直标注经纬网】。

(3) 添加图幅整饰要素

① 单击工具栏上的【指北针】,选择符合要求的指北针。

② 单击工具栏上的【图例】选择符合要求的图例，将图例放置在地图的右下角，单击【图例】设置图例的标题、字号、大小、边框颜色等内容。

③ 单击工具栏上的【图例】选择符合要求的比例尺，将比例尺的单位改为千米。

④ 完成整饰要素的添加后，对其位置和大小进行调整，以使图面美观简洁。

(4) 地图输出

布局完成后，单击工具栏上【共享】下的【导出布局】，在界面右侧弹出的布局对话框中选择要导出的文件类型、名称及分辨率，然后选择右下角的【导出】按钮，完成地图输出。

第 9 章　土地信息系统软件开发

9.1　GIS 软件

9.1.1　根据费用分类的 GIS 软件

GIS 软件是用于在计算机系统中管理、显示、分析数据的程序和应用，它还可以执行许多其他任务。开发 GIS 软件时，可以用 VB. NET、C＋＋、Python 和 JavaScript 等各种编程语言。

根据费用，GIS 软件大致分为商业软件和开源软件。商业 GIS 软件需要购买许可证，开源 GIS 软件则是免费的。商业 GIS 软件通常具有更多的功能和用户支持，但往往比较昂贵。开源 GIS 软件不需要付费，但通常具有较少的功能。尽管如此，开源 GIS 软件仍然是预算有限的个人和组织最好的选择。表 9-1 列出了一些实践中使用的主要商业和开源 GIS 软件。请注意，这张表并不是详尽无遗的。在不同的地区和行业中有各种商业和开源 GIS 软件可用。例如，MapGIS(中地数码集团)和超图(超图软件)是中国广泛应用于许多政府项目的两个中文 GIS 软件平台。建议学生们熟悉一款国际上流行的 GIS 软件包和一款本地使用的软件包，这有助于赢得更多的就业机会。

表 9-1　当前 GIS 行业中广泛使用的商业和开源 GIS 软件的列表

产品(公司)	简　介
ArcGIS (ESRI)	ArcGIS 是商业 GIS 软件市场领导者，因此高度推荐
Geomedia (Hexagon Geospatial)	Geomedia 多年来一直是 ArcGIS 的主要竞争对手
MapInfo Pro (Precisely)	Maplnfo 也是 ArcGIS 的强劲竞争对手
Global Mapper (Blue Marble)	最初由美国地质调查局(USGS)开发，已发展成商业 GIS 软件
Manifold GIS (Manifold)	Manifold GIS 是一款完整的 GIS 软件包，性价比很高
QGIS	QGIS 是唯一能与 ArcGIS 竞争，被认为是最好的免费开源 GIS 软件
GRASS GIS	自 1982 年以来一直在持续开发的 GRASS GIS 已经发展成为一款免费的 GIS 软件，拥有 350 多个矢量和栅格操作工具，并受到学术界广泛使用
Whitebox GAT	由加拿大圭尔夫大学约翰 · 林赛教授于 2009 年开发，并于 2017 年创建了 WhiteboxTools(一个允许独立使用 Whitebox GAT 工具的库)。Whitebox GAT 专门从事地形分析(LiDAR)和水文分析
gvSIG	gvSIG 是 QGIS 之后排名第二的免费 GIS 软件。它最适合进行三维可视化，并支持使用 gvSIG Mobile 进行现场数据采集
SAGA GIS	SAGA GIS 主要集中于地形分析，已成为高级地质科学应用的主要选择，包括环境建模和地形分析

9.1.2 根据用途分类的GIS软件

根据用途,GIS软件也可以分为业务型和通用型两大类。业务型GIS软件是专门为特定地理区域或特定行业定制的,具有特定目的;而通用型GIS软件则是为了管理、显示和分析各种空间数据而开发的,旨在支持创建业务型软件。图9.1中列出的GIS软件都属于通用型。简单来说,例如土地信息系统可以被视为业务型GIS软件,因为它是为行业或政府机构中的土地技术人员、专家和管理人员设计和开发的。

业务型GIS软件具有4个主要特点,使其与通用型GIS软件有所区别。首先,业务型GIS软件通常与特定的地理区域相关联。这可以从其名称中体现出来,如"徐州市资源地理信息系统""南京市林业用地管理系统"和"江苏省国土空间规划信息系统"等。其次,业务型GIS软件具有特定的应用目的。例如,"徐州市资源地理信息系统"旨在管理土地资源,而不是交通或大气污染等。第三,业务型GIS软件侧重于选择重要的GIS功能或模型来实现应用程序,包含所有GIS功能和模型的意义不大,这样会使业务型GIS软件过于冗余。最后,业务型GIS软件具有面向行业的用户界面。由于其专门用于特定行业的专业人士使用,因此业务型GIS软件是根据这些专业人士的需求和行业标准设计和开发的。比如,在"南京市林业用地管理系统"中,用户界面中会出现一个菜单或工具"确定野生动物保护区面积",该工具是通过缓冲区分析实现的;但是,与GIS相关的术语如缓冲区分析在用户界面中并不显示,因为这些术语可能并不为森林专业人士所熟知。

通用型GIS软件,包括图9.1中列出的软件,是为满足大多数GIS用户的普遍需求而开发的。如果你不是一位高度熟练且具有专业知识和技能的GIS用户,就很难使用通用型GIS来解决高度专业化领域的任务。此外,通用型GIS软件开发是复杂的,因为它涉及高级GIS理论、技术和技术标准。因此,通用型GIS软件通常由GIS行业的大型公司开发。在本章中,GIS软件开发除非另有说明,否则均指业务型GIS软件和应用程序的开发。

9.1.3 GIS软件开发方法

在GIS软件开发方面,我们通常指的是业务型GIS软件的开发。GIS软件开发方法可以分为三大类。

在独立开发方法中,开发者使用一个编程语言从零开始开发GIS软件,并设计和实现GIS软件功能。这种开发独立于任何其他商业或开源GIS软件或工具,因此开发者需要选择编程语言来设计与实现各种GIS软件功能,诸如空间数据获取、编辑和分析以及结果输出。不需要购买商业GIS软件意味着减少了经济成本,然而从零开始开发GIS软件需要耗费时间和人力。此外,所开发的GIS软件将不断进行测试和改进,以确保在使用过程中的稳定性。

第二种开发方法是利用现有商业或开源GIS软件的宏语言开发新的GIS应用程序。如今,大多数流行的商业或开源GIS软件都为用户提供了宏语言来创建客户自己的应用程序。例如,ESRI支持的Avenue和Python以及MapInfo Pro的MapBasic。然而,用户需要花费时间学习宏语言,更重要的是,这些宏语言只能执行有限的GIS功能。

第三种方法是基于组件的开发。在这种方法中,软件开发基于商业或开源软件中提供的可重用软件组件。软件组件是指能够执行一组相关功能的软件包或模块。例如,ESRI

的 ArcGIS Engine 和 MapObjects 以及 MapInfo Pro 的 MapX 是众所周知且广泛使用的 GIS 组件。通过利用 GIS 组件，用户可以在 Python、Delphi、Visual C＋＋、Visual Basic 等编程语言编写的应用程序中嵌入和实现 GIS 组件功能。尽管在初始阶段购买可视化编程软件和 GIS 组件的成本很高，但这种开发方法已经成为 GIS 软件行业的趋势。通过结合 GIS 组件和可视化编程软件的优点，用户可以大大提高 GIS 软件开发的效率，轻松设计用户界面并增强数据库功能。所开发的 GIS 软件更为稳定、可靠、易于转移和维护。适当选择和使用商业或开源 GIS 软件中提供的现有组件，可以大大减少编程工作、缩短开发时间、简化编程过程，并使应用程序更轻、更灵活。因此，利用 GIS 组件开发新的 GIS 软件和应用程序正在越来越流行。

9.2　LIS 软件开发生命周期

软件开发是一系列用于创建、设计、部署和支持软件和应用程序的计算机科学活动。这个过程被称为软件开发生命周期（SDLC），在开发符合技术规范和用户要求的软件时包括几个步骤。SDLC 也适用于 LIS 软件开发。LIS 软件开发生命周期有 4 个主要阶段和11 个步骤（图 9-1）。每个阶段必须在下一个步骤开始之前完成，并且阶段之间没有重叠。这种模型被称为瀑布模型，也称为线性顺序生命周期模型。瀑布模型是最早用于软件开发的软件开发生命周期方法。

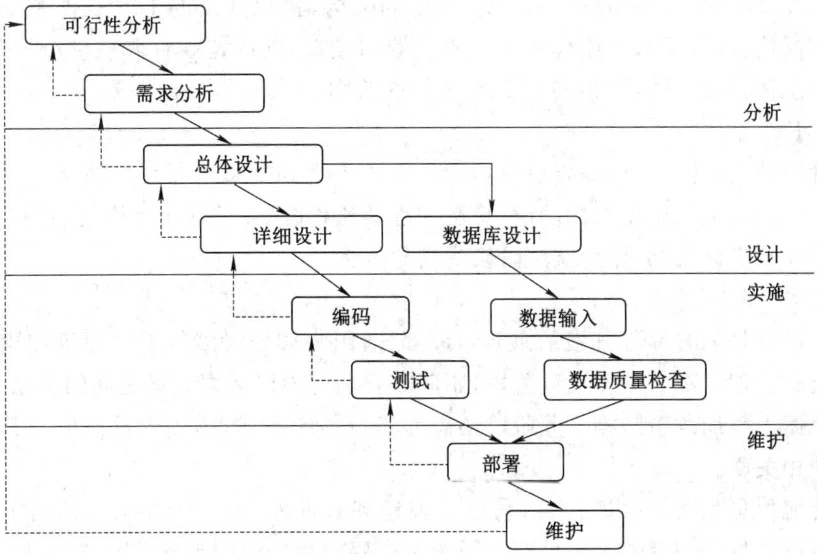

图 9-1　LIS 软件开发生命周期

9.2.1　分析

（1）可行性分析

在 LIS 软件开发生命周期的第一步中，客户和开发人员都会根据各自可用的资源评估拟开发 LIS 项目的可行性。通过深入的研究，客户将确定他们是否需要创建 LIS 项目，而开发人员将决定是否同意创建该项目。基于需求、预算和许多其他因素，客户应明确他们的项目目标并制订项目计划。他们还需要决定是否可以仅升级现有的LIS还是应该开发新的LIS来促进他们的工作。客户的可行性分析可由客户自行完成或由第三方完成。

在开发人员方面，他们还需要进一步了解客户的信息化水平和现有问题。然后，开发人员在考虑各种因素后做出最终决定，例如是否具备必要的人力资源和技术，以便在规定时间内完成项目以及该项目能给他们带来的经济收益。

(2) 需求分析

LIS软件开发生命周期的第二步是需求分析。这一阶段涉及多方利益相关者，包括用户、开发人员、测试人员和项目经理，旨在收集需求，以了解并记录用户和其他利益相关者的需求。利益相关者就拟开发的LIS软件的技术和用户需求以及详细规格达成一致。

在这个阶段中需要提出几个关键问题，包括谁将使用这个软件，软件完成后如何使用以及软件将添加和输出什么数据。一旦这些问题得到回答，就会准备一份软件需求规格说明文档，这将作为软件开发过程下一阶段的指导方针。

9.2.2 设计

设计步骤包括总体设计、详细设计和数据库设计三个阶段。

(1) 总体设计

在总体设计阶段，开发团队设计LIS软件的架构，将拟开发的LIS软件系统划分为多个子系统或模块，设计子系统或模块之间的连接和接口，并确定硬件和软件配置等。同时，团队会撰写总体设计文档，作为整个LIS软件的蓝图。

(2) 详细设计

详细设计阶段，开发人员需要对总体设计阶段中规划的每个子系统或模块进行深入描述。这包括详细描述每个模块的功能、算法和程序流程图，并设计每个模块的用户界面。此阶段需编写详细设计文档，作为实施阶段的指导方针。

(3) 数据库设计

数据库设计是LIS软件开发的重要组成部分，因为如今大多数LIS项目使用数据库进行数据存储和管理。在数据库设计阶段，团队需要确定不同数据元素之间的关系，并基于这些关系在数据上叠加逻辑结构。此阶段还需创建数据库模式，描述数据如何与其他表或其他数据模型相关联。

对于土地信息系统数据库而言，它是一种地理数据库(geodatabase)，是用于保存土地信息系统数据集集合的容器。土地信息系统中应用较为广泛的软件平台ArcGIS Pro中，其采用的地理数据库有三种类型：文件地理数据库(file geodatabases)、移动地理数据库(mobile geodatabases)和企业级地理数据库(enterprise geodatabases)。其中，文件地理数据库是专为支持地理数据库的完整信息模型而设计的，它包含网络数据集、Terrain数据集、关系类等。它非常适合GIS工程、个人使用以及在小型组织中使用。默认情况下，文件地理数据库中数据集的最大大小为1 TB。数据集(dataset)是组织和使用地理信息的主要途径。地理数据库包含以下3种主要数据集类型：表、要素类和栅格数据集。表是行的集合，每一行都含有相同的字段。要素类是具有shape字段的表，该字段含有地理要素的点、线、面几何，每一行就是一个要素。栅格数据集包含表示连续地理现象的栅格。

9.2.3　实施

(1) 编码

这是实际编码开始的阶段。LIS 软件所需的组件和功能在此阶段创建。开发人员使用确定好的编程语言为详细设计步骤中指定的每个单元和模块编写代码。开发人员遵循其组织定义的编码准则，并使用不同的工具，如编译器、调试器和解释器。此外，需要检查代码的正确性。

(2) 测试

编码完成后是测试阶段。软件测试很重要，因为如果 LIS 软件有任何错误或漏洞，它们可以在部署之前被及早发现和解决。经过适当测试的软件产品可确保可靠性、安全性和高性能，从而最终降低维护成本、提高客户满意度，并改善整体用户体验。

在进行集成测试之前，开发者执行单元或模块测试，以确保每个软件组件按预期运行。单元是应用程序中可测试的最小部分。另一方面，集成测试确保所有软件组件或功能正确协同工作。完成集成测试后，进行验证测试以确保最终的软件产品符合需求，并且遵循用户界面/用户体验(UI/UX)设计，从最终用户的角度进行评估。最后，生成测试报告，总结测试过程和结果。

(3) 数据输入

在开发过程中，有各种各样的数据需要收集以建立数据库。在数据输入阶段，收集的数据被预处理、转换并加载到数据库中。

(4) 数据质量检查

数据输入后，开发人员需要检查所构建数据库的数据质量。根据相关法规和标准，必须检查完整性、一致性和数据精度以及空间拓扑关系等方面。此阶段有助于确保数据库的质量和可靠性。

9.2.4　维护

(1) 部署

在解决所有编码错误并完成数据质量检查后，开发的 LIS 软件可以在客户环境中部署。除了开发的 LIS 软件本身，开发人员还需要向客户提供支持性文档，包括用户手册、测试报告和软件设计文档。客户将授权不同用户使用软件，这些用户根据其特定需求访问软件的不同功能。

(2) 维护

一旦客户开始使用开发的 LIS 软件，开发人员就开始维护工作。在客户环境中可能会出现问题，最终用户会向开发者报告并寻求解决方案。开发人员可能会发布补丁来修复一些问题，也有可能发行新版本的软件来提供增强功能。总体而言，维护是为了优化 LIS 软件的性能。与较小的 LIS 软件相比，较大的 LIS 软件可能需要更长的维护阶段。

9.3 LIS项目管理

9.3.1 项目管理简介

根据美国项目管理学会(PMI)的定义,项目是一次为创造独特产品或服务而进行的临时性努力。这个定义强调了“临时性”和“独特产品或服务”这两个词。一个经过良好构思和规划的项目应该有清晰的开始和结束日期,旨在实现明确定义的结果或可交付成果(deliverables)。大多数项目都会产生一个或多个可交付成果,而可交付成果是项目中所进行的工作的具体产品或定义的结果。对于LIS,它可以是报告、LIS数据库或LIS软件产品。PMI将项目管理定义为将知识、技能、工具和技术应用于项目活动以满足项目要求的过程。

从项目的定义来看,LIS项目或任何项目都可能受到各种限制的影响。首先是范围限制。由于项目具有独特的目的和具体的可交付成果,项目中的所有活动都应为它们服务。其次是时间限制。项目是一个有特定开始和结束日期的临时过程,这意味着所有相关的活动都应在规定的时间范围内完成。因此,为项目正确规划时间非常重要——交付产品或服务的延迟可能会给你和客户带来问题。最后是资源限制。为了进行一个项目,需要投入员工时间、金钱、资产(例如软件、硬件等),你需要在时间范围内分配有限的资源来实现项目目标。讨论的这些限制通常被称为项目管理的“三重限制”(triple constraints)。

良好的项目管理确保整个团队,从项目经理到程序员,共同努力实现项目目标并交付成果,优化项目资源,主要是资金和人员时间的利用,同时妥善解决在项目开发过程中出现的变化和问题。

9.3.2 项目管理流程

从管理的角度来看,可以将LIS项目开始前、执行期间和结束后要处理的所有活动和关注点分为五个阶段(图9-2)。

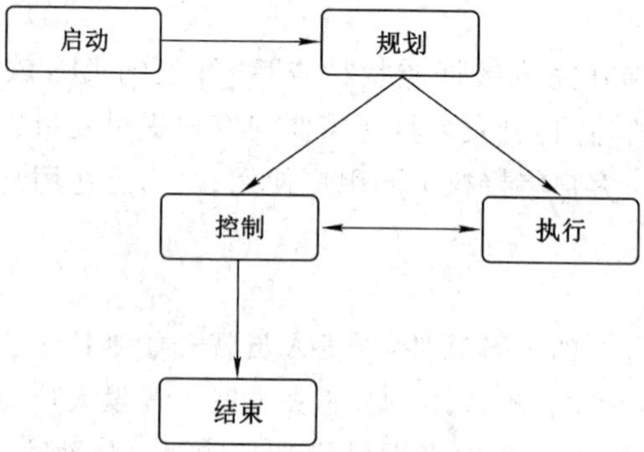

图9-2 LIS项目管理过程

(1) 启动阶段

在这个过程中,定义项目目标,将项目分阶段进行。应确定项目及各阶段的启动日期,并制定项目规章，明确项目团队的结构及各职位的责任。启动阶段为整个项目奠定基础，确保所有参与者理解项目的目的、范围和预期成果。

(2) 规划阶段

规划阶段包括制订项目计划，明确各阶段的目标和任务。评估项目及各阶段所需资源、时间和成本是确保高效实施的关键活动。此外，项目经理还应识别可能出现的风险，并制订相应的风险管理计划加以应对。一个良好结构的项目计划是项目团队和利益相关者的路线图，确保所有参与者在同一方向努力，共同朝着既定目标前进。

(3) 执行阶段

执行阶段是真正的工作进行阶段。团队成员根据项目计划执行各自的任务，并协作完成项目目标、各阶段目标和项目可交付成果。团队成员之间的有效沟通和协调对成功执行至关重要。

(4) 控制阶段

控制阶段旨在确保项目的成功。在此阶段，项目经理需要持续监控和检查项目的进展、成本、风险和质量，确保这些因素都在可控范围之内。如遇问题，应及时识别并采取措施妥善处理。同时，该过程还涉及根据需要对项目计划进行调整，以确保项目保持在轨道上并实现其目标。

(5) 结束阶段

在这个过程中，团队应规划最终产品及相关报告和文件的评估和交付。同时，团队还应进行最终项目审查，分析项目的成功和不足，并在正式结束项目并释放相关资源之前，总结吸取经验教训。

9.3.3 项目资源和成本估计

在项目规划过程中，必须估计项目完成所需的资源、时间和资金。

(1) 资源

从项目管理的角度来看，资源是指参与项目的人员以及用于项目的设备，包括硬件和软件。人力资源被认为是所需资源中最重要的部分。有效利用人力资源可以提高生产力，并对任何项目的成功产生积极影响。LIS项目中涉及的人力资源包括项目经理和各种技术人员。这些技术人员被分配不同的职责，例如编程、构建数据库、测试和维护。优秀的项目经理应该知道如何激励团队成员，并利用他们的权威来增强团队合作、沟通和协作能力。

(2) 时间

时间在商业中是宝贵的资源，因此在LIS项目规划和安排中必须经过仔细考虑。工作分解结构(WBS)和甘特图是项目管理中两个有用的工具。WBS是一种将项目工作分解为可管理任务并在多个层次上列出它们的图表(图9-3)。它是一种基于可交付成果的方法，提供了完成项目所必需创建的可交付成果的详细项目计划。另一方面，甘特图是一种水平条形图，展示了项目活动的时间表，每个条形代表一个活动(图9-4)。它跟踪并显示整个项目期间所有任务的进展。WBS侧重于“需要做什么”，甘特图强调“任务将何时完成”。

(3) 资金

项目成本管理包括在项目规划过程中制定项目预算以及在项目执行期间进行财务控制。为了准备预算，所有所需资源都以货币形式表示，即劳动时间和设备使用的直接成本。

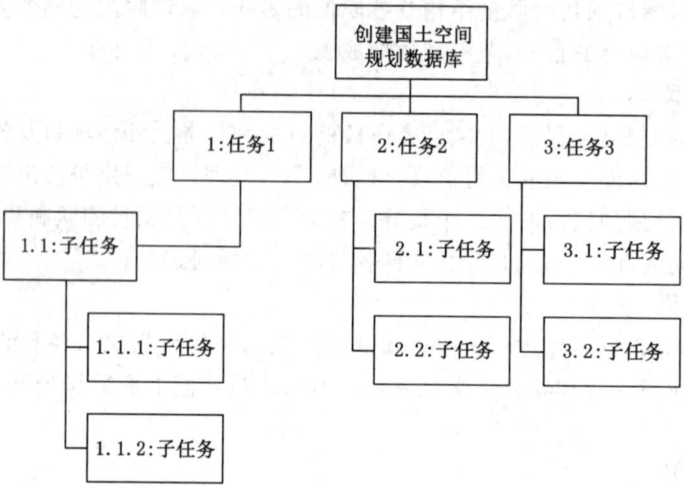

图 9-3　工作分解结构

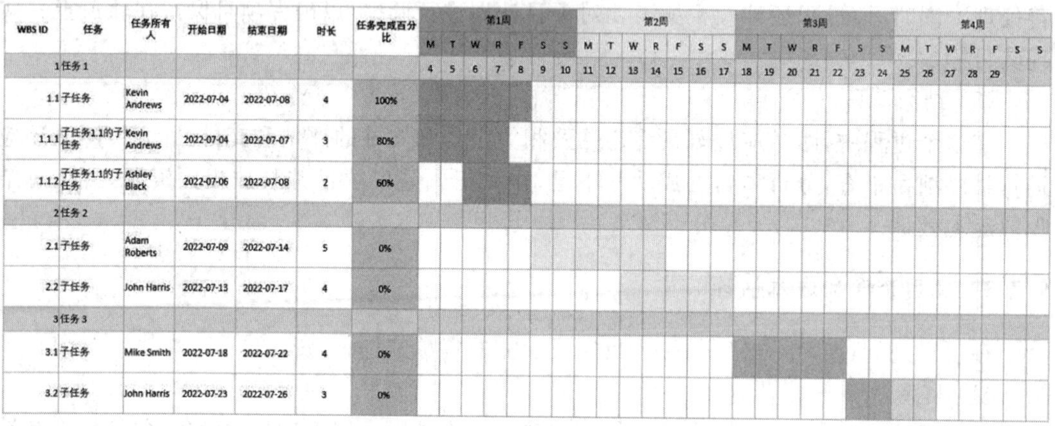

图 9-4　甘特图

对于 LIS 项目，考虑到与项目相关的所有成本是非常重要的。这些成本包括但不限于现有员工和新员工的劳动时间、合同员工和服务、计算机软件和硬件、LIS 数据收集和处理、员工培训以及差旅费用。

9.3.4　项目质量管理

就项目而言，质量指的是项目可交付成果与要求的符合程度。优质软件应当无缺陷或具有合理的缺陷，在预算内按时交付，满足要求和期望，并且易于维护。从客户的角度来看，优质的 LIS 软件应当满足他们的需求；而从开发者的角度来看，优质的 LIS 软件意味着符合过程标准。

（1）项目质量管理的三个组成部分

有效的软件质量管理可以产生优质的产品、更高的客户满意度、提高生产力以及降低项目成本。软件质量管理活动通常分为三个核心组成部分，即质量规划、质量保证和质量控制。

在质量规划过程中，你要明确定义项目的目标。你应该回答诸如你计划交付什么产品、它的外观如何、如何衡量客户满意度以及如何确定项目是否成功等问题。这些问题有助于你识别和定义项目的质量要求。因此，在制订项目计划时，一定要包括质量管理任务。

质量保证是一种确保所有与质量相关的活动按照定义和计划进行的过程。它有助于建立防护措施，以交付满足客户期望的项目产品。可以通过流程清单或项目审计来完成。质量保证测试采用一系列定量和定性指标，以确定质量管理计划是否按计划进行，以客户满意度来衡量项目质量，预测和验证目标的达成情况，并确定需要进行必要更正的需要。质量保证测试的结果可以在定期的项目审查会议上报告。

在质量控制过程中，对软件进行测试和审查以确保质量标准。这个过程涉及在项目执行中发生问题的识别、分析和纠正。请注意，质量保证和质量控制是不同的。前者在问题被识别之前发生，后者在问题被识别并提出改进建议后发生。质量控制会检查具体的项目输出，确定它们是否符合相关标准。质量控制还会识别项目风险并制定相应的缓解解决方案。此外，质量控制也可以监控项目是否在预算和进度之内。

(2) 软件质量

在确定软件质量时，6 个质量特性可以帮助进行评估(表 9-2)。LIS 开发产品的质量可以从以下 6 个方面进行评估。

表 9-2　确定软件质量的 6 个质量特性

质量特性	描　述
功能性	它描述了软件提供的重要功能。它检查功能是否合适(适用性)，功能是否正确实现(准确性)，软件如何与系统的其他组件交互(互操作性)，软件是否符合相关指南和标准(符合性)以及软件是否能够安全地处理数据相关交易(安全性)
可靠性	它描述了软件在一定条件下能够持续运行的能力以及软件承受组件故障的能力。它检查软件故障发生的频率(成熟度)以及软件在故障后恢复能力如何(可恢复性)
易用性	它描述了软件功能和整个软件的易用性。它检查功能的易于理解程度(可理解性)以及不同层次的用户理解功能所需的努力程度(可学习性)
效　率	它描述了在实现软件的某个定义功能时所使用的时间和资源，这取决于软件架构和编码实践
可维护性	它描述了软件识别和修复故障或错误的能力，这取决于代码的可读性和软件的复杂性。它检查能否确定故障的主要原因(可分析性)，消除故障所需的代码修改难度(可修改性)，在对软件进行更改时软件的稳定性(稳定性)以及测试软件的难易程度(可测试性)
可移植性	它描述了软件适应其环境变化的能力。它检查软件在规格变更时的适应性(适应性)、安装软件的便捷性(可安装性)以及在特定的环境中替换其组件的便捷性(可替换性)

9.3.5　项目风险管理

风险是指不确定性，可能对项目目标产生负面影响。当可能发生具有潜在影响项目进度、成本、质量或整体范围的事件或情况无法完全预测时，称为风险事件。风险管理包括两个组成部分：风险分析和风险应对。风险分析是识别和描述潜在风险、发生可能性以及对项目的潜在影响的过程，风险应对是指采取措施应对风险并降低风险事件对项目的影响。

(1) 风险分析

风险分析的第一步是将风险分类。在 LIS 项目中,风险和风险事件通常可以分为 3 种类型,即技术风险、组织风险和财务风险。技术风险与 LIS 项目的技术和运营方面相关,例如硬件和软件的使用、网络配置以及 LIS 数据的获取。它们可能会对 LIS 项目的成本或时间进度产生潜在的技术障碍。组织风险与组织关系、管理、任务分配以及政治和媒体对组织和 LIS 项目的影响有关。这类风险还包括与员工资源相关的风险,例如员工流动和辞职。财务风险涉及为 LIS 项目分配和维持资金。它们可能是组织内部影响为该项目分配资金的决策或外部经济条件的变化,这些变化可能影响为该项目提供的资源。

风险矩阵是项目风险管理中的一种有用工具,用于评估和分类潜在风险(图 9-5)。它涉及创建一张表格、评估风险事件发生的可能性或概率以及其对项目的影响严重程度。通过这种方法,可以根据风险事件发生的可能性(不可能、不太可能、可能、很可能和非常可能)以及影响严重程度(非常低、低、中等、高和非常高),将风险分为五个不同的级别。利用风险矩阵,可有效地对 LIS 项目进行定性风险分析。这种分析有助于优先处理那些可能性和影响较大的风险,确保项目顺利进行,并避免潜在的挫折。

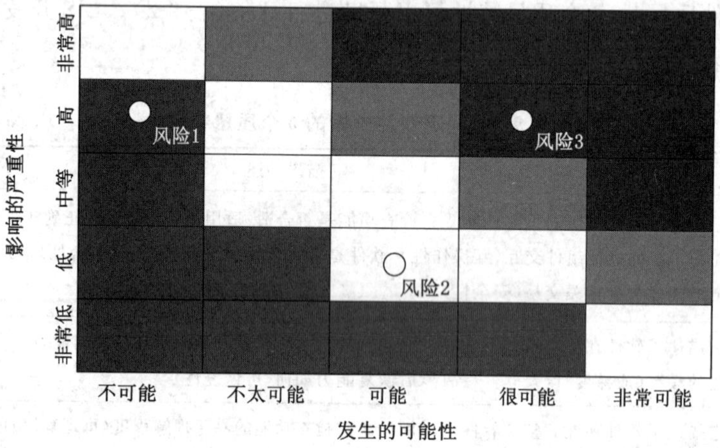

图 9-5 风险矩阵允许对 LIS 项目进行定量风险分析

(2) 风险应对

风险事件可能成为项目执行中的实际障碍。当然,如果你认为风险很低或采取预防措施会导致更高的成本,你可以选择接受风险并不对项目计划或资源进行任何更改。否则,你应采取积极的方法消除或减少风险事件和威胁的负面影响。

应对风险的策略有 3 种不同的类型,分别是规避、转移和减轻。规避意味着修改项目计划(任务、时间、资源等),以保护项目目标免受风险的不利影响。转移是指将风险事件的后果或责任转移给第三方。请注意,转移只会转移责任,而不会消除风险。风险转移的常见做法是通过设计良好的合同来外包部分项目工作。减轻则是将风险事件的可能性和/或后果减少到可接受的水平。它通常是通过项目控制来实现,旨在尽早识别风险事件,并在影响扩大之前采取正式行动。

9.4　章节总结

9.4.1　重要术语

商业软件　开源软件　通用型软件　应用型软件　组件对象模型　可行性分析　需求分析　软件开发生命周期　总体设计　详细设计　项目管理　工作分解结构　甘特表　项目质量管理　项目风险管理　软件质量　风险分析　风险响应

9.4.2　复习题

(1) 请列出 3 个商业 GIS 软件和 3 个开源 GIS 软件。

(2) 有哪几种 GIS 软件开发方法?

(3) LIS 软件开发生命周期有哪几个阶段? 它们的主要活动是什么?

(4) 在 LIS 软件开发中,为什么需要做软件测试?

(5) LIS 项目需要哪些资源?

(6). 什么质量特征可以帮助你确定软件质量?

(7) 如何使用风险矩阵进行项目风险评估?

第10章　土地信息系统的应用

土地信息系统(LIS)作为一项现代化的技术手段,在国土空间规划、土地评价、土地利用模拟和预测以及相关管理业务等领域中扮演着至关重要的角色。为了帮助读者更好地理解土地信息系统的应用,本章重点介绍了土地信息系统在部分领域的相关应用示例。

10.1　在国土空间总体规划方案编制中的应用

国土空间规划是对一定区域国土空间开发与保护在空间与时间上所作出的统筹安排,是国家空间发展的指南、可持续发展的空间蓝图以及各类开发、保护和建设活动的基本依据。国土空间总体规划方案编制离不开土地信息系统的支撑。在规划数据库构建、相关基础数据分析预测、土地利用结构与布局优化调整以及与规划系列图件成果编绘等流程中均需利用土地信息系统软件平台来完成。

10.1.1　规划数据库构建

以《市级国土空间总体规划数据库规范(试行)》为例,我国市级国土空间总体规划数据库内容包括基础地理信息要素、分析评价信息要素和国土空间规划信息要素。上述三类要素中包含空间数据和非空间数据两类。空间数据以地理参考信息的形式存储在数据库中,非空间数据主要包括国土空间规划的属性数据、规划方案及相关文档资料、规划表格要素等。其中规划文本与说明等报告提供了内容描述和规划方案的详细解释,而表格包含不同国土空间类型的关键监管目标、耕地、建设用地、林地及其他重要土地利用类别在不同地区数量约束,以及使用分区的统计信息。该规范明确了市级国土空间总体规划数据库(全域)要素与相应代码,其中:基础地理信息要素包括境界与各级行政区要素,分析评价信息要素包括基础分析空间要素、基础分析文档资料要素、基础分析表格要素、基础分析栅格图要素、双评价空间要素、双评价文档资料要素、双评价表格要素与双评价栅格图要素,国土空间规划信息要素包括基期年现状空间要素、目标年规划空间要素、规划文档资料要素、规划表格要素、规划栅格图要素。以上各子类要素中又包含相应的细分要素类型。

国土空间规划数据库的建设目标主要在于确保空间和非空间数据的规范存储与有效查询,实现国土空间规划数据和现状(基期)等数据在格式与数学基础(包括高程基准与坐标系)的规范与统一,并能够将所有国土空间规划的成果在数据库中存储。

构建国土空间规划数据库的步骤如下:

(1) 数据库建设准备:这包括收集基本资料,如区域自然资源信息、生态环境状况、人口和社会经济信息等,还包括国土空间利用现状数据、土地价格、土地综合整治规划方案等。该部分具体内容包括依据相关规范完成数据库的结构设计与创建、统一空间数据的数学基础、现状数据基数转换。其中统一空间数据的数学基础即可应用土地信息系统中的投影变换功能实现;而现状数据基数转换则以国土资源调查成果为基础,结合国土空间规划用途分类与国土资源调查成果数据的差异，分类对调查成果数据进行归并或细分，从而形成国土空间规划分类。

(2) 规划要素的导入：规划要素包括各类城镇建设用地、产业用地、基础设施用地、基本农田保护区、生态空间管控区域、土地整治区域等。通过与土地利用现状数据的叠置分析，从而可以继承土地利用现状数据的相关属性信息（主要为现状国土类型）并保留规划用地类型属性信息，随后导入构建的规划数据库中。

(3) 专题规划要素的制作：专题规划要素包括基本农田保护要素、城市开发边界要素、土地利用分区要素和土地整治分区要素。在土地信息系统应用中，这一步涉及多边形的融合与概括以及相应属性信息的更新。

(4) 非空间规划数据的处理：非空间规划数据包括规划统计表、规划方案报告和其他相关规划文件。可以使用土地信息系统软件平台中的批处理工具或模型构建工具，以实现对该类数据的高效处理分析。

10.1.2　基础数据的分析预测

应用土地信息系统进行相关基础数据的分析与预测是国土空间总体规划方案编制中的一项关键内容。通过对国土空间利用现状、生态环境限制与约束、社会经济特征与发展战略、其他自然资源禀赋限制等内容的研究，规划者可以全面了解规划区域的现状本底、资源环境约束以及规划期间对各类国土空间的需求，从而为各类国土空间的空间分布、利用规模与强度的管控提供重要支持。

土地信息系统提供了一系列分析工具可以用于基本数据的分析和预测。例如，ArcGIS 中的数据互操作工具允许将输入的要素类或图层转换为 ArcGIS 数据互操作扩展支持的不同格式。当处理不同格式的数据，如 MapInfo MIF/MID 文件或 AutoCAD DWG/DXF 文件时，这个工具特别有用，能够实现无缝的数据分析和预测。

空间分析是土地信息系统的一个基本组件，并在各种分析和预测任务中广泛应用。空间分析工具包括数据插值、叠置分析、水文分析、距离分析和表面分析等功能。这些工具对于进行基于空间的分析和预测至关重要，它们提供了可量化和空间有效的结果，从而可以用于该部分工作。如 10.2 节内容就是关于土地信息系统中空间分析方法在土地适宜性评价中的具体应用。通过利用土地信息系统及其相关的分析功能，规划者可以有效评价国土空间利用的适宜性，分析国土空间利用变化，预测不同类型国土空间的需求，并可实现城市扩展等与规划相关的多个方面的预测。

10.1.3　不同国土空间类型的空间布局与数量结构优化

空间布局与数量结构优化是国土空间规划中的关键步骤。我国的国土空间规划遵循自上而下的管理机制。这意味着下级行政部门需严格遵守上级政府设定的相关指标（尤其是约束性指标）的要求。根据《市级国土空间总体规划编制指南（试行）》，约束性指标包括生态保护红线面积、用水总量、永久基本农田保护面积、耕地保有量、建设用地总规模、城乡建设用地规模、林地保有量、基本草原面积、湿地面积与自然岸线保有率。其他更加细分的国土空间类型或自然资源，可以根据区域的自然和社会条件来确定规划期的布局与规模。因此，需要考虑地方的社会经济发展战略或目标，以及自然环境的禀赋，包括适宜性、限制性和承载能力，优化各种国土空间类型在规划期的空间布局与规模。可以利用土地信息系统中叠置分析和地图代数等相关分析功能，来区别与确定感兴趣的区域，从而促进国土空间规划中的空间优化。例如，我们曾开发了一种基于最坏情景的方法，该方法利用土地利用环境耐受度指数来识别具有重要生态环境风险的区域。耕地、住宅区、工业用地及其他相关土地利用类型可以据此进行优化调整，以避免布局于最坏情景区域。

10.1.4 国土空间规划成果生产

国土空间规划编制后的最终成果包括国土空间规划数据库、国土空间规划相关文档文件（如规划方案报告、规划方案报告的附加说明以及其他专题报告）、国土空间规划指标相关表格和国土空间规划成果图鉴（例如主体功能分区图、国土空间总体格局规划图、国土空间控制线规划图、生态系统保护规划图、城镇体系规划图、农业空间规划图等图件）。其中的图件成果以及文本与表格中的相关数据成果需利用土地信息系统进行生产。

首先，国土空间规划数据库在土地信息系统平台上建立，空间数据应用土地信息系统数据管理相关功能进行编辑和导入。其次，所有国土空间规划图件都需根据国土空间规划数据库中的空间数据，应用土地信息系统的可视化表达与地图制作功能进行制作。需要注意的是，相关图件需依据我国国土空间规划的制图规范（如《市级国土空间总体规划制图规范（试行）》）进行编绘。

此外，国土空间规划成果文档与表格成果中的相关数据，特别是国土空间规划指标表，可以根据国土空间规划数据库中的要素类，利用空间分析方法如区域统计和叠置分析进行分析得出。例如，可以使用区域统计功能（对矢量数据而言，相当于 ArcGIS 软件中的 Split 工具）计算县域内各个乡镇的规划耕地面积。

中国拥有全球约 20%的人口，但耕地有限，仅占总面积的 7.8%。尽管从 20 世纪 90 年代开始，我国已确立了社会经济、资源和环境的可持续发展战略，但依然面临较为严重的环境污染和退化问题。因此，国土空间的可持续利用战略具有重要意义。国土空间规划作为保护耕地和生态空间、遏制不合理扩张建设用地的有效措施，是中国土地利用管理体系中的关键组成部分。土地信息系统为区域国土空间规划方案的开发和实施提供了空间化、定量化和高效的工具。

10.2 在土地适宜性评价中的应用

土地适宜性评价通过对土地的自然与社会经济约束及适宜性进行评估，据此确定具体评价单元的适宜性等级。土地适宜性评价对于土地利用的空间布局优化从而支撑国土空间规划具有关键性作用。在国土空间规划编制中，土地适宜性评价表现为国土空间开发适宜性评价，是进行国土空间规划编制的前置条件之一。土地信息系统为土地适宜性评价提供了操作性强且空间化的评价方法与工具。本节展示了使用 LIS 评估建设用地适宜性的一个示例。

10.2.1 研究范围与数据材料

(1) 研究范围

本示例以我国东部沿海的江苏连云港市为研究范围。连云港市地处江苏省东北部，土地总面积 7 499.91 km^2，地理位置介于北纬 34°07′至 35°08′和东经 118°24′至 119°55′之间，北邻山东省，南接灌河，与盐城市和淮安市接壤，东临日本和韩国，西与徐州市相连。地势自西北向东南倾斜，境内有平原、海洋、低山丘陵，河湖滩涂齐全。全市地貌可分为中部平原、东部沿海滩涂和西部岗岭三部分。

连云港市是江苏省三大沿海城市之一，也是我国首批沿海开放城市、新亚欧大陆桥东方桥头堡、国家“一带一路”倡议交汇点。近年来，随着江苏沿海开发战略以及国家“一带一路”倡议等的实施，连云港市的土地利用格局发生了显著变化，城镇及工矿产业用地扩张速度较快。连云港市是江苏省地质灾害多发地区之一，主要有崩塌、滑坡、地面塌陷、地面沉降和特殊类岩土(软土)灾害。上述情况要求连云港市在土地及城市规划中需对建设用地适宜性开展评价工作，以便更好地促进区域生态经济社会协调发展。

(2) 数据材料

为了进行土地适宜性评价，本研究收集和整合了以下数据。

土地利用数据：土地利用更新调查数据(比例尺为 1∶5 000)，提供了研究区土地利用现状的信息，包括耕地、林地、园地、水域、城镇用地、村庄等常见土地利用类型，以及盐田和沿海滩涂等独具特色的沿海土地利用类型。

水文与地质数据：涵盖连云港的水文和地质灾害数据，用于识别和评估地质灾害的风险，如崩塌、滑坡、地面塌陷、地面沉降和软土灾害。

交通数据：包含交通用地和主要交通干线的数据，用于评估土地的交通可达性和潜在的发展价值。

生态环境数据：主要包括风景名胜与自然保护区等生态资源数据，用于评估生态敏感性和环境保护的重要性。

高程和地形数据：从中国科学院地理空间数据云获取的 ASTER GDEM 数据，用于获取研究区的地形和高程信息。数字高程模型(DEM)数据的分辨率为 30 m，可以满足市县尺度的评价要求。

遥感影像数据：Landsat 8 遥感影像，用于获取研究区的植被信息，结合 NDVI 指数(归一化植被指数)进行植被盖度的分析。

10.2.2　方法和主要步骤

该部分介绍了进行土地适宜性评价的具体方法和主要步骤，包括数据处理与入库、评价指标体系的建立、指标值得分测算以及适宜性评价结果的测算与分级。

(1) 数据处理与入库

在进行土地适宜性评价之前，首先需要对收集到的数据进行处理和入库，数据处理的准确性直接影响评价的精度，具体步骤如下：

① 投影变换和地理配准：首先，完成相关数据的投影定义和投影变换，确保所有数据在统一的投影坐标系下。然后，进行地理配准，将数据对齐到正确的地理位置，地理配准误差控制在 0.5 个像素以内。

② 地图数字化和属性结构设计：将纸质地图或扫描图像数字化，创建电子地图，并设计和输入属性结构。属性结构的设计包括定义每个地块的属性字段，如土地利用类型、地形特征、地质灾害风险等。

③ 专题数据集的建立：将处理好的数据导入建设用地适宜性评价数据库，形成多个专题数据集。这些数据集包括地形数据、地质灾害数据、生态环境数据、交通数据等，用于后续的适宜性评价分析。

(2) 评价指标体系的建立

为了对研究区内的土地适宜性进行全面评价，需要建立一个符合研究区实际的、科学合理的评价指标体系(表 10-1)。评价指标体系的建立步骤如下：

① 确定评价指标：综合考虑研究区内建设用地的特点、数据获取的可行性及指标设计的合理性，最终确定评价体系由地形因素、地质条件因素、生态环境因素和社会经济因素组成。其中地形因素包括高程、坡度、坡向，地质条件因素包括崩塌滑坡、地面沉降、软土地基，生态环境因素包括植被盖度、自然保护区与风景名胜区级别，社会经济因素包括基本农田保护、交通条件、建成区影响。

② 权重确定：采用层次分析法(AHP)确定各指标的权重。通过邀请土地、生态、环境领域相关专家进行两两比较，判断各层指标的相对重要性，并保持判断矩阵的一致性，最终得出各个指标的权重值。

表 10-1　研究区建设用地适宜性评价指标体系及相应权重

影响因素	评价指标	指标类型	权　重	指标值获取方法
地形因素	高程	数值型	0.054 3	表面分析方法
	坡度		0.106 9	
	坡向		0.056 2	
地质条件因素	崩塌滑坡	等级型	0.119 6	数据重分类方法
	地面沉降		0.106 9	
	软土地基		0.090 6	
生态环境因素	植被盖度	数值型	0.070 7	地图代数工具计算 NDVI 值
社会经济因素	自然保护区与风景名胜区级别	等级型	0.106 9	数据重分类方法
	基本农田保护	布尔型	0.134 1	数据重分类方法
	交通条件	数值型	0.083 3	距离分析方法
	建成区影响	数值型	0.070 7	距离分析方法

(3) 指标值得分测算

为了统一各类指标的尺度，需要对指标进行标准化处理。具体方法如下：

① 数值型指标：采用公式 $I_j = v_j \times 100/\max v_j (j=1, 2, \cdots, m)$ 测算其标准化得分。式中 v_j 为待评价单元 j 的指标值；$\max v_j$ 表示 m 个评价单元中的指标最大值。对于越小越好的数值型指标，则采用公式 $I_j = v_j \times 100/\min v_j (j=1, 2, \cdots, m)$ 测算其标准化得分，其中 $\min v_j$ 表示 m 个评价单元中的指标最小值。

② 等级型和布尔型指标：对于难以直接进行数值化处理的等级型和布尔型指标，采用公式 $I_j = \frac{n-i}{n} \times 100$，式中 I_j 为待评价单元 j 的指标级别；n 为该指标的总级别个数(如自然保护区与风景名胜区级别分为国家、省级、市级以及非保护区，则 n 值取 4)，i 为其指标级别

赋分值(如前述 4 个级别依据其对建设用地的限制性程度分别赋值为 3、2、1、0)。测算过程使用 GIS 地图代数功能实现。

(4) 适宜性评价结果的测算与分级

基于前述各具体指标的权重,应用 GIS 空间叠置分析功能对具体指标得分图进行加权叠置分析,利用加权综合评价法进行评估。加权综合评价法是一种广泛使用且易于理解的方法,适用于各种与土地相关的评价。加权综合评价模型如下:

$$I_{LS} = \sum_{i=1}^{n} w^i v^i$$

式中,I_{LS}代表建设用地适宜性的评价值;w^i 表示第 i 个指标的权重;v^i 表示第 i 个指标的值。

依据上述公式计算出研究区建设用地适宜性评价的总体得分结果。然后依据具体得分情况,采用自然断点法(natural breaks)将适宜性分为四个等级:高度适宜、中度适宜、低度适宜和非适宜。自然断点法通过聚类分析,以便将相似性最大的单元分在同一等级,从而反映不同空间单元的适宜性等级分布特征。在整个土地适宜性评价过程中,土地信息系统通过提供高效的空间工具获得了定量、可视化和空间化的结果。

10.3　在土地利用模拟和预测中的应用

土地利用模拟与预测有助于揭示土地利用动态变化的机理,并通过预测为编制科学合理的土地利用规划或相关政策制度提供支撑。可以用于模拟和预测土地利用模式的方法和模型有很多,例如 CLUES、CA-Markov、土地变化模型以及 FLUS 模型。本节提供了在 ArcGIS 中使用 FLUS 模型进行土地利用模拟的一个示例,该模型作为 ArcGIS 的一个插件执行。FLUS 模型基于 ANN-CA(人工神经网络-元胞自动机)模型,结合了自适应惯性和竞争机制,以处理不同土地利用类型之间复杂的竞争和交互。它能够明确地模拟多个土地利用/覆盖变化的长期空间轨迹。FLUS 模型的详细描述可以在软件指南和开发者撰写的文章中找到。

10.3.1　数据来源

本案例的数据来源主要包括:① 土地利用数据,包括 2005 年和 2010 年的土地利用数据,来源于当地土地管理部门;② DEM 数据,使用分辨率为 30 m 的 ASTER GDEM 数据,用于获取研究区的地形和高程信息;③ 环境数据,包括自然保护区、风景名胜区、水资源保护区、蓄滞洪区、清洁水源渠道、主要生态湿地、崩塌滑坡发生区、地面沉降、沉积和软土地基等数据,来源于当地环境管理部门;④ 土壤数据,来源于中国科学院南京土壤研究所,提供了研究区内土壤类型和性质的信息;⑤ 交通数据,包括交通用地和主要公路数据,来源于当地交通管理和规划部门。这些数据用于评估土地的交通可达性和潜在的发展价值。在数据采集和处理过程中,需要注意数据的准确性和时效性,以确保模拟和预测的科学性和可行性。

10.3.2　方法和主要步骤

本节介绍了进行土地利用模拟和预测的具体方法和主要步骤,包括数据处理与入库、模拟和预模型的选择、情景设定以及最坏情景区域识别。

(1) 数据处理与入库

在进行土地利用模拟和预测之前,首先需要对收集到的数据进行处理和入库。具体步骤如下:

① 投影变换和地理配准:首先,对数据进行投影定义和投影变换,确保所有数据在统一的投影坐标系下。接着,进行地理配准,将数据精确对齐到正确的地理位置,配准误差控制在0.5个像素以内。

② 地图数字化和属性结构设计:将纸质地图或扫描图像数字化,创建电子地图,并设计和输入属性结构。属性字段包括土地利用类型、地形特征、地质灾害风险等。

③ 专题数据集的建立:将处理好的数据导入土地利用模拟和预测数据库,形成多个专题数据集。这些数据集包括地形数据、地质灾害数据、生态环境数据和交通数据等,用于后续的模拟和预测分析。

(2) 模拟和预测模型的选择

为了模拟和预测未来的土地利用变化,本研究选用了FLUS(future land use simulation)模型。FLUS模型基于人工神经网络的元胞自动机模型(artificial neural network-cellular automaton,ANN-CA)。人工神经网络(artificial neural networks,ANN)通过模拟神经网络的行为特征对接收到的信息进行处理,特别适合模拟非线性的复杂系统,具有对自变量本身没有严格要求、不需要人为定义参数的优点。元胞自动机模型是指时间、空间、状态都离散,反映局部时空相互作用及关系的栅格动力学模型。分布在空间中的元胞可根据一系列局部规则模拟出复杂的演化过程,具有模拟复杂系统时空演化过程的能力。其模型可以表达为$CA=(L_d,S,N,f)$,式中,L_d为d维空间下的栅格空间;S为元胞状态的集合;N为邻近元胞的集合;f为演化规则。

(3) 最坏情景区域识别

为了识别最坏情景区域,使用了土地生态耐受度指数(LETI)方法,LETI表示某一生态因子对该土地利用类型的容忍程度。当某种土地利用方式超出了生态因子的耐受程度时,可能导致人员伤亡和财产损失。因此,可以利用LETI进行最坏情景区域的测算。

① 环境指标数据收集

环境指标数据包括地质灾害(如滑坡、地面沉降、软土地基等)、生物多样性(水体、湿地、森林和自然保护区等)和生活生产安全(饮用水源地、蓄滞洪区和清洁水源渠道等)等。

② 指标容忍区间和最优值/区间的确定

依据相关成果、技术标准等明确不同生态因子对任意土地类型的耐受度区间以及最优指标值/区间。其中,高程指标因子根据研究区地势特点、洪涝灾害风险以及相关研究成果确定;坡度因子根据相关研究成果及有关技术规程综合确定;其他因子则根据研究区不同级别管制标准确定具体土地利用类型的耐受度区间和最优指标。需要指出的是,由于海域、河湖库(包括河流湖泊水库等永久性水域)、其他水域、滩涂多具有不同程度的生态功能,因此其布局区域并不受生态限制因素的影响。此外,连云港虽然有大量盐田,但基本废弃,生态因子对废弃盐田的限制作用也可以忽略。所以这里重点确定了耕地、园地、林地、城镇、村庄等土地类型的生态因子耐受区间和最优区间(表10-2)。

表 10-2　研究区不同土地类型的生态因子耐受区间和最优区间表

土地类型	生态因素	地形因素		地质灾害因素		生物多样性因素		水质与水文条件因素	
	因子指标	高程因子	坡度因子	崩塌滑坡因子	地面沉降及软土灾害因子	生态湿地与水体因子	自然保护区及森林因子	饮用水源地因子	洪水调蓄及清水通道维护因子
耕地	耐受区间	(0,100 m)	(1,25°)	0 到 2 级	0 到 2 级	0 到 1 级	0 到 1 级	0 到 1 级	0 到 1 级
	最优区间	(0,50 m)	(1,3°)	0 级	0 级	0 级	0 级	0 级	0 级
园地	耐受区间	(0,625 m)	(1,35°)	0 到 3 级	0 到 3 级	0 到 1 级	0 到 2 级	0 到 2 级	0 到 2 级
	最优区间	(0,625 m)	(1,3°)	0 级	0 级	0 级	0 级	0 级	0 级
林地	耐受区间	(0,625 m)	(0,90°)	0 到 3 级	0 到 3 级	0 到 1 级	0 到 3 级	0 到 2 级	0 到 2 级
	最优区间	(0,625 m)	(1,3°)	0 级	0 级	0 级	0 级	0 级	0 级
城镇	耐受区间	(0,228 m)	(1,15°)	0 到 2 级	0 到 2 级	0 到 1 级	0 到 1 级	0 到 1 级	0 到 1 级
	最优区间	(0,26 m)	(1,3°)	0 级	0 级	0 级	0 级	0 级	0 级
村庄	耐受区间	(0,228 m)	(1,15°)	0 到 2 级	0 到 2 级	0 到 1 级	0 到 1 级	0 到 1 级	0 到 1 级
	最优区间	(0,26 m)	(1,3°)	0 级	0 级	0 级	0 级	0 级	0 级

注：高程因子取值范围为(0,625 m)；坡度因子为(1,90°)；崩塌滑坡因子、地面沉降及软土灾害因子为(0 到 3 级，对应非风险到高度风险级别，共 4 级)；生态湿地与水体因子、饮用水源地因子、洪水调蓄及清水通道维护因子为(0 到 2 级，对应从非管制到最高管制级别，共 3 级)；自然保护区及森林因子为(0 到 3 级，对应非保护及市级、省级及国家保护级)。

③ LETI 值测算

LETI 以该生态因子的指标值与该土地利用类型最优指标值/区间的距离 d_{ji} 表示。对于最优区间型生态因子 i 而言，某一土地利用类型 j 关于该生态因子的耐受度可用下式测算：

$$\begin{cases} \mathrm{LETI}_{ji}=\dfrac{x-a}{a_0-a}\times 100 & a<x<a_0 \\ \mathrm{LETI}_{ji}=\dfrac{b-x}{b-b_0}\times 100 & b_0<x<b \\ \mathrm{LETI}_{ji}=\dfrac{x-a}{b-a}\times 100 \quad \text{或} \quad \dfrac{b-x}{b-a}\times 100 & x<a \quad \text{或} \quad x>b \\ \mathrm{LETI}_{ji}=\dfrac{\dfrac{(b_0-a_0)}{2}-\left|x-\dfrac{(a_0+b_0)}{2}\right|}{b_0-a_0}\times 100 & x\in(a_0,b_0) \end{cases}$$

式中，(a,b)为该生态因子关于土地利用类型 j 的耐受度范围；(a_0,b_0)为相应的最优区间；x 为该生态因子具体指标值。对于最优值型(其最优值为 x_0)生态因子，耐受度则以下式测算：

$$\begin{cases} \mathrm{LETI}_{ji}=\dfrac{x-a}{x_0-a}\times 100 & a<x\leqslant x_0 \\ \mathrm{LETI}_{ji}=\dfrac{b-x}{b-x_0}\times 100 & x_0\leqslant x<b \\ \mathrm{LETI}_{ji}=\dfrac{x-a}{b-a}\times 100 \quad \text{或} \quad \dfrac{b-x}{b-a}\times 100 & x<a \quad \text{或} \quad x>b \end{cases}$$

若某一生态因子值为次序或等级变量，如等级越大生态风险越大，耐受度则可以下式测算：

$$\mathrm{LETI}_{ji}=\frac{n-m}{n}\times 100$$

式中，m 为该生态因子具体等级；n 为生态因子等级数量。由前述公式可知，当 LETI_{ji} 值小于等于 0 时，即可认为该土地利用类型超出了生态因子 i 对其的耐受度范围。对于某一区域而言，其任意土地利用方式超出生态因子耐受度可能导致的严重风险即认为该区域为最坏情景区域，须对其进行严格的管制。

④ 最坏情景区域识别

通过叠加各个指标的 LETI 值，识别出环境容忍度最低的区域。如果某个像素任一指标的 LETI 值小于等于 0，则该像素被判定为最坏情景区域。

(4) 模型具体应用步骤

① 模型校准：使用 2005 年的土地利用数据作为初始数据，通过模拟 2010 年的土地利用情况，对模型进行校准。将模拟结果与实际的 2010 年土地利用数据进行比较，不断调整模型参数，直到模拟结果达到满意的精度。其中迭代次数设置为 1 000；邻域大小采用默认值 3；模型加速因子取值为 0.3；成本矩阵设置中，根据对研究区域的经验，限制城镇用地和河湖库向其他类型的转变，其他类型之间可以相互转化；将城镇用地邻域因子设置为 1，其他因子均设定为 0.5。

② 情景设定：设定不同的土地利用变化情景，包括基于最坏情景的情景(WSB)和非最坏情景的情景(NWSB)。在 WSB 情景下，严格禁止在最坏情景区域进行非农业开发和建设，而在 NWSB 情景下，允许在最坏情景区域内进行土地利用变化。

③ 模拟与预测：最后以 2010 年土地利用数据作为土地利用本底变化预测初始年份数据；适宜性概率数据和限制区域数据与模拟模块数据一致。以 2020 年土地利用数量预测结果作为用地转换的数量阈值。其他参数设置均与模拟过程中的参数保持一致，据此预测连云港 2020 年两种情景下的土地利用模式，从而为不同土地利用类型在目标规划年度的布局提供数据支持，本示例相关成果可参阅杨小艳等(2019)发表的论文成果。

10.4 基于 WebGIS 的工业用地管理系统开发与应用

基于 WebGIS 的工业用地管理系统(industrial land management information system, ILMIS)是集成了地理信息系统(GIS)和网络技术的计算机系统，旨在通过互联网提供工业用地信息的存储、管理、分析和共享服务。该系统通过对现有工业项目的用地强度、经济数据、能耗数据、环保数据等要素进行定期监测，实现对现有工业项目的动态监管。GIS 技术的运用可以将现有工业用地情况以“一张图”的形式直观展示，包括已征图层、已供图层、未供图层、供而未用、节约集约评价等图层，为盘活闲置低效用地和项目监管提供决策依据，实现工业项目信息化、系统化管理，从而达到土地集约节约利用的目的。

10.4.1 系统分析

ILMIS 系统分析的主要内容涉及系统开发的目标、运行环境、系统功能、系统需求规定与系统结构关系等部分。

（1）系统开发的目标

① 工业用地资源信息数据的输入、存储与处理。工业用地管理系统的核心是其基础数据库，包含多种形式的工业用地资源信息，如各类专题图件、统计报表、实地调查资料、部分参数等。这些数据可归纳为空间数据和属性数据两大类。系统应实现对上述各类数据信息的输入、存储与处理。

② 数据库的管理与维护。包括数据导入、查询、检索与更新、数据备份等。

③ 工业用地信息数据空间与统计分析功能。工业用地管理信息系统需具备多种空间与统计分析功能，包括图形叠加、空间查询、属性查询、统计分析、工业用地与企业评价等。

④ 结果输出。工业用地管理信息系统可以方便地导出工业用地、企业信息、批而未供等信息。

⑤ 友好的交互式操作界面。系统需实现基于网络的远程访问功能，并且界面应易于理解操作。

（2）运行环境

系统的运行环境主要包括以下几个方面：

① 计算机：开发的计算机需要使用i5以上的处理器、8 GB以上内存、500 GB以上硬盘、显示器、键盘、鼠标等。部署运行的计算机需要使用8核以上CPU、32 GB以上内存、2 TB以上硬盘。

② 外围设备：打印机、扫描仪等。

③ 通信设备：局域网、Internet网络。

④ 操作系统：开发的操作系统使用Windows 7以上，运行的操作系统使用CentOS等Linux系统。

⑤ 相关软件：包括IntelliJ IDEA、VsCode、Mysql、Nginx、Tomcat与Zookeeper等软件。

（3）系统功能

① 空间数据库管理功能。通过空间数据库管理模块，对工业用地、征地、供地等空间数据进行输入、编辑、空间分析、查询，并利用这些数据进行叠置分析。同时，通过内部数据格式转化，实现空间数据与属性数据的连接查询。

② 属性数据库管理功能。系统实现两种形式的属性数据输入：一种是利用Excel建立属性数据库，然后通过工业用地管理系统提供的属性数据导入功能，连接空间与属性数据；另一种是直接在工业用地管理系统中对空间实体的属性值进行输入、编辑和修改。系统具有数据编辑修改、查询、批量处理、与其他数据库格式的相互转化、报表输出、潜力分析、结果查询等功能。

③ 工业用地利用潜力分析评价功能。根据用地强度（综合容积率、建筑密度）、经济效益（地均固定资产投资、地均产值、地均税收）、生态效益（单位用电量、单位用水量）、是否规上企业、行业等多项评价指标对全部入库企业进行集约评价计算得分。用户可按照所选各指标对得分结果进行升序或降序查看，并可根据需求导出页面内数据。

④ 安全保护功能。系统需采用权限分级策略，不同的用户具有不同的角色，每种角色又有不同的权限。系统可设置若干用户组，针对每个用户组可以定义不同的权限。用户组内的用户也可分配不同权限（包含不属于本组的特别权限）。

（4）系统需求规定

① 系统性能要求。首先是物理性能指标，系统应支持 100 个以上的用户并发，且对用户操作的响应时间小于 3 s，数据报表查询速度小于 5 s；其次是可靠性，系统运行过程中，除了不可预计的外部因素（停电、计算机软硬件故障等），不会出现运行错误、计算错误等现象，运行过程保证稳定、可重复。

② 输入输出要求。可提供友好的数据输入和输出界面。

③ 数据管理能力要求。采用元数据和数据字典的方式维护空间数据和属性数据的完整性和一致性。

④ 故障处理要求。对于系统运行过程中的故障，需要给出详细的故障来源、原因、处理方法或者故障报告。

（5）系统结构关系

ILMIS 同其他系统或机构的基本来往关系如图 10-1 所示。

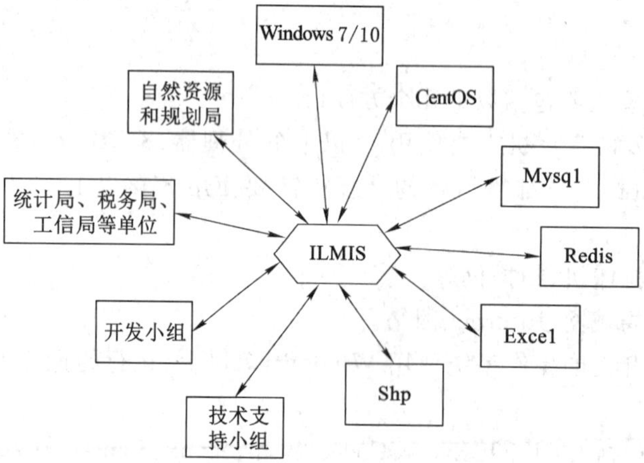

图 10-1　ILMIS 同其他系统或机构的基本来往关系示意图

图 10-1 中，自然资源和规划局是实施工业用地管理系统的监督单位、实施单位和使用单位，也是项目的提出者，负责监督本项目的实施并协调开发单位和各局方用户之间的合作；税务局、统计局、工信局等是该系统的使用单位，同时又是基础资料收集的配合单位；开发小组和技术支持小组主要负责系统的开发和维护，同时协助用户使用本软件，建立工业用地集约节约评价体系，对工业用地和企业进行潜力评估与分等定级；Windows 7/10 是系统开发平台，CentOS 是系统运行平台；Mysql 是系统数据管理的平台；Redis 是缓存数据库，用于存储变化频率不高但使用频率超高的数据；Shp、Excel 文件等是系统进行数据交换的对象。

10.4.2　系统设计

（1）系统结构设计

系统采用分布式架构，后端服务按模块化提供，前端以专用网络通道通过 Web 接口的方式和后端的服务之间进行通信访问。根据用户使用情况及系统包含的内容，将系统分为工业用地管理系统（PC 端）、采集系统（移动 Web 站）、数据查询系统（移动 App）3 个子系统。后端服务分成登录权限管理模块、GIS 服务、土地模块、企业模块、行业模块、产业园模块、大数据决策支持、智能评估、Geoserver 等几大模块。底层数据存储需要通过关系型数据库、缓存数据库 Redis、云文件存储等几种形式提供相应的数据存储功能。系统结构图如图 10-2 所示。

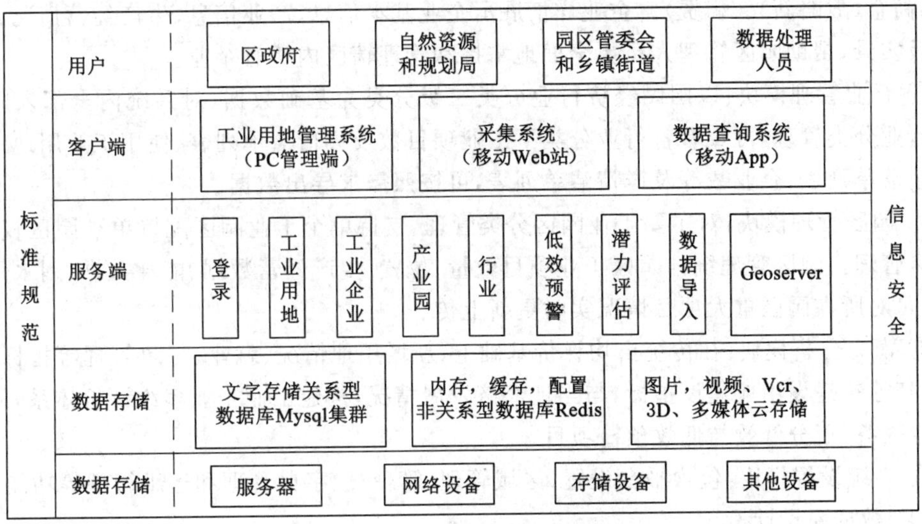

图 10-2　ILMIS 系统结构示意图

(2) 系统接口设计

① 用户接口。ILMIS 所采用的用户接口技术包括以下几种。菜单选项方式，这是一类较为直观且方便用户使用的用户界面。本系统主要采用的是树形菜单。表格/窗口填充方式，它是从一个清单中选取一项或多项的用户界面，适用于数据库管理、信息管理、数据处理中的数据输入等，是一种十分有用的用户界面风格，本系统在设计过程主要采用表格/窗口填充式的用户接口。直接操纵方式，所谓直接操纵是指用户直接控制或操作屏幕上显示的对象去完成某项任务。ILMIS 主要使用直接操纵的用户接口技术，使用户能直接在界面上寻找发现所需的功能。

② 外部接口。ILMIS 的外部接口包括软件与硬件之间的接口(串行、并行、USB 等)，如打印机接口、键盘接口、屏幕接口等。此外，还有系统与各支持软件之间的接口，如数据库管理接口，包括 Mysql、Redis 等；GIS 软件接口，包括 Geoserver、OpenLayers 等；计算机操作平台软件接口，包括 Windows 7/10、CentOS 等。

③ 内部接口。ILMIS 的内部接口包括：数据输入与数据库接口、数据输出与数据库接口以及工业用地绩效评价与数据库接口等。

(3) ILMIS 模块设计

根据工业用地管理工作的需要，采用模块化原理，将系统分成用地管理、企业管理、行业管理、园区管理、潜力分析与系统设置六大模块，每个模块完成一个子功能，然后把这些集成在一起组成一个整体，以此完成工业用地管理的任务。各模块完成的主要功能介绍如下。

① 用地管理模块：汇集工业用地、供地、征地(征用、农转用)等工业用地的全过程数据，支持用户进行筛选查询、导入、导出及增删改查等操作。同时在用地详情中除了展示地块的详细信息，还通过空间关联该地块的来源、去向以及现状、规划信息，实现地块级的全生命周

期溯源管理。

② 企业管理模块：汇集全域工业企业数据，支持用户进行筛选查询、导入、导出及增删改查等操作。通过 Web 标签为每个企业提供定义特定画像(包括集约节约类型、规上、主导产业、高企、战略新兴、租赁)。企业详情展示企业基本信息、产业信息、生产经营情况、照片、位置及实景，帮助园区管理人员更全面地掌握和管理辖区内所有企业。

③ 行业管理模块：以国民经济行业分类二级分类为基础数据，对系统内全部入库企业进行行业分类管理，可查看各行业分类下工业项目数及详情清单列表、使用工业用地地块数及详情清单列表、企业数等及详情清单列表，可按照需求导出数据。

④ 园区管理模块：对主要工业园区分类管理，支持单个工业园区配置单独园区权限，方便园区管理。园区管理统计园区工业项目数量、位置、生产经营数据、能耗数据、用水用电数据等，可对所在园区重大项目情况实时更新上传。

⑤ 潜力分析模块：在传统亩均评价基础上，新增用地情况、就业、行政管理等指标，根据最新《江苏省建设用地建设指标》与当地经济发展情况，构建工业企业多维评价体系，科学评价项目效益，划分低效与低效预警项目。

⑥ 系统设置模块：包含平台设置、区域管理、管理员、字典管理和运维管理等功能。

(4) 数据库设计

系统数据库的设计主要采用自顶而下的设计方案和面向对象的程序设计思想。工业用地数据和相应的数据库是工业用地管理信息系统的基本和关键组成部分。工业用地管理信息系统需要处理两类数据：一类是空间数据，如描绘地块的多边形、描绘地块边界的线、定义边界线的点、区或街道街区的边界等；另一类是非空间数据，如地块批文、项目合同、企业信息及照片或 VR 等。此外，描述工业用地和其他数据信息的元数据是数据库中的强制性数据之一。图 10-3 显示了工业用地管理信息系统数据库的逻辑结构。

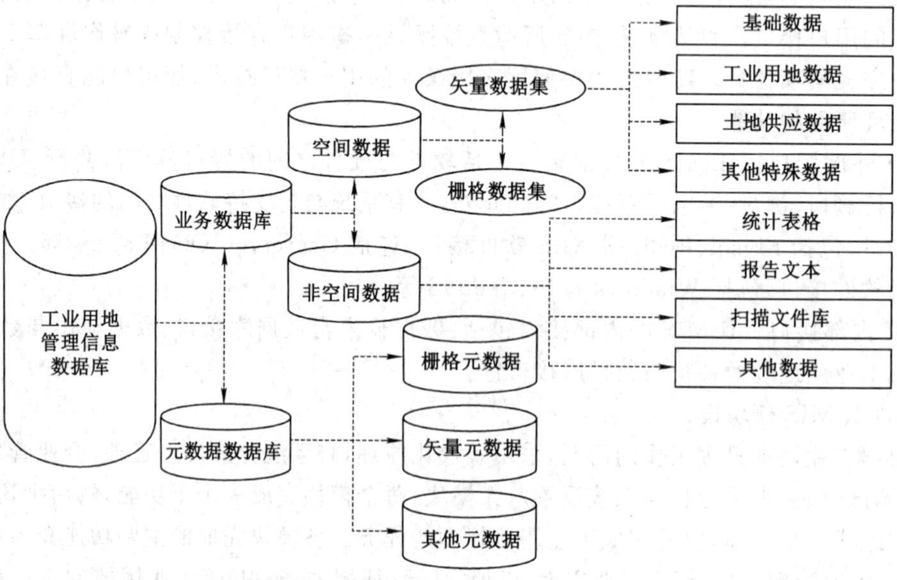

图 10-3　ILMIS 系统数据库的逻辑结构

数据字典是数据库应用设计中的重要内容，是描述数据库中各类数据及其组成的数据集合。数据字典具有层次结构，由一系列相关文件构成，主要包括每一数据元的名字、意义、描述、来源、功能、格式以及与其他数据的关系。建立数据字典可以帮助用户了解整个数据库的组织和内容，以便更好地使用数据库。

以工业用地指标评价为例，工业用地指标评价主要涉及评估规则配置、评估指标目标值、评估指标权重类型、评估等级等，分别建立各自的数据字典（表 10-3 至表 10-6 ）。

表 10-3　evaluation_config（评估规则配置表）

编号	名称	数据类型	长度	小数位	允许空值	主键	默认值	说明
1	id	bigint	20	0	N	Y		主键
2	rule_name	varchar	64	0	Y	N		评估规则名称
3	rule_type	int	10	0	Y	N		规则类型
4	rule_expressions	varchar	512	0	Y	N		规则公式
5	update_time	datetime	19	0	Y	N		更新时间
6	create_time	datetime	19	0	Y	N		创建时间
7	is_del	int	10	0	Y	N	0	是否删除 0. 默认，1. 已删除

表 10-4　evaluate_weight_target（评估指标目标值表）

编号	名称	数据类型	长度	小数位	允许空值	主键	默认值	说明
1	id	bigint	20	0	N	Y		主键
2	level	int	10	0	Y	N		级别
3	parent_code	varchar	40	0	Y	N		父级编码
4	index_code	varchar	40	0	Y	N		指标编码
5	weighted	double	11	2	N	N		权重值
6	appraise_index	varchar	40	0	N	N		评价指标
7	calculation	varchar	255	0	N	N		指标含义或计算方法
8	unit	varchar	20	0	Y	N		单位
9	target_value	varchar	40	0	Y	N		目标值
10	is_compute	int	10	0	Y	N	0	是否参与计算：0 是 1 否
11	update_time	datetime	19	0	Y	N		更新时间
12	create_time	datetime	19	0	Y	N		创建删除
13	is_del	int	10	0	Y	N	0	是否删除：0. 默认 1. 已删除

表 10-5　evaluate_weight（评估指标权重类型表）

编号	名称	数据类型	长度	小数位	允许空值	主键	默认值	说明
1	id	bigint	20	0	N	Y		主键
2	appraise_target	varchar	40	0	N	N		评价目标
3	target_type	varchar	40	0	Y	N		指标类型

表 10-5(续)

编号	名称	数据类型	长度	小数位	允许空值	主键	默认值	说明
4	add_upper_limit	int	10	0	Y	N		加分上限
5	minus_upper_limit	int	10	0	Y	N		减分上限
6	value_bank	varchar	40	0	Y	N		取值库
7	index_code	varchar	40	0	N	N		指标编码
8	sort	int	10	0	Y	N		排序
9	remark	varchar	255	0	Y	N		描述
10	weighted	double	11	2	Y	N		权重值
11	create_time	datetime	19	0	Y	N		创建时间
12	update_time	datetime	19	0	Y	N		更新时间
13	is_del	int	10	0	Y	N	0	是否删除:0.默认 1.已删除 2.未启用

表 10-6　evaluate_grade(评估等级表)

编号	名称	数据类型	长度	小数位	允许空值	主键	默认值	说明
1	id	bigint	20	0	N	Y		主键
2	evaluate_scope	varchar	40	0	Y	N		评价范围
3	status	varchar	40	0	N	N		启用状态:10 启用 20 禁用
4	point	int	10	0	N	N		小数点位数
5	land_grade	varchar	40	0	N	N		工业用地评级名称
6	min_score	double	16	4	Y	N		分数最小值
7	max_score	double	16	4	Y	N		分数最大值
8	create_time	datetime	19	0	Y	N		创建时间
9	update_time	datetime	19	0	Y	N		更新时间
10	is_del	int	10	0	Y	N	0	是否删除:0.默认 1.已删除 2.未启用

(5) 系统界面设计

对用户而言,界面就是系统,用户界面的好坏决定了用户使用系统的效率。为增强 ILMIS 的实用性,尽可能做到系统界面友好、方便灵活、易于操作、掩藏内部细节,使用户集中精力于所完成的任务。

目前,系统界面主要采用按钮点击、文本输入、下拉选择框、复选框、分页、滚动条、上下文菜单等形式。ILMIS 在设计系统界面时,综合运用按钮点击、文本输入、下拉选择框、复选框、分页、滚动条、上下文菜单等方式,使系统具有良好的人机交互界面和向导导航功能(图 10-4)。

10.4.3 程序编码与测试

系统设计是为了下一步的实现(编程),这两个阶段是紧密相连的。本系统采用敏捷迭

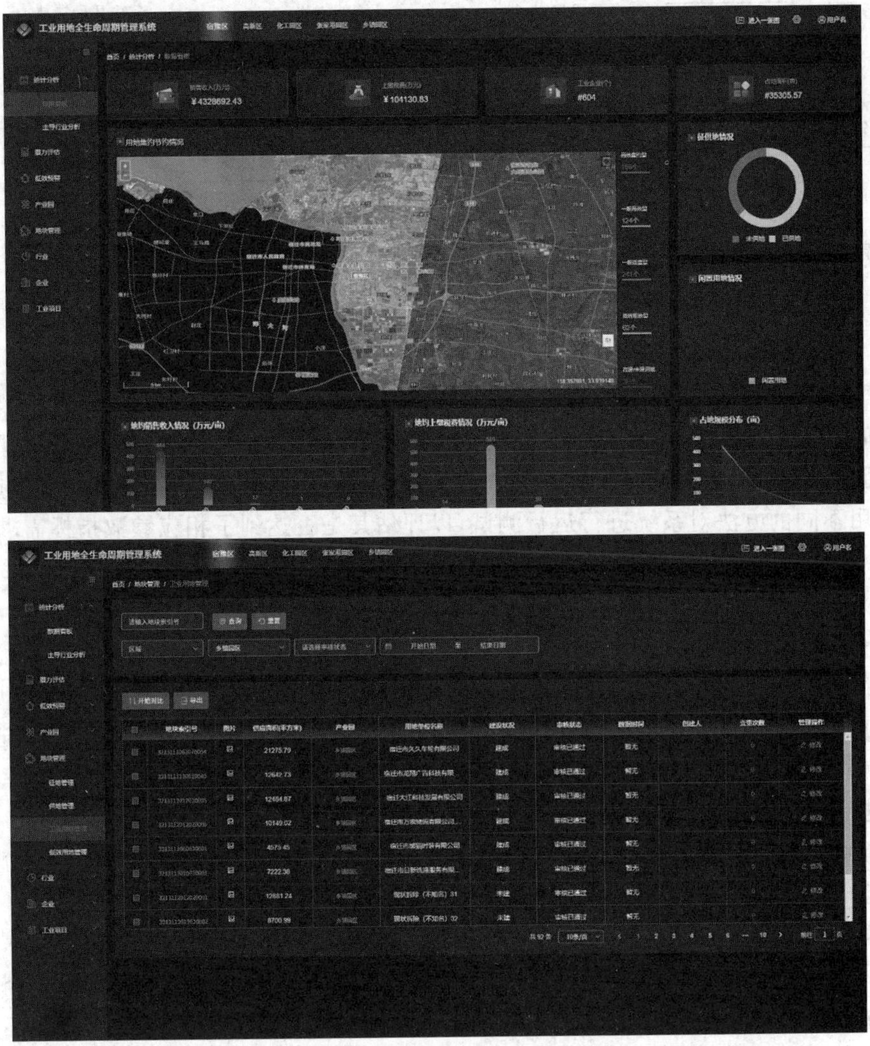

图 10-4　ILMIS 的用户界面与向导导航

代式开发方法，因此将面向对象设计与编程结合起来，最终完成整个系统的开发实现。

工业用地管理系统开发前端以 VUE 为基础框架，使用 Element-ui＋vue 框架的 Vue-Element 为结构框架，后台调用 Java 后台服务，后端的服务采用 Springboot 框架按模块建立服务的方式；关系数据库使用的是 Mysql 数据库引擎，系统部署在 Linux 系统上。

为了保证系统的质量和可靠性，必须对需求分析、设计规格说明和编码进行最终复审。测试一般按 4 个步骤进行，即单元测试、组装测试、确认测试和整体测试，过程如图 10-5 所示。

ILMIS 按照以上步骤，根据白盒法和黑盒法设计不同的测试用例对系统进行各项测试。

10.4.4　系统评价

ILMIS 的评价涉及一般性能指标评价与专业性能指标评价。一般性能指标评价包括

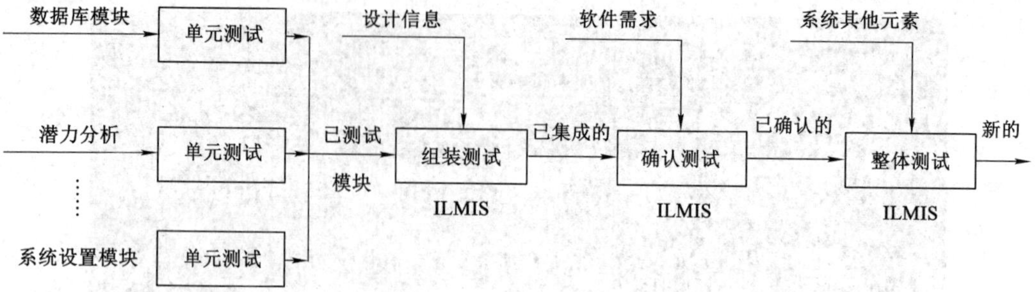

图 10-5　ILMIS 的测试流程图

系统效率、系统可靠性、可扩展性与可移植性评价 4 个部分。专业性能指标评价则涉及数据标准化和规范化、数据兼容性、空间分析功能与经济社会效益分析评价 4 个部分。评价时需根据与用户讨论时确定的系统目标与需求相关技术参数指标，依据相关法规规范与规程标准等，采用不同的方法对系统进行运行测试，以评估其是否达到了相应参数指标需求。对于经济社会效益则通过定量与定性相结合的方法开展评估。

（1）一般性能指标评价

① 系统效率评价。ILMIS 采用可视化技术和 WebGis 技术进行开发，运行于 Linux 环境，具有良好的用户界面，操作方便，能够及时准确地向用户提供空间信息和属性信息，并具备完整的查询功能，查询速度快。系统具有良好的容错性，能够对捕获的各种错误进行妥善处理。针对结构化数据与非结构化数据，系统分别采用 Mysql 与 Redis 两种数据库进行存储，大大提高了系统读写效率。

② 系统可靠性评价。系统在运行时具有良好的稳定性。系统提供了数据备份和灾难恢复功能，当用户数据发生错误或丢失时，系统可以及时恢复用户数据。

③ 可扩展性评价。系统采用前后端分离的 WebGis 技术，参考 SOA 架构建设，采用构件化、面向对象的设计，将各功能模块封装为服务，采用细粒度、松耦合架构，便于今后系统的扩展与升级。

④ 可移植性评价。系统采用先进成熟的技术和产品，充分考虑了“标准和开放”的原则，广泛采用遵循国际标准的系统和产品，以便与其他网络系统互联和扩展。该系统可以移植到任何一台标准的 Linux 系统上，同时易于向今后的先进技术进行迁移。

（2）专业性能指标评价

① 数据标准化和规范化。系统开发主要采用《江苏省工业企业用地调查技术导则（2020 年修订版）》中的方法、参数和代码以及相关的数学标准化模型，从而保证了数据的标准化和规范化，有利于工业用地数据共享和软件在全省推广应用。

② 数据兼容性。系统作为前后端分离的 WebGis 软件，采用 Openlayers 作为地图开发框架，能同时实现矢量数据和栅格数据两种空间数据的展示。采用 Geoserver 作为地图服务平台，能与 MapInfo、ArcGis、SuperMap 和 AutoCAD 等主要地类信息系统软件的数据格式通用；具有接受 bmp、jpg、tif 等图像文件的功能。同时系统能将相关的图层（工业用地、征地、供地等）导出成 MapInfo、ArcGis、SuperMap、AutoCAD 和其他矢量交换格式等多种信息系统数据源。

③ 空间分析功能。系统能将供地图层、征地图层、工业用地图层等矢量化图层进行叠

置分析，得到批而未供、供而未用等用户需要的业务数据图层。

④ 经济社会效益分析。系统通过分析区域内工业用地企业总用地面积、平均容积率、建筑密度、年销售总额、亩均销售额、年纳税总额、亩均纳税额以及停产或者空置的厂房用地面积，识别出综合产出效益低的工业用地企业，为闲置低效企业用地面积的分析提供依据，并提高用地门槛，进一步提高招商引资水平，招好商、招大商、招优商。系统还能促进土地节约高效利用，健全工业用地"准入—供给—监管—退出"管理机制。满足供需双方多元化、个性化的信息需求，同时为政府部门提供一套数字化的管理工具，提升"数字城市"建设水平。

随着 3S 技术和信息技术的发展和逐步完善，特别是 AI 技术的应用，ILMIS 将朝着信息集中和分布式管理、数据安全性、智能分析和辅助决策的方向发展。系统将广泛采用移动与远程管理技术、数字化与智能化技术、三维可视化技术，使系统朝智能化与综合化方向发展，从而有助于智慧城市与数字地球的建设工作。

10.5　章节总结

10.5.1　重点术语

国土空间总体规划　适宜性评价　土地利用模拟　空间分析　评价指标体系　最坏情景识别

10.5.2　复习题

(1) 什么是土地信息系统(LIS)？它在土地管理中的主要应用是什么？

(2) 国土空间总体规划的研究范围包括哪些层级？每个层级的规划目标是什么？

(3) 在进行土地适宜性评价时，常用的数据类型有哪些？如何进行数据处理？

(4) 描述 GIS 技术在国土空间总体规划中的应用。

(5) 什么是 FLUS 模型？它在土地利用模拟和预测中的作用是什么？

(6) 最坏情景识别的步骤有哪些？如何确定最坏情景区域？

10.5.3　应用练习

实验 10.1　某市已有建设用地适宜性评价

为了更好地进行城市规划和资源分配，需要对某市已有的建设用地进行适宜性评价。评价标准包括：避开不适合建设的土地类型(耕地、林地、草地、水域和未利用地)，优先选择人口密度较高的区域，并且靠近主要道路。最终目标是制作该市建设用地的适宜性分布图，为决策提供科学依据。

· 实验目的

通过 ArcGIS Pro 进行缓冲区分析和叠置分析操作，通过分级赋值得到最终的评价结果，并对结果进行等级划分。了解解决空间选址问题的一般过程，熟练掌握基于栅格的距离分析和领域统计分析等多种空间分析方法。

· 数据说明

2020 年徐州市建设用地数据;人口密度数据(人口密度);道路数据(道路)。

· 操作步骤

(1) 数据导入与预处理

① 添加数据到项目→点击【地图】选项卡→点击【添加数据】按钮→浏览文件系统选择“建设用地 2020.shp”文件→点击【添加】。

② 导入人口密度数据:选择“人口密度 2020”文件并添加。

③ 导入道路数据:选择“道路 2020”文件并添加。

(2) 分析人口密度

将人口密度数据与土地利用数据进行空间关联:

使用【空间连接】工具,将人口密度数据连接到“土地利用_筛选”图层。

点击【分析】→【工具】→【工具箱】→【分析工具】→【空间连接】→【参数】→【输入要素】:建设用地 2020→【连接要素】:人口密度→【输出要素】:土地利用_人口密度。

(3) 建立主要道路的缓冲区

① 筛选主要道路

点击【分析】→【工具】→【工具箱】→【分析工具】→【选择】→【参数】→【输入要素】:道路→【输出要素】:主要道路→【表达式】:Where“code”=5111;“Or”“code”=5111;“Or”“code”=5113;“Or”“code”=5114;“Or”“code”=5115。→右键→【选择】→【根据所选要素创建图层】→【输出要素】:主要道路。

② 建立多环缓冲区

点击【分析】→【工具】→【工具箱】→【邻近分析】→【多环缓冲区】→【参数】→【输入要素】:主要道路→【输出要素】:道路缓冲区→【距离】:1 km。

(4) 叠置分析

叠置所有条件,求出符合要求的区域:

点击【分析】→【工具】→【工具箱】→【叠置图层】→【相交】→【参数】→【输入要素】:土地利用_人口密度、道路缓冲区→【输出要素】:适宜区域。

(5) 对建设用地进行评价和适宜性分等级

① 计算适宜性总和

· 新建字段“总和”:右击“适宜区域”图层→【属性表】→【添加字段】→输入字段名称“总和”→数据类型选择“短整型”→点击“确定”。

· 计算适宜性总和:右击属性表中的“总和”字段→【计算字段】→【表达式类型】:Arcade→输入表达式:在表达式框中手动输入“+”符号→再次点击【插入字段】按钮,从下拉菜单中选择“道路缓冲区”字段→在表达式框中添加条件语句→点击【函数】按钮,选择【条件】→【If】函数来构建条件表达式→在弹出的对话框中,输入条件和结果:条件:道路缓冲区<=100,结果 1:3;条件:道路缓冲区<=200,结果 2:2;其他情况:1。

② 分级适宜性

· 新建字段“等级”:右击“适宜区域”图层→【属性表】→【添加字段】→输入字段名称“等级”→数据类型选择“短整型”→点击“确定”。

· 计算适宜性等级:右击属性表中的“等级”字段→【计算字段】→【表达式类型】:Arcade→输入表达式→点击【IF】按钮,选择“总和”字段,然后输入“>=7”,设置为 1;再次点击【IF】按钮，选择“总和”字段，然后输入“＞＝4”，设置为2；其他情况设置为3。完成表达式后，点击“确定”进行计算。

③ 设置符号系统

右击“适宜区域”图层→【符号系统】→【主符号系统】→选择【唯一值】→选择字段“等级”。为不同的等级设置不同的颜色：等级1（高适宜）：选择绿色；等级2（中适宜）：选择黄色；等级3（低适宜）：选择红色。

（6）结果展示

在ArcGIS Pro中展示适宜性等级图

① 创建地图布局

· 打开ArcGIS Pro，确保已经完成前面的分析步骤，并生成了适宜性分析结果图层。

· 点击顶部菜单栏的【插入】选项卡。

· 点击【新建布局】按钮，从下拉菜单中选择合适的纸张大小（例如A4或A3）。

② 在布局中插入地图框

· 在布局视图中，点击【插入】选项卡，然后点击【地图框】。在弹出的对话框中选择之前创建的地图，然后点击“确定”。

· 将地图框调整到布局页面的合适位置和大小。

③ 添加标题

· 点击【插入】选项卡，然后点击【标题】。在布局页面中点击以放置标题框，并输入标题：“徐州市建设用地适宜性评价”。

· 通过拖动标题框的边缘来调整其位置和大小，并在属性面板中更改字体、字号和颜色等样式。

④ 添加图例

· 点击【插入】选项卡，然后点击【图例】。在弹出的对话框中选择需要添加到图例中的图层→点击“确定”。

· 将图例放置在布局页面的适当位置，并通过属性面板调整图例的样式和内容。

⑤ 添加比例尺和指北针

· 点击【插入】选项卡，然后点击【比例尺】。在弹出的对话框中选择适当的比例尺样式，并将其放置在布局页面的合适位置。

· 点击【插入】选项卡，然后点击【指北针】。选择适当的指北针样式，并将其放置在布局页面的合适位置。

⑥ 调整布局和样式

· 根据需要调整各元素的位置、大小和样式，确保布局美观和信息清晰。

· 确保所有图层、标题、图例、比例尺和指北针的位置合理，整体布局平衡。

⑦ 导出地图

· 点击【共享】选项卡，然后点击【导出布局】。在弹出的对话框中选择导出格式（如PDF、PNG等），设置导出参数（如分辨率、文件路径等）。

· 点击“导出”按钮，将最终的土地适宜性导出。

主要参考文献

[1] 毕宝德. 土地经济学[M]. 7 版. 北京：中国人民大学出版社，2016.
[2] 蔡孟裔，毛赞猷，田德森，等. 新编地图学教程[M]. 北京：高等教育出版社，2000.
[3] 陈波. 基于 GEE 云平台的云贵高原水稻种植区遥感影像识别与监测研究：以曲靖市为例[D]. 昆明：云南师范大学，2021.
[4] 陈军. Voronoi 动态空间数据模型[M]. 北京：测绘出版社，2002.
[5] 陈述彭，鲁学军，周成虎. 地理信息系统导论[M]. 北京：科学出版社，1999.
[6] 陈逸敏，李少英，黎夏，等. 基于 MCE-CA 的东莞市紧凑城市形态模拟[J]. 中山大学学报(自然科学版)，2010，49(6)：110-114.
[7] 承继成，林珲，周成虎，等. 数字地球导论[M]. 北京：科学出版社，2000.
[8] 董冠鹏，张文忠，武文杰，等. 北京城市住宅土地市场空间异质性模拟与预测[J]. 地理学报，2011，66(6)：750-760.
[9] 高富平. 土地法学[M]. 北京：高等教育出版社，2016.
[10] 龚健雅. 地理信息系统基础[M]. 北京：科学出版社，2001.
[11] 郭欢欢，李波，侯鹰，等. 元胞自动机和多主体模型在土地利用变化模拟中的应用[J]. 地理科学进展，2011，30(11)：1336-1344.
[12] 郭仁忠. 空间分析[M]. 2 版. 北京：高等教育出版社，2001.
[13] 郭亚东. 土地信息系统实验指导书：基于 MAPGIS 6X 版本[M]. 长沙：湖南地图出版社，2016.
[14] 侯卫真，于丽娟. 电子政务系统建设与管理[M]. 北京：中国人民大学出版社，2004.
[15] 胡鹏，黄杏元，华一新. 地理信息系统教程[M]. 武汉：武汉大学出版社，2002.
[16] 胡毓钜. 地图投影[M]. 北京：测绘出版社，1981.
[17] 黄杏元，马劲松. 地理信息系统概论[M]. 3 版. 北京：高等教育出版社，2008.
[18] 江斌，黄波，陆锋. GIS 环境下的空间分析和地学视觉化[M]. 北京：高等教育出版社，2002.
[19] 兰泽多，芮小平. 基于模糊随机森林的山区道路安全路径规划算法[J]. 地理与地理信息科学，2023，39(4)：17-22.
[20] 蓝运超，黄正东，谢榕. 城市信息系统[M]. 武汉：武汉大学出版社，2002.
[21] 黎夏，叶嘉安. 约束性单元自动演化 CA 模型及可持续城市发展形态的模拟[J]. 地理学报，1999，54(4)：289-298.
[22] 李伯衡. 国土信息系统与国土利用制图[M]. 北京：中国大地出版社，2003.
[23] 李德仁，关泽群. 空间信息系统的集成与实现[M]. 武汉：武汉测绘科技大学出版社，2000.
[24] 李德仁，刘耀林. 土地信息技术[M]. 北京：地质出版社，2001.
[25] 李仁杰，张军海，胡引翠，等. 地图学与 GIS 集成实验教程[M]. 北京：科学出版

社,2018.
[26] 林增杰. 地籍管理[M]. 北京:中国人民大学出版社,2001.
[27] 刘大均,胡静,陈君子,等. 中国传统村落的空间分布格局研究[J]. 中国人口·资源与环境,2014,24(4):157-162.
[28] 刘基余. GPS卫星导航定位原理与方法[M]. 北京:科学出版社,2003.
[29] 刘家彬,张金亭,胡石元. 土地信息系统理论与方法[M]. 北京:测绘出版社,2002.
[30] 刘南,刘仁义. Web GIS原理及其应用:主要Web GIS平台开发实例[M]. 北京:科学出版社,2002.
[31] 刘南,刘仁义. 地理信息系统[M]. 北京:高等教育出版社,2002.
[32] 刘韬,彭明春,王崇云. 基于可视域分析的景观生态恢复[J]. 云南大学学报(自然科学版),2009,31(S1):344-349.
[33] 刘耀林. 土地信息系统[M]. 3版. 北京:中国农业出版社,2021.
[34] 龙胜平,王仁武. 房地产业信息化[M]. 上海:上海人民出版社,2002.
[35] 龙瀛,韩昊英,毛其智. 基于细胞自动机与多主体系统理论的城市模拟原型模型[J]. 地理科学,2009,26(3):292-298.
[36] 卢新海,黄善林. 土地管理概论[M]. 上海:复旦大学出版社,2014.
[37] 陆守一,唐小明,王国胜. 地理信息系统实用教程[M]. 北京:中国林业出版社,1998.
[38] 闾国年,张书亮,龚敏霞,等. 地理信息系统集成原理与方法[M]. 北京:科学出版社,2003.
[39] 马才学. 土地信息系统[M]. 北京:北京师范大学出版社,2008.
[40] 毛赞猷,朱良,周占鳌,等. 新编地图学教程[M]. 2版. 北京:高等教育出版社,2008.
[41] 孟斌,王劲峰,张文忠,等. 基于空间分析方法的中国区域差异研究[J]. 地理科学,2005(4):11-18.
[42] 聂云峰,陈红顺,夏斌,等. 基于多智能体与GIS城市土地利用变化仿真研究[J]. 计算机应用研究,2009,26(7):2613-2616.
[43] 秦建新,张青年,王全科,等. 地图可视化研究[J]. 地理研究,2000,19(1):15-21.
[44] 全泉,田光进,沙默泉. 基于多智能体与元胞自动机的上海城市扩展动态模拟[J]. 生态学报,2011,31(10):2875-2887.
[45] 阮家栋,施美雅. Web数据库技术[M]. 北京:科学出版社,2002.
[46] 施伯乐,丁宝康. 数据库技术[M]. 北京:科学出版社,2002.
[47] 舒立福,田晓瑞,向安民. 3S集成技术在林火管理中的应用研究[J]. 火灾科学,1999(1):46-51.
[48] 宋小冬,叶嘉安,钮心毅. 地理信息系统及其在城市规划与管理中的应用[M]. 2版. 北京:科学出版社,2010.
[49] 孙在宏,陈惠明,乔伟峰,等. 土地管理信息系统[M]. 北京:科学出版社,2005.
[50] 谭术魁. 土地资源学[M]. 上海:复旦大学出版社,2011.
[51] 汤国安,刘学军,闾国年,等. 地理信息系统教程[M]. 北京:高等教育出版社,2007.
[52] 汤国安,杨昕,张海平,等. ArcGIS地理信息系统空间分析实验教程[M]. 3版. 北京:科学出版社,2021.

[53] 万江波. 土地信息标准化中若干问题的探讨[D]. 武汉大学,2002.

[54] 王卉,李爱光. 可视化技术在地图学中的应用[J]. 测绘学院学报,2001,18(1):59-62.

[55] 王家耀. 关于地理信息系统未来发展的思考[J]. 武汉大学学报(信息科学版),2022,47(10):1535-1545.

[56] 王家耀. 空间信息系统原理[M]. 北京:科学出版社,2001.

[57] 王建华. 空间信息可视化[M]. 北京:测绘出版社,2002.

[58] 王静,郭治兴. 土壤信息系统数据采集中坐标变换模型及应用[J]. 生态环境,2003,(3):309-312.

[59] 王世伟,惠志斌. 信息安全辞典[M]. 上海:上海辞书出版社,2013.

[60] 王腾. 基于社交网络点评数据的商业设施活力空间点模式分析[D]. 武汉:武汉大学,2017.

[61] 邬伦,刘瑜,张晶,等. 地理信息系统:原理、方法和应用[M]. 北京:科学出版社,2001.

[62] 吴立新,史文中. 地理信息系统原理与算法[M]. 北京:科学出版社,2003.

[63] 吴信才. 地理信息系统设计与实现[M]. 北京:电子工业出版社,2002.

[64] 吴忠性. 地图投影[M]. 北京:测绘出版社,1980.

[65] 伍艳,白林. ArcGIS 空间校正对比实验分析[J]. 成都大学学报(自然科学版),2015,34(2):167-169+187.

[66] 夏圣洁,陈慧儒,张钧韦,等. 生态用地动态演变与热环境的空间自相关分析:以山西中部城市群为例[J]. 中国环境科学,2024,44(2):1032-1040.

[67] 游先祥. 遥感原理及在资源环境中的应用[M]. 北京:中国林业出版社,2003.

[68] 岳彩荣. 3“S”集成技术研究现状及其在林业上的应用与展望[J]. 西南林学院学报. 1999,19(1):67-72.

[69] 张丽,张继贤,张炳智,等. 全国土地利用动态遥感监测数据库建设探讨[J]. 遥感信息,2002(4):65-69.

[70] 张强,贾卫. 大数据时代的信息安全管理制度研究[M]. 哈尔滨:哈尔滨工程大学出版社,2022.

[71] 张文会,刘拓,宋雅靖,等. 基于空间自相关的常规城市公交车辆危险驾驶热点路段识别[J]. 华南理工大学学报(自然科学版),2024,52(4):138-150.

[72] 张新长. 城市地理信息系统[M]. 北京:科学出版社,2001.

[73] 张燕燕,胡毓钜. 地图可视化[J]. 测绘工程,2001,10(1):27-29.

[74] 赵少卡,郭永宁,林为伟. 高级语言程序设计[M]. 北京:电子工业出版社,2020.

[75] 朱德海. 土地管理信息系统[M]. 北京:中国农业大学出版社,2000.

[76] ALBRECHT J. Key concepts and techniques in GIS[M]. London:SAGE Publications Ltd,2007.

[77] BHATTA BASUDEB. Remote sensing and GIS[M]. 3rd ed. New Delhi:Oxford University Press,2020.

[78] BOLSTAD PAU. GIS fundamentals:a first text on geographic information systems[M]. 6th ed. Ann Arbor:XanEdu Publishing Inc,2019.

[79] CHEMUTURI M. Software design:a comprehensive guide to software development

projects[M]. Boca Raton: Taylor & Francis Group, 2018.

[80] FORESMAN T W. The history of geographic information systems[M]. New Jersey: Prentice Hall, 1998.

[81] KANG-TSUNG CHANG. Introduction to geographic information systems[M]. 9th ed. New York: McGraw-Hill Education, 2018.

[82] LI G, ZHANG B. GIS engineering and application[M]. Changsha: Central South University Press, 2021.

[83] LI M, REN J, CHEN G, et al. GIS design and implementation[M]. Beijing: Sciences Press, 2003.

[84] LI Z P. Component GIS, ArcObjects and ArcGIS server[M]. Cham: Springer International Publishing, 2020.

[85] LONGLEY PAUL A, MICHAEL F GOODCHILD, DAVID J MAGUIRE, et al. Geographic information science & systems[M]. 4th ed. Hoboken: Wiley, 2015.

[86] MONMONIER M. From squaw tit to whorehouse meadow[M]. Chicago: University of Chicago Press, 2006.

[87] SHIN MICHAEL, JONATHAN CAMPBELL, NICK BURKHART. Essentials of geographic information systems version 2.1[M]. 2nd ed. Boston: Flat World, 2017.

[88] WISE STEPHEN. GIS fundamentals[M]. 2nd ed. Boca Raton: CRC Press, 2014.

[89] YUE W, XIONG C. Land information system theories and practices[M]. Beijing: Sciences Press, 2019.

[90] ZHENG J, QIU L, XUAN J. GIS design and development tutorial[M]. Beijing: Publishing House of Electronics Industry, 2020.